孙挺进 ◎ 著

东洋之邻

中国书籍出版社
China Book Press

图书在版编目（CIP）数据

东洋之邻 / 孙挺进著. -- 北京：中国书籍出版社，2023.6

ISBN 978-7-5068-9473-9

Ⅰ．①东… Ⅱ．①孙… Ⅲ．①日本－历史－研究 Ⅳ．①K313.07

中国国家版本馆CIP数据核字(2023)第120350号

东洋之邻

孙挺进 著

书名题写	宋茂武
策　　划	毕 磊
责任编辑	毕 磊
图片整理	孙浩瀚
责任印制	孙马飞　马 芝
封面设计	魏大庆
出版发行	中国书籍出版社
社　　址	北京市丰台区三路居路97号（邮编：100073）
电　　话	（010）52257143（总编室）　（010）52257153（发行部）
电子信箱	chinabp@vip.sina.com
经　　销	全国新华书店
印　　刷	三河市富华印刷包装有限公司
开　　本	710×1000毫米　1/16
字　　数	319千字
印　　张	19.5
版　　次	2023年6月第1版　2023年6月第1次印刷
书　　号	ISBN 978-7-5068-9473-9
定　　价	58.00元

版权所有　翻印必究

序

《东洋之邻》是孙挺进继《说周边历史 话疆域变迁》之后的又一新作。我阅读《说周边历史 话疆域变迁》时，没有看到中国与日本的历史渊源，感到该书有点缺憾。正为其遗憾时，孙挺进送来了《东洋之邻》的书稿，原来他对日本的历史特别重视，专题撰写了《东洋之邻》一书。由此，不仅弥补了《说周边历史 话疆域变迁》的缺憾，而且还丰富了中日历史交往和疆域变迁的许多史料，成为研究中日关系不可多得的教材。

我所了解的孙挺进，无论在解放军还是在武警边防部队服役，无论是身体健康还是因车祸高位截瘫，他都是一个比较坚强的人。

1976年入伍的孙挺进，从战士到干部，从解放军部队到武警边防部队，从基层普通干部到师职领导成员，不论在艰难困苦的环境，还是在不同的工作岗位，他都是追求卓越。人如其名，是个不断"挺进"的人。

2004年8月，在下基层检查工作的途中，因车祸颈椎6至7节粉碎性骨折导致高位截瘫。胸以下失去了知觉，大小便失禁，十个手指只有左手的母指和中指还有残存的功能，生活完全失去了自理能力。

十六年来，吃、喝、拉、撒，包括起、卧、坐、翻身都要靠护理人员的帮助才能够完成。然而在伤痛的折磨中，他不忘边防事业，每天让护理人员抱到轮椅上查阅资料。经过认真考证、遴选、梳理，打好了腹稿后，通过口述，妻子打字，克服常人难以想象的困难，出版了一部79万字《说周边历史 话疆域变迁》的边疆史。我和孙挺进都是读着《钢铁是怎样炼成的》和《把一切献给党》而成长起来的。如今，保尔·柯察金和吴运铎的精神在孙挺进身上延续。我为"挺进"精神所感动！也为挺进战友坚强的毅力和突出的成就而点赞！

孙挺进高位截瘫后，不写传记，不写小说，而是选择了中国与周边国家的历史渊源及疆域变迁史的写作。可见他对国家领土主权的关心，体现了一位军人特有的爱国情怀。他敢于向写作的难度进军，善于向历史的深度挖掘，专于向边疆的广度拓展，勇于向学术的高度攀登，经过不断奋进与努力，终于成功了。

《东洋之邻》的出版，是孙挺进人生的又一个硕果和高峰，也是中国坚定文化自信大潮中的一朵浪花，更是武警边防部队的一笔宝贵精神财富。作为战友，我为之骄傲而受到鼓励。希望《东洋之邻》能够得到读者的认可，并能够从中感悟到历史教训，加强爱国主义意识与观念，为国家的安宁和现代化建设事业做出新的贡献。

张其武
2020 年 10 月 1 日

张其武，原武警广东省边防总队政治部副主任，武警大校警衔。河南息县人，中共党员，在职硕士研究生，曾参加过1979年2月对越自卫还击战，时任排长，带领全排出色完成作战任务，荣立集体三等功；参加香港回归安保工作，荣立个人三等功；参加汶川抗震救灾，荣立个人三等功，并获公安部汶川抗震救灾先进个人荣誉称号。中国毛泽东军事思想学会会员，中国人民解放军管理学会统筹研究会理事，中国收藏学术研究会会员，全国公安文联会员，原武警学院（现中国人民警察大学）兼职教授、硕士研究生导师，原公安边防部队文联副主席兼秘书长，原《中国边防警察》杂志编委、副总编辑、编委会主任，曾在国家各大报刊发表文章百余篇，编著政治教材、理论研究、文学作品等书籍十多本，多次参加全国、全军学术研讨会，在省、市和全国多次获奖。

编者的话：本书对日本历史文化的梳理，旨在揭示日本军国主义和右翼势力的侵略本质。在谈到侵略扩张时，书中的日本主要指日本军国主义和右翼势力。

目　录

一　列岛与海域 ··· 001
　　岛国概念与概况 ··· 001
　　天然的地理危机 ··· 002
　　滋润的海洋环境 ··· 005

二　日本的祖先来源 ··· 007

三　日本的原始文化 ··· 010

四　与华夏文明的渊源 ······································· 014

五　倭百国与汉王朝 ··· 018

六　陈寿素描倭人国 ··· 021
　　魏国到邪马台国途经之国 ································· 021
　　倭人的风土人情 ··· 023
　　邪马台国概况 ··· 025
　　邪马台国与魏国的交往 ··································· 026

七　大和民族与倭国统一 ····································· 029

八　侵朝战争 ··· 032

九　"倭五王"觊觎半岛 ······································ 035

十　普及汉学的大王时代 ····································· 039

十一	圣德太子的儒佛立国	043
	佛教引起的政变	043
	"天皇"命名的由来	045
	尊佛崇儒 倡导华夏文明	048
十二	宫廷政变与"唐化革新"	052
十三	侵入半岛失败	057
十四	放弃扩张 潜心改革	061
	修复关系 深入"唐化"	061
	天武天皇与完善的律令制	063
十五	长安奠定奈良时代	065
	第一座都城奈良	065
	奈良时代的繁荣与辉煌	066
十六	佛教政治与"唐化"高峰	069
	佛教政治及遣唐使	069
	中日友好之巅	071
	佛教政治的失败	073
	"唐化"中的辉煌成果	075
十七	继续"唐化"的平安京	077
	政教分离的律令政治	077
	"唐化"中的质变	079
十八	贵族政治与庄园武士	084
十九	世俗佛教与太上皇	091
二十	操纵皇室权力的武士	094

二十一	衰亡的平氏家族	098
二十二	主宰日本的镰仓幕府	100
	源赖朝的武家政治	100
	幕府动乱与承久政变	103
二十三	镰仓幕府的中国元素	106
二十四	击败忽必烈的进攻	110
	"文永之役"台风溃敌	110
	"弘安之役"击败元军	112
	胜败论短长	114
二十五	镰仓幕府灭亡	117
二十六	室町幕府与南北朝	120
	足利高氏的室町幕府	120
	南北朝及统一	122
二十七	影响室町幕府的明王朝	126
	寺院与朝贡贸易	126
	衰败的室町幕府	129
二十八	战国割据及明朝抗倭	133
二十九	织田信长的半壁江山	138
	崛起的黑马	138
	浴血奋战　威震日本	141
三十	丰臣秀吉统一日本	145
三十一	丰臣秀吉入侵朝鲜	149
	朝鲜陷落　明军收复	149
	卷土重来　失败告终	152

三十二 德川幕府的建立与统治 ... 155
  觊觎统治日本 ... 155
  建立幕府统治机构 ... 158
  小试牛刀　蚕食琉球 ... 160
  铲除异己　严控幕藩皇室 ... 162
  倡导儒学　治国安邦 ... 165
  打压学派　妄议中华 ... 168
  全面开放与闭关锁国 ... 170

三十三 德川幕府之成就 ... 175
  农业进步与发展 ... 175
  基础工业的建立 ... 178
  城市建设与商业化 ... 180
  新儒学之辉煌 ... 186

三十四 日本"浪人"与武士道精神 ... 190

三十五 衰落的德川幕府 ... 194
  "狗将军"与社会矛盾 ... 194
  吉宗改革的成与败 ... 197
  改革开放与守旧没落 ... 200
  改革中的日俄领土之争 ... 204
  社会暴乱与歪打正着的改革 ... 206

三十六 国门洞开　幕府衰亡 ... 210
  佩里打开日本国门 ... 210
  幕府内讧　安政大狱 ... 213

　　　　尊王攘夷　推翻幕府 ·· 215

　　　　内讧恶斗　列强渔利 ·· 219

　　　　王政复古　幕府灭亡 ·· 222

三十七　明治维新与侵略扩张 ·· 227

　　　　明治天皇及维新精英 ·· 227

　　　　奉还版籍　体制改革 ·· 229

　　　　走出国门　欺弱媚强 ·· 232

　　　　军制改革与"征韩论" ·· 234

　　　　借口琉球侵占台湾 ·· 239

　　　　日俄岛屿置换与凌弱朝鲜 ·· 243

　　　　反政府的西南战争 ·· 246

　　　　吞并琉球王国 ·· 248

三十八　"西化"治国与强权政治 ·· 251

　　　　立足国营　发展私企 ·· 251

　　　　邮政通信与城市建设 ·· 256

　　　　意识形态与国民信仰 ·· 258

　　　　失败的自由民权运动 ·· 260

　　　　德国式的君主立宪 ·· 265

三十九　发动战争侵犯中国 ·· 269

　　　　全国动员　准备战争 ·· 269

　　　　甲午战争的导火索 ·· 273

　　　　丰岛海战　清军惨败 ·· 274

　　　　兵败平壤　日军占领半岛 ··· 276

黄海大战 ································· 277
　　陆地溃败　日军长驱直入 ················· 281
　　围攻威海　北洋水师覆亡 ················· 283
四十　崛起的日本 ····························· 286
　　日本的狂躁与冷静 ······················· 286
　　殖民统治与日俄战争 ····················· 289
　　吞并朝鲜　疯狂的日本军国主义 ··········· 293

参考书目 ··································· 296
结束语 ····································· 298

一 列岛与海域

距今一万年前,即洪积世的末期和冲积世的初期,东北亚发生了一次强烈大地震,地壳漂移了大陆,但板块没有脱离。冰川融化,海平面上升,大陆桥消失,形成了现在的日本列岛。即北海道、本州、四国、九州四个大岛屿。其中最大的岛是本州,22.7万平方公里,约占日本列岛总面积的61%。北海道为第二大岛,7.8万平方公里。九州为第三大岛,3.65万平方公里。四国为第四大岛,1.82万平方公里。另外,沿着日本列岛的周围还有6850余个小岛,如果加上礁石日本堪称万岛之国。狭长的日本列岛总面积为37.78万平方公里,大约是中国国土面积的1/25。

1946年1月,驻日盟军总司令麦克阿瑟根据《波茨坦公告》发表了《盟军最高司令部训令》第677号,重申了日本国土的范围限定在北海道、本州、九州、四国及附近诸千个小岛内,其南以北纬30°为限。毫无疑问,钓鱼岛属于中国的固有领土。

在日本某些人的心目中,尤其是在日本军国主义和右翼分子的眼里,日本的土地和其海域不仅仅是这些,日本还曾拥有过朝鲜半岛、中国东北,东南亚等殖民地以及太平洋诸岛。他们错误地认为那曾经是大日本帝国的骄傲。由此,应该从历史和现实中认真地剖析日本对领土及海域的诉求,以便认清军国主义和右翼势力的面目。在谈到侵略扩张时,书中的日本主要指日本军国主义和右翼势力。本书主要探讨日本军国主义形成发展历史。

岛国概念与概况

隋唐以前,中国人称日本为"倭人"、倭国,唐王朝以后,去日本习惯称东渡日本，同时称日本为"东瀛"（东方海上仙山）。日本人认为，他们居住在"日出"之地，便自称"日本"。宋王朝以后，日本还自我称之为"扶桑"，当然这是借助于中国《山海经》中的"汤谷上有扶桑"（神话中的树名）之典故。

蔓延曲折的日本海岸线，沿日本海一侧悬崖多，良港少，是大自然赐予的天然屏障。对于日本列岛来说，具有能攻善守的西海岸，是日本敢于与中国、朝鲜半岛、俄罗斯为敌的战略堡垒。千百年来，日本凭借西海岸这个能攻善守的天然屏障，曾多次发动侵占朝鲜半岛的战争，并觊觎中国谋求东亚大陆。日本列岛东侧紧邻太平洋拥有许多天然良港，星罗棋布的大城市建在为数不多的东海岸的平原上，是迎接太平洋诸多商机的风水宝地。

有人说四面环海的日本列岛狭窄多山，80%是山地丘陵。这样的地形影响了日本的历史发展，并形成了闭关锁国的排他文化。这种观点是不正确的，是不懂日本历史发展的错误观点。自古以来，日本的历史就是大量吸收了华夏文化，在中华文明的滋润下发展起来的。明治维新后，日本改革开放学习西方，在西方文化的影响下开始崛起强大，这就足以说明日本不是闭关锁国排他文化的岛国。处在列岛上的日本，其历史还是具有其特点的。除了二战美国因素外，他们虽然在历史上没有遭受过外来民族的侵扰，但却主动地接受了外来文化的熏陶。他们在主动接受外来文明的同时，保持了大和民族独有的特性。

天然的地理危机

日本人口 1.26 亿，居世界第八位，98% 为大和民族，全国只有 2.5 万阿依努人和 120 万的琉球人。日本主要有神道、佛教、基督教三大宗教信仰。其中神道教崇拜者 1.0523 万人，佛教信仰者 9409 万人，基督教崇拜者 174.5 万人。从信仰的总人数上看，超过了日本人口的总数。这是因为，一个人有多种信仰所造成的。由于日本国土面积小，每平方千米人口密度约 340 人，居世界前两位。作为岛国的日本，就像茫茫大海上一艘挤满了人的驳船，稍有不慎就有可能倾覆。可见日本人深感岛国的狭窄，尤其是住在大城市里的日本人，更会感觉到生存空间的拥挤。更何况，日本列岛还是世界火山最频发的区域。

多山岛国的日本其山形多呈南北走向，海拔3000米以上的山脉21座，山势巍峨，陡峭险峻，素有"日本阿尔卑斯"之美称。其中本州岛南北走向的山形，集中在中部静冈县东北部形成了一个山结，即富士山。该山海拔3776米，是一座标准的圆锥形活火山。它是大和民族的象征与骄傲，同时还是世界著名的旅游胜地，但更多代表的是日本人的危机感。日本国内共有600多个湖泊，多数分布在关东、东北和北海道。100平方公里以上的湖泊仅有四个，其中最大的琵琶湖面积为670平方公里，它是大阪和京都的主要水源地。日本的湖泊多是火山湖，呈圆形具有水深的特点，其中田泽湖深达423米。日本拥有的湖泊诸多伴有数不胜数的天然温泉，然而随时可能发生的地震、火山、海啸已成为日本的"天敌"。日本现有大小火山270余座，其中活火山约占1/3，并占世界活火山总数的1/10，素有"火山国"之称。居住在列岛上的日本人，几乎每天都能觉察到频繁的地震和经常看到爆发的火山。地震给日本人造成的伤害是世人瞩目的。远的不说，1923年的关东大地震，造成了15万人死亡，10余万人负伤；1995年1月17日，兵库县南部发生的7.2级地震，造成6400人死亡，4万余人受伤；2011年由于海啸导致福岛核电站泄露，造成的损害至今仍然令日本人心有余悸。

为什么日本会频繁发生地质灾害，其主要原因是日本列岛的东面200公里处，有一条南北走向的马里亚纳海沟。该海沟全长2550公里，平均宽约70公里，最深处在海平面以下11034米，平均深度为8000米以下，是地球上最深的海沟。由于日本列岛在亚欧板块和太平洋板块相互冲撞的上面，日本就成了火山、地震、海啸最活跃的地带。不仅如此，美国地质学家研究认为，日本列岛正缓慢向东移动，而马里亚纳海沟则向西日本列岛推进。虽然这种地质状况的变迁十分缓慢，但是久而久之，日本列岛或将面临灭顶之灾，逐渐沉入太平洋中。况且日本列岛在远古的时候，其南北两端是与大陆相连的。

处在列岛地震频发状况下的日本人，虽然他们并没有因为不可抗拒的自然灾害而夜不能寐，照常日出而作，日落而息，享受着岛国农耕文化独有的生活方式。但是日本的历史告诉我们，因列岛贫瘠

马里亚纳海沟

及欧亚板块与太平洋板块撞击多发地震的因素，其更怕失去赖以生存的空间，这已成为全民族的生存危机感。所以说，日本人从骨子里更渴望登上东亚大陆。

日本最长的河流是信浓川，全长约为367公里。其次则是利根川，全长约为322公里。全国共有主干流200公里以上的大河仅有10条，100公里以上的40余条。由于日本列岛东西狭窄，高山峻岭，沟壑纵横，江河水流湍急，经常洪水泛滥，而且短促落差大不利于船舶航行，因而日本几乎没有内河航运。日本虽然水力发电极为发达，但其仅有的装机容量并不显得有什么优势。日本缺少平原，最大的关东平原仅万余平方公里，首都东京和第二大城市横滨以及川崎等大城市都位于该平原上。其他便是石狩平原（4000平方公里）、新潟平原（2070平方公里）、浓尾平原（1800平方公里）及大阪平原（1600平方公里），这些平原都是著名的经济发达工业区。

日本的耕地面积只占国土面积的14%，粮食进口也是日本不可忽视的"能源危机"。日本除了拥有丰富的渔业资源和诸多的天然良港外，从古至今日本几乎没有可炫耀的矿产资源。日益减少不可再生的矿产资源，扭曲着日本军国主义分子的心灵，曾为夺取资源不惜发动战争，侵占屠杀东亚和东南亚人民。当然，资源的匮乏使日本人更具有模仿的创造力，所以日本制造的产品走向了世界。日本的可再生资源保护得很好，森林覆盖率相当于国土面积的2/3，是世界上森林覆盖率最高的国家之一，但是这种可再生资源并不能改变能源匮乏的日本对海外诸多能源和物质的依赖。

滋润的海洋环境

由于日本列岛被太平洋暖流环绕,海洋调节着气候,形成了日本温带海洋性的季风气候,使东西狭窄南北漫长的列岛四季分明。靠太平洋一侧称"表日本",夏季多雨潮湿,夏末秋初台风袭击频繁,冬季则风和日丽。靠日本海一侧称"里日本",冬季常阴雨连绵多雨雪,夏季则温和气爽。因南北走向的山脉阻挡了西伯利亚的寒流,除了北海道和本州西部寒冷多雪外,其他地方四季温和雨量充沛。在冬季,即使是北海道和本州北部地区的平均气温也不超过-10℃,列岛的南部地区气候温和很少降雪,九州和四国南部气温不到0℃。夏季的季风从四月中旬到九月初,因地区有所不同,南风中含有大量的水蒸气使空气湿润,特别是六月中旬的梅雨季节适宜种植水稻。夏季日本列岛南北温差小,其南部地域气温一般在31℃~32℃,北部的平均气温则在28℃左右,因此北海道北部也可以种植水稻。不过夏天和秋季的台风对日本的农作物有所危害,但这只是个别的现象。日本列岛良好的环境,四季分明的气候有利于农作物的生长,同时也丰富了日本南北漫长的地理文化。

岛国特殊的地理环境和自然气候,造成了日本人心理上的不安全感和危机感,同时也形成了日本人勤劳和具有模仿创造力的性格。但他们渴望拥有大陆的潜意识和安逸岛国生活的自制能力,使日本人积淀了一种情结,既安逸于本岛,又渴望走向色彩斑斓的大陆。那种企盼扩张又怕得不到外界认可的复杂心理,形成了日本人特有的本质特征。

四面环海的日本,有暖流和寒流之分,两者交错形成了复杂的海洋现象。其中东海岸的日本海流(黑潮)发源于北赤道,经过美国的加利福尼亚州向西流到菲律宾群岛东海岸,然后向北经过台湾岛东侧再北上,通过冲绳西侧穿过奄美大岛和大隅岛,经过日本列岛的土佐、纪州海面和房州近海,形成了日本人所称的日本海流,并促使日本列岛气温升高。然后,此海流在北纬40°向东转,穿过太平洋到达北美洲的西海岸还原循环。

海流在古代对日本列岛上的移民,有着某些历史研究价值。日本历史学家坂本太郎在他的《日本史》中说,环太平洋形成的海流是南太平洋与日本接触最便捷的航行通道，成为日本与南太平洋岛国接触的媒介。他认为，由于太平洋海流的作用，日本列岛上的移民具有南太平洋人的成分。历史文献记载，公元799年南太平洋的昆仑人（唐朝时将南洋诸岛和非洲地区黑色皮肤的人称为昆仑人）带着棉花籽，借助海流漂到日本中部的三河国（爱知县）登陆。也就是说，棉花的种植技术是从南太平洋传到日本的。

另外，所说的寒流（千岛海流、亲潮），发源于白令海峡和鄂霍次克海。该海流沿着千岛群岛东侧的海面南下，经北海道南岸到达青森、岩手、宫城等县的海面后，其支流在犬吠岬（九十九里滨与鹿岛滩的分界点）与暖流相遇形成潜流。这片潜流便是日本渔业极为丰富的海域，是日本海洋资源的重要组成部分。

在此着重说明的是，日本海流中还有对马海流（暖流）和利曼海流（寒流）。对马海流是环太平洋海流经大隅岛形成日本海流的分支，该分支因西经对马海峡称对马海流。该海流沿着本州岛西海岸北上，经过北海道到达库页岛分流。一股进入库页岛西岸，另一股则进入津轻海峡，沿本州岛东侧流入金华山海面。另外所说的利曼海流（寒流），由鄂霍次克海流出，顺海州南流入朝鲜的元山湾，由朝鲜东海岸南下，从而在日本海与暖流相遇，形成了左旋的大环流。该环流在古代，日本与大陆及朝鲜半岛的交往中起到了重要作用。日本是世界岛国中最早利用海洋资源的国家之一，日本海军在二战时期乃至现在仍然走在世界的前列，所以日本对海洋的利用与开发乃至海军的建设，应该令人刮目相看，决不能小觑或忽视。

二 日本的祖先来源

寻根是人类不同人种、不同民族的共性。就像一个被领养的孩子，长大后要寻找亲生父母一样，无论多么纠结都要去完成其夙愿。寻根觅祖不仅是探索人类的起源及氏族形成的过程，也是对人类的发展赋予着一种休戚相关的责任。

日本人的祖先在哪里？日本列岛上的原始人是原有的还是后来迁移去的？这是一个很有趣的历史问题。

1949年，考古爱好者相泽忠洋在日本本州中部的群马县发掘了许多原始人使用的旧石器，日本称之为前绳纹时代（先陶器时代）。所发掘的旧石器中，有些石器的大件工具与中国大陆、东南亚及印度次大陆出土的旧石器相似，这说明日本列岛上的原始人已经生活在旧石器时期。后来经研究证实，日本兵库县明石市、枥木县葛生町、爱知县丰桥市以及静冈县三日町等处的洪积层中发现的骨片属于人骨化石，从而更进一步确定了日本人起源于旧石器中期。他们与中国考古发掘的马坝人（广东曲江）和长阳人（湖北长阳）及丁村人（山西襄汾）处在旧石器中期的同一个时代。

虽然日本的历史可以溯源至旧石器中期，但是日本的考古发现，只是旧石器中期距今1万至3万年的历史。而中国的考古发现距今180余万年了。旧石器前期，中国大陆已有了陕西蓝田县的"蓝田人"、云南元谋县的"元谋人"和北京房山周口店的"北京人"。也就是说，中国考古发现的原始人，要早于日本列岛上的原始人170多万年。

当时日本列岛北部的北海道与现在的本州及库页岛相连并与大陆相接，西南部的四国、九州与本州成一体并与朝鲜半岛连接，一望无际的"黄海平原"可以徒步登上日本列岛，日本海在当时仅仅是一个陆地包围的内湖。有些日本史学家根据人骨化石认定，在日本旧石器某个时代的原始人，他们是从中国大陆长江以南逐步登上日本列岛的。有的历史学家则根据日语属于乌拉尔阿尔泰语系，认为旧石器时期有一支从欧亚大陆北部贝加尔湖畔的原始人（通古斯人）经过库页岛和北海道登上了日本列岛。这种"南方说"与"北方说"都有着各自的论证，支撑着日本人的祖先来源于混血这一论断。

日本史学家坂本太郎著的《日本史》中认为："旧石器时代人与现代日本人是一脉相承的，而这个旧石器时代人是从中国南部因接壤而移居到日本。"[①]日本学术界还根据稻种的传入进一步认为旧石器时代，中国云南西南部的原始人到达中国东南地区，有一部分登上日本列岛与原居民混血定居。后来许多史料证明，从中国经朝鲜半岛包括朝鲜半岛的居民，不断地登上日本列岛与岛上居民混血成为以后的日本人。总之，日本列岛与大陆相连为一体时，大陆的原始人和日本列岛的原始人应该是相互沟通往来的。

那么，日本列岛远古旧石器初期有没有原始人？现在还没有得到考古的验证。至于日本的阿伊努人（虾夷人），也是以旧石器中期的原始人为祖先经

阿依努人

---

① 坂本太郎. 日本史[M]. 汪向荣，武寅，韩铁英译. 北京：社会科学院出版社，2008：11.

过混血形成的土著人。阿伊努人是日本列岛最早形成氏族的居民，他们曾广泛地分布在旧石器末期和新石器早期的日本列岛。也就是说，阿伊努人也没有被证实是日本列岛上的原始人。阿伊努人后来被大和民族逐渐同化了，现在仅存的2万多阿伊努人大部分居住在北海道。为什么阿伊努人会被同化，是大和氏族的血性，还是阿伊努人懦弱？可以设想，日本列岛应该有两个共同发展起来的氏族，然后经过漫长的历史变迁，便成了大和民族的一统天下。

总之，根据上面的科学论证，日本人的祖先来源于混血。混血的日本人应该具有独特的基因遗传，其性格和本质彰显着北方人和南方人的双重性格。美国人类学家鲁思·本尼迪克特在她的名著《菊与刀》中，较深刻地指出"日本人既好斗又非常温和；尚武又非常爱美；粗暴又非常有礼貌；刻板又非常懂得变通；温顺又非常叛逆；高贵又非常粗俗；勇敢又非常怯懦；保守又热心于新鲜事物"。其实人都具有两面性，不过鲁思对日本人的性格和本质的分析，还是得到了世人的认可的。

在旧石器中期，中国已经有了"有巢氏""燧人氏""伏羲氏"的历史传说。这些传说有别于神话，是比较符合历史发展规律的。顾名思义，"有巢氏"就是原始人走出了山洞，学会了在树上筑巢定居生存，既能接受阳光的充分照射减少疾病，又能有效抵抗天敌的侵害。"燧人氏"发明了钻木取火，致使原始人的生活发生了质的变化，并与动物呈现划时代意义的区别。"伏羲氏"的出现，使原始人会用火烧烤尝到了食物的香味。不过日本没有这些传说，日本列岛上的原始人在旧石器中期是否也像中国传说的那样生活呢？这似乎并不重要。丰富多彩的人类文化，在日本列岛上的原始人群中到底有多少外来元素，这虽然是一个很有趣的话题，也是史学界需要验证的严肃课题。

三　日本的原始文化

当原始社会进入地质学上的第四纪后半期,便开始了冲积世时期。这个时期地球上的气候、水陆的分布以及动植物的状况与现在相同。此时人类已经结束了旧石器时期,开始创造新石器文化。处于原始社会的人们,不仅拥有更精美更适于生产的新石器工具,而且还能够将黏土制作的生活用品经过烘烧变成精美的陶器,从而更进一步地提高了原始人的生活质量,这个时期日本将其称为绳纹时代。所谓的绳纹时代,就是日本根据古人在制作烘烧陶器前,先纹制了像绳子缠绕一样的花纹。根据那些陶器上的精美花纹,历史学家将其命名为"绳纹文化",即原始文化。

绳纹陶器

此时的日本已与大陆完全分开,成为四面环海的列岛,北海道本州、四国和九州都成为离开本州的独立海岛。此时列岛上的文化与大陆隔断,孤悬于西太平洋上的日本列岛的历史,也就停留在了新石器时期。这种停滞的文化一直延续了八千余年,直至公元前2世纪中国的秦王朝时期,才结束了日本新石器时期的绳纹时代。对于日本来说,这是一个停滞不前的时代,是一个不幸的漫长的落后时代。

本来在旧石器时期,日本列岛上的原始人与东亚大陆上的原始人同在一个起跑线上,由于日本列岛上的原始人与世隔绝,他们在漫长的绳纹文化中仍然居住在方形和圆形的茅草屋里。这种茅草屋内有的是半地下的竖穴仅有六七平方米,有的直接在地平面上铺上黏土夯实或铺上石子然后再建起房屋,被称为"竖穴"居住。他们使用的生产和生活工具,也不过是比在新石器的基础上更便捷更锋利些，他们最早驯服的狗伴随着家庭生活，渔猎和采集依然是他们的谋生手段。不过人群组织已进入原始公社状态，几个人组成一个家庭，由开始的几户为一个集中居住点，逐渐扩大到几十户甚至上百户的部落族群。居住的地点大部分靠近湖边、河川及海岸靠水有鱼的地域，所获得的食物为共同所得按需分配。他们的服饰以毛皮和树皮为材料制作成筒袖上衣和短裤，手镯、耳饰、颈饰、发饰大都是由贝壳、石头和黏土烧制而成。人死后简单埋葬，没有特殊的墓葬。不过有的死者胸部压上了大石块，可见亡灵鬼神的概念已经形成。

日本人最早形成的宗教观念，与东北亚古老的萨满教相同。萨满教认为，宇宙分上界、人间和下界三部分，上界居住着诸多的神，下界则是鬼魂、恶魔，凡人的世界则夹在中间。人虽然崇拜上界的神灵，又惧怕下界的鬼魂、恶魔，但是人又把上天的神仙、神灵，下界的鬼魂、恶魔拟人化。于是人间便出现了女巫（萨满师），女巫是帮助人间沟通神灵、消除鬼魂和恶魔的"中间人"。

萨满教与日本的风土人情相融合，或者说取自中国道教的"道"字，但放弃了道教的博大精深，逐渐地演变成了日本宗教信仰上的"神道教"。即天照大神、明月神和暴风雨神（天照大神是日本神话中的"三贵子"之一，被奉为日本天皇的始祖，是神道教的最高神；明月神即月读尊，是日本神道教中月的神格化，同为"三贵子"之一，是掌管黑夜的神明；暴风雨神又名素盏鸣尊，负责掌管海洋），其实，这是与中国北部的萨满教敬天、敬神、驱鬼一致的。当日本模仿大汉帝国的古建筑在列岛建立起诸多的神社，神道教便深入日本民众的心里，人们便在神社中举行

伊势神宫（社）

各种祭祀活动，如春祭、夏祭、秋祭等等。甚至有的地区穿着传统的服装伴随着古乐器的节奏，在各条街道上载歌载舞游行表演。

事物的发展都具有辩证法。虽然日本的绳纹文化，造成了日本原始社会停止不前，但是列岛上的原始人经过与外界封闭隔绝的独立发展，形成了大和民族独有的本质特征，当然也是日本人形体矮小的重要因素。日本史学家根据语言学的规律，认为日语的核心也形成于这个时代。

　　新石器时代的中国不像日本那样寂寞，传说中的"神农氏"能够分辨出哪些植物可以人工种植食用，哪些植物可以作为药材为人医病。当时人们已拥有了种植稻米、小麦、高粱的技术，中国已开始迈进农耕社会，并于公元前三千年左右建立了黄帝王朝。黄帝王朝起源于河南新郑一个以熊为图腾的有熊部落，部落的酋长姬轩辕（黄帝）率领他的部落在黄河流域通过战争，兼并了神农部落和九黎部落，然后又兼并包容了其他众多部落，从而确定了中国在黄河流域华夏文化的基础。中国人的根，也就由此深深地植入了中原大地，姬轩辕也就由此成为北部游牧为生的匈奴、鲜卑等氏族共同顶礼膜拜的祖先黄帝。黄帝之后，延续了姬颛顼、姬俊、伊放勋（尧）及姚重华（舜）四帝，前三位帝王虽然都是姬姓，但不是父子承袭关系，舜帝则是山西永济虞部落的酋长。可见新石器时期的中国原始社会，已有了令人赞叹的任人唯贤的组织人事制度。

　　夏王朝是一个具有发明创造，极富于社会进步变革的王朝。部落里的居民除了广泛使用陶器外，还可以用泥土、石块、树木建筑房屋。人们除了用兽皮制作衣服外，还可以穿上黄帝（姬轩辕）夫人嫘祖发明的丝织品绸缎。当时还发明了车船、弓箭、音乐、文字、算数、历法等等，尤其是仓颉创造发明的文字，更具有划时代的重大意义。虽然这是历史传说，但绚丽多彩的华夏文化，已经奠定了人类的文明与文化发展。

　　当日本还在新石器时代，沉睡于陶纹文化中，中国已经于公元前两千多年前便大踏步地迈进了奴隶社会，建立起了夏王朝。随后于公元前18世纪建立起了商王朝，又于公元前12世纪建立起了周王朝。很显然，中国的社会变革是不断发展进步的，政治思想、经济建设、军事斗争以及文学艺术都呈现出百花齐放、百家争鸣的大好局面，夏禹、商汤、周文王等政治家，孔子、老子、孙子等思想家及军事家贯穿于那个时代，尤其是指南针的发明和青铜器及铁器的使用，使中国走在世界的前列，成为古老的文明之国。

公元5至6世纪，大和民族在统一日本时创造了氏姓制度。大和民族的大王按照血缘亲疏、势力范围及功劳大小分别赐予姓。但这些类似爵位的姓，只有贵族世家才有，一般平民百姓只有名没有姓。直至明治维新日本颁布了强制性的《苗子必称令》，即"凡国民，必须起姓"，日本人这才都有了姓氏。所以说日本的"孝"道虽然来源于中国，但是与中国"孝"的含义却不一样。日本的孝只是对父母和近祖，不同于中国的孝道源自于家族的祖先繁衍下来的庞大支系，所以日本就没有中国式的宗族祠堂。有人说日本人缺乏抽象思维，似乎其原因就在于此。日本之所以在东亚的历史发展中有些异类的味道，不过，这并没有影响日本的进化和崛起。当然，华夏文明是促使日本迎头赶上的动力之源泉。

有人认为，日本天皇像中国的孔氏家族一样是"万世一系"的，这种看法是过分地褒扬了日本天皇。孔子出生于公元前551年，比神武天皇小109岁，其家族延续的历史有着详实的文字记述并条理分明清晰可辨，是毋庸置疑的。有人说神武天皇与中国的黄帝同属于传说，但中国的黄帝比神武天皇早二千余年。虽然中国黄帝王朝没有进入奴隶社会，但已经有了诸多发明，已是半渔猎半农耕社会。而日本则不然，还处在新石器时期"陶纹文化"的蛮荒时代，还没有农耕文化意识，怎么会出现氏族间统一国家概念的神武天皇呢？只不过是一位氏族头领酋长而已。经过历史演变，日本天皇已成为神道的化身，是日本人的脊梁，精神支柱，国家的象征。值得日本人骄傲的天皇制，是在日本漫长的奴隶社会时期形成的，应该说它是世界上最早的"君主立宪制"，独特的天皇制有别于中国周边国家的发展史。天皇在历史上大部分都被束之高阁，像宗教领袖一样没有起到多大的行政管理作用。不过，有的天皇在历史的关键岁月，起到了促进社会变革的决定性作用。比如"大化革新"，就是在第36位孝德天皇的极力主张下，大力地向中国唐王朝学习，使日本得以"唐化"的，从而结束奴隶制社会，进入了封建社会。也就是说，孤悬于西太平洋列岛上的日本，虽然起步晚，但是在华夏文化的影响下，却能够跑步进入封建社会。

四　与华夏文明的渊源

日本人的古代历史，只能从两个方面查找认证。一方面要从日本列岛的考古发掘中论证，另一方面要从中国古书典籍中查找，否则不是传说便是神话。中国迈入封建社会后，战国时期的古籍《山海经·海内北经》中记载了日本列岛的方位。文章中称"盖国在巨燕南，倭北，倭属燕"。此文中的"盖国"，指的是当时朝鲜半岛北部的盖马国。"燕"，指的是战国时期的七雄之一燕国，该国位于今辽宁的中西部、河北的东北部。"倭"，指当时的日本，"倭北"，指的是倭国北边的盖马国，显然上文是为了确定盖马国的位置而衬托出了日本列岛的方位。虽然文中记载不十分准确，但大概衬托出日本列岛的位置。

《山海经》是最早称日本为"倭"的史书，为什么称日本为"倭"，后来的史书也未作说明。称日本为"倭"会有很多解释，但有些学者认为，中国古代称日本为"倭"，如同称呼北方游牧民族"匈奴"及"鲜卑"一样，只是一种音译，因为在古代大和民族的"和"是"倭"的谐音字。至于现在日语中的"倭"与"和"的发音迥异，那是因为8世纪日本史学家安万侣在其著作中将"倭"与"和"变音，其奥秘不过是为了一种政治目的而已。

公元前221年，秦始皇先后吞并了楚、赵、魏、燕、韩、齐，建立起统一的中央集权制的封建帝国后，中国大陆与日本列岛便有了民间往来，不然怎么会出现徐福东渡日本的伟大壮举呢？司马迁在《史记》卷六《秦始皇本记》中写道"齐人徐市（徐福）等上书，言海中有三神山，名曰蓬莱、方丈、瀛洲，仙人居之，请得斋戒和童男童女求之。于是，遣徐市（徐福）发童男童女数千人，入海求仙人"。徐福当时是海滨琅琊郡人，他在当地是方圆百里闻名的医术高明方士。切不说徐福有什么目的，但他的上书，的确迎合了秦始皇迫切需要长生不老药的心态，从而成就了中日两国有史记载的交往史。徐福的故里，今江苏连云港赣榆县金山乡徐阜村（原名徐福村），人们为了纪念徐福还修建了一座"徐福庙"。

徐福东渡日本的历史传说，也得到了日本史学界的普遍关注和认可。日本史学家寺屋善雄撰写的《中国传来物语》的《渡来人》一节中，比较详细地阐述了徐福从日本纪州（今和歌山）熊野的新宫登陆，他所寻找的蓬莱仙山就是当地北宫以东三公里处的一座风景秀丽的山岗。寺屋善雄对徐福东渡日本的目的也做了详尽的考证，徐福不仅带去了几千童男童女还带去了农业生产工具和五谷杂粮的种子。当然，秦王朝时期所拥有的政治、经济、军事以及科学技术，也随着他登陆了日本列岛。徐福登陆后便组织众人开荒种地从事农业生产，带去的童男童女就地安居乐业繁衍后代。如今日本的和歌山县新宫市还保留着徐福的墓地及徐福祠，阿须贺神社内还保留着"徐福宫"，徐福登陆后的纪念碑仍然在佐贺郡诸富町竖立着。时至今日，日本有关地区每年还为纪念徐福而举办祭祀活动。

日本史学家认为，从中国大陆和朝鲜半岛移民到日本的居民为"渡来人"，他们认为这一时期有大量的"渡来人"登上了日本列岛，有资料介绍，这种现象持续很长时间。

日本人口学家小山修三经研究论证，公元前3世纪以前日本的陶纹时代，列岛上的居民只有

徐福庙

10万左右。然而在中国秦汉时期的二三百年中，日本列岛上的人口便上升到了60余万人。此数字虽然有些悬殊，但当时日本列岛在华夏文明的影响下，生产力不断地发展，生育率也得到了很大的提高。徐福东渡日本，只不过是一个典型的事例记入了史册，即使是秦王朝的暴政和楚汉相争的战乱时期，也还有大量的难民移居日本列岛。但是即便这样，大陆移民的数量也绝不会超过日本列岛的原居民，如果大陆移民超过了日本列岛的原居民，那么就会

在日本列岛出现完全汉王朝式的国中之国，就不会有今天独特的日本国和日本人了。日本史学家如此夸大其词，其目的无非是大陆人与列岛上的日本人有着浓厚的历史渊源，或许是为掩盖某种政治目的而做的一种宣传罢了。

逐年移居到日本的"渡来人"虽然是少数，但其影响力却是广泛深远的。日本史学家所说的"弥生时代"的日本人，比以前"绳纹人"高大，而且头型也比较大，那是因为大量的"渡来人"与当地的"绳纹人"混血所造成的结果。多元混血形成的"弥生人"比"绳纹人"更加聪慧，因而促成了大和民族的形成和社会的进步。

徐福东渡日本时，日本还处在新石器陶纹文化中，日本所拥有的农耕技术，完全是在华夏文明的影响下发展起来的。当时中国运送物资的车船极为发达，随着中国秦汉王朝发达的公路网，尤其是汉武大帝奠定了中国疆域的基础后，华夏文明不断地由疆域内向四方传播。

当时朝鲜半岛北半部已是汉王朝的行政区域，具有代表性的中国青铜制品和铁制品以及水田各种农作物的栽培技术，经过朝鲜半岛很快地传入日本。东北亚朝鲜半岛南部的三韩（马韩、弁韩、辰韩）是当时中华文明传播的重要地域。日本则以对马岛为垫脚石，像嗷嗷待哺的婴儿一样贪婪地吸取着华夏文明。日本史学界通过考古，充分地证实汉王朝的政治、经济、军事等诸方面，对当时新石器时期蛮荒的日本有着极其深远地影响，并对日本的文明和社会的发展起到了决定性的作用。

日本所说的"弥生文化"就是从公元前3世纪末中国汉王朝开始的，它与徐福东渡日本开创了日本农耕社会的历史相吻合。所谓的"弥生文明"，就是在日本东京都文京区弥生町发掘出具有中国大陆色彩的精美陶器，以及相关地域出土的汉代大量的金属器。于是，日本史学家便以弥生町的地名命名为"弥生文化"。经考古鉴定，日本香川县瑜珈山遗址出土的铜剑，佐贺县二冢山遗址出土的中国西汉后期的铜镜，王莽篡权后的钱币，东晋时期的七枝刀（朝鲜半岛百济进贡给日本），以及中国在战国时期就使用的乐器铜铎等文物，在当时日本已经得到了广泛普遍的运用。

当然，引领日本文明发展的不只是这些，中国汉王朝应有尽有的生活用品、生产工具，房屋建造、畜牧驯养以及诸多农作物的种植技术等等，也在日本得到了广泛的传播和利用。尤其是中国的青铜器和铁器进入日本后，提高了木制品和石器加工制作的速度，极大地促进了社会生产力的发展。

当时没有知识产权意识，也没有贸易顺逆差的说法，只是民间自由贸易和汉王朝赐予的结果。在当时的日本，只是以很小的代价，便获得了汉王朝的制造品和相应的产品制造技术。当然，日本人的仿造能力是很强的，从出土的文物中可以看到，除了汉代中国的制造品之外，他们模仿的制造品也是很精美的，如铜铎这种精工细作的乐器，他们也能够仿造得以假乱真。如此看来，日本学以致用的能力具有其独特的天赋。不仅如此，日本将华夏文明舶来后，有多少冠以日本制造成为日本文明，不必细心考察便可以信手拈来。当时汉朝的服装已引领日本服饰的潮流，成为日本汉化的象征。

至此，史学家特别强调的一个历史问题，那就是日本的"陶纹文化"与"弥生文化"之间是断层的没有衔接关系。也就是说，新石器时期的"陶纹文化"使日本文明停滞了几千年，华夏文明促成了日本"弥生文化"的发展，使日本文明有了一个质的飞跃。

"弥生文化"时期，在公元前和公元后的四百余年里，可以说日本由渔猎社会跑步进入了农耕社会。如果没有华夏文化的影响，日本还要在新石器时期的"陶纹时代"的蛮荒中踏步。现代日本史学家都一致认为，日本的"弥生文化"是中国元素华夏文明的产物，当时日本所拥有的先进生产工具和农耕种植技术，都是由中国制造舶来的。

需要说明的是，华夏文明传入日本是移民和贸易往来的结果，并不像印度文明那样是由外来民族和外国势力的侵入在血腥中形成的。换言之，"弥生时代"是日本学习引进舶来的时代，是促进日本原始社会部落氏族壮大变革的时代，是奠定了大和民族与国家形成的时代。

五　倭百国与汉王朝

中国元素对日本有着划时代的意义，起到了社会变革的决定性作用。可以想象处于原始社会新石器时代，"几乎全裸体的日本人"，竟然八千余年未能改变现状。假如没有中国汉王朝的物质文明和精神文明的影响，日本人还不知要在蛮荒的原始社会踏步几千年。那么日本在"弥生时代"是怎样进入奴隶社会的？他们又是如何在氏族部落的基础上建立起百余个小国的？不仅现在日本国内没有任何历史文献给予证实，而且也没有任何神话传说表明其奴隶社会的形态。要想了解日本列岛的变化，只有在考古发掘中了解日本奴隶社会的状态。

日本福冈县须玖遗迹中发掘出土的埋葬死人的大瓮，中国的奢侈品青铜镜和剑以及琉璃制品勾玉（用于装饰的玉器），足以见证墓葬死者的高贵身份。由此说明，当时社会阶层的分化，国家意义的概念开始形成。

写到此，不得不提及日本天皇的那三件传世之宝，即剑和勾玉及铜镜。这三件神器珍藏在何处？几人见过何人知晓？不言而喻，它应该是中国秦汉时期的产品。或者说那是为了神圣的神武天皇，将中国的舶来品用神话演义出来而已。这些似乎并不重要，重要的是日本人自古以来，无论是武士还是战场上的军人，他们从来不佩剑只佩刀。或许是从古至今，剑只是天皇独有的宝贝，其他人只能忌讳不能佩之。由此，日本人不晓得双刃剑的哲理内涵，刀变成了日本武士道杀戮的专用利器。

汉王朝的生产工具和社会生活中的各种技术传入日本后，促进了日本原始社会生产力的发展，从而改善了原始社会氏族部落的生活，氏族部落开始不断地兼并扩大，氏族集团之间为争夺利益的战争也不断地加剧，战争中俘获的奴隶和氏族中因贫富差距造成的奴隶逐渐增多。由此需要氏族集团根据经济基础，建立相应的政治体制和军事机构，方能保护氏族集团的利益。于是便出现了等级分明的人员分工和阶层，阶级便自然地分化出来，从而加速了日本社会迈入奴隶社会的变革。

日本列岛的九州和四国及本州众多的氏族部落，也就逐渐地形成了具有国家意义的政体。日本这次社会变革的历史事实，在中国的历史文献中找到了较为详尽的记载。

《汉书》的《地理志·燕地》记载："乐浪海中有倭人，分为百余国，以岁时来献见云。"文中的"乐浪"指的是朝鲜半岛北部汉王朝设的乐浪郡。中国古文是极为吝惜笔墨的，如此诸多的外交往来仅用了短短的17个字便描述概括了。但我们从中不难看出，倭人百余国每年都要到汉王朝进贡，可见汉王朝的强大及对日本的深远影响。

公元57年，日本北九州较强大的倭奴国王为了赢得东汉王朝的支持和经济上的援助，派出使臣从朝鲜半岛登陆，历尽千辛万苦奔赴东汉王朝的首都洛阳，向汉光武帝刘秀敬献了贡品。汉光武帝刘秀龙颜大悦，下令赐予倭奴国王一枚刻有"汉倭奴国王"字样的紫带金印。

汉倭奴王金印

此次日本与中国的重大历史交往，不仅仅是古书的记载，岁月经历了1700多年后，也就是公元1784年春，日本北九州福冈县志贺岛出土了这枚金印。该金印2.3厘米见方，印高2.2厘米，蛇钮高1.3厘米，重108克，阴文篆书"汉倭奴国王"五个汉字。出土的金印与《后汉书·倭传》中的记载"建武中元二年，倭奴国供奉朝贺，使人自称大夫，倭国之极南疆也。光武赐以印绶"的金印完全吻合。

无独有偶，该枚金印与中国云南晋宁发现的后汉时期的金印"滇王之印"和江苏扬州出土的金印"广陵王玺"类似相近，其蛇钮、金质、字体、形制大小及重量相同。由此可以断定，东汉王朝只是把日本当做中国的一个藩王而已。

《后汉书·倭传》针对倭人国的朝贡，做了如此的记述："安帝永初元年，倭国王帅升等献生口百六十人，愿请见。"也就是说时隔半个世纪，公元 107 年汉安帝刘祜刚刚即位，倭国王帅升等使臣向汉安帝刘祜朝贡并献上奴隶 160 人。

朝贡的本身就是为了加强政治联系，达到经济和技术交流的目的。对于倭奴国来说，紫带金印确定了倭奴国与汉王朝的臣属关系，与日本列岛其他倭国相比，便自然地提高了倭奴国的政治地位。要知道，汉皇帝赐予属下的印，是有着严格的级别区分的。汉皇帝用的是红带玉印；诸王和宰相是紫带金印；九卿用的是青带银印；其他属下则用黑带铜印和黄带木印等区分。可以想象，倭奴国王获得了这枚紫带金印后，在当时日本列岛百余国中的政治影响力，它如同尚方宝剑使倭奴国王站上政治舞台的制高点，可以俯视其他的倭国了。

史书上所说的公元 2 世纪"倭国大乱"，也许是倭奴国自认为得到了东汉王朝的支持，在日本列岛发动了兼并战争，最终导致倭人百国大乱。战乱大概经历了百余年后才结束，至于战乱的过程及胜败的结果历史无据可查。不过魏、蜀、吴三国鼎立时期，魏国与当时日本九州北部的邪马台国交往甚密，当时的邪马台国已管辖二十八个附属小国。至于邪马台国是否是倭奴国的延续，还是氏族小国杀出来的黑马还有待于历史考证。不过汉王朝政治和经济上的影响力，促使了倭人百国的社会变革，已经成为不争的历史事实。

此时，倭百国在与汉王朝交往的过程中，汉字已进入了倭百国中的某些氏族大国。只不过汉字在倭百国没有引起足够的重视，更谈不上学习和运用了。从出土的文物中看，当时日本仿造中国铜镜上的汉字差错百出，不成文句。由此可见，汉字在当时已被日本当成了一种装饰的"花纹"。

六　陈寿素描倭人国

陈寿肖像

最早详细描写日本列岛各小国的情况，是中国晋王朝史学家陈寿编撰的《三国志·魏志·倭人传》。时隔150余年后，南北朝刘宋时期的史学家范晔将陈寿的《倭人传》收集编撰在正史《后汉书·倭传》中。

东汉末期，魏、吴、蜀三国鼎立，这期间魏国占据着中原以及北方和东北地区，势力范围达朝鲜半岛的汉城以北。魏国按照东汉时期的行政机构，仍然在朝鲜半岛汉城以北设立带方郡。也就是说，强盛的魏国离日本列岛最近，与当时的倭人交往最多。这段历史，陈寿在他编撰的《倭人传》中做了详尽生动的记述。

魏国到邪马台国途经之国

倭人（日本）在带方郡东南的大海中，依傍着海岛建筑了很多都城。以前倭人有一百多个小国，从汉代时期就向中国朝贡，三国时期倭人仍与当时的魏国保持往来。去倭人国最近的路线，就是从带方郡乘船绕海岸，经过朝鲜半岛南部的马韩和弁韩地域，忽南忽东地绕海岛躲暗礁艰难地航行，才能到达狗邪韩国（今韩国金海市），然后再经过七个倭人小国，方能到达较大的邪马台女王国。这七个倭人小国分别如下。

1. 对马国。从半岛狗邪韩国航行七千多里渡过一个海面，再航行一千多里到达对马国（对马岛）。对马国的最高官称卑狗，副职称卑奴毋离。对马国是建在一个孤岛上的小国，方圆四百多里，土地稀少，崇山峻岭遍布险隘。国内有茂密的森林，崎岖不平的小路只有禽兽麋鹿出没。国内有一千多户居民，没有可耕种的良田，他们主要是吃海产品度日谋生，有时乘船向南部（日本九州北部），有时乘船向北部（朝鲜半岛南部的弁韩、辰韩两个小王国）购买粮食。

2. 一支国。离开对马国向南航行一千多里，经过一片浩瀚的大海后到达一支国。该国的官员也叫卑狗，副职也称卑奴毋离。一支国方圆三百里，遍地是灌木丛林，有三千多户，仅有少量的田地，生产的粮食不够吃，便去南部九州岛的北部及朝鲜半岛南部的弁韩、辰韩两个小国购买。

3. 末卢国。从一支国再航行一千多里便到达末卢国。该国有四千多户，国民背靠大山面临大海居住，国土贫瘠而草木却极为茂盛，在里面行走时前后不见随行的人员。这里的人们都喜欢捕捞鲍鱼，无论在深海处还是在浅海区，他们都要沉入海底艰难地捕捞。

4. 伊都国。离开末卢国后，向东南走陆地约五百里，便到伊都国。这里的官员叫尔支，副职称泄谟觚、柄渠觚。该国有一千多户，是一个世袭的小国，隶属于邪马台女王国，是邪马台国的外交官与外国使节处理外交事务的地方。

5. 奴国。从伊都国向东南到奴国约有一百里，官员叫兕马觚，副职称之为卑奴毋离，有两万多户居民。

6. 不弥国。从奴国向东行到不弥国约有一百里，官员叫多模，副职称卑奴毋离，有一千多户人家。

7. 投马国。从不弥国向南到投马国，需要走水路二十天，那里的官员叫弥弥，副职称弥弥那利，有五万多户。

最后南到邪马台女王国的都城所在地，需要走水路十几天，走陆地一个多月。该国官员按照大小顺序称伊支马、弥马升、弥马获支、奴佳鞮，有七万多户。邪马台女王国以北的地方，那里的王国和人口户数及里程还能够略知一二，至于更远的其他王国，由于遥远偏僻就说不清楚了。

邪马台王国还管辖着二十一个倭人小国，它们分别是斯马国、已百支国、伊邪国、都支国、弥奴国、好古都国、不呼国、姐奴国、对苏国、苏奴国、呼邑国、华奴苏奴国、鬼国、为吾国、鬼奴国、邪马国、躬臣国、巴利国、支唯国、乌奴国、奴国。奴国的南边是狗奴国，狗奴国不隶属邪马台女王国。该国男人为王，官员叫狗古智卑狗，他们与邪马台女王国不和，经常闹对立。从朝鲜半岛魏国的带方郡到邪马台女王国，是一万两千多里。

倭人的风土人情

倭人男子无论是大人和小孩，都面刺花纹并纹身。自古以来，其使节到中国都按照汉王朝的官阶自称为"大夫"。也就是说，倭人到中国的使臣享受汉王朝大夫官位的待遇。

中国夏王朝时期的君主少康，将会稽（江苏苏州）封给了儿子。该王子下海捕捞作业时便事先截断头发，并将全身刺满花纹，以此避免蛟龙的侵害。当时倭人国应当在会稽东海的东面，喜欢沉入水中捕捞鱼虾的倭人，似乎是从中国学来的纹身术，其目的就是为了制胜海中的大鱼水禽。后来，这种纹身术逐渐变成了一种纹饰，以此表示其勇猛。各倭人国的纹饰有所不同，刺在左边，刺在右边，花纹大和花纹小，各自表达的意义都有所不同。尊贵和卑贱者刺的花纹，也有着明显的差异和区分。

倭人国的风俗好，不淫乱，男人都用木棉缠头露着发髻。他们的衣服横宽，但缝结缠系相互连接大致无缝。妇女散发屈髻，其衣服像被单，中央开孔钻过头去穿上。由此可见，倭人的服饰受中国古代秦汉衣着的影响，穿着宽大方便。

倭人的农作物主要是稻子和纻麻，并从事栽桑养蚕，纺织出产细纻和缣棉。倭人国无牛、马、羊家畜，没有虎豹等猛兽及喜鹊珍禽。兵器主要是矛和盾及木弓，竹箭有的镶着铁箭头，有的镶着骨箭头。倭人所住的岛屿气候温暖，冬天和夏天都能够吃到鲜菜，无论男女都赤脚走路。其住处，父母和姊妹、兄弟都有各自的单间躺卧歇息。他们用朱红颜料涂抹身上，像中国人搽粉一样，以此显示美丽。饮食使用竹制的器皿，用手抓着吃，可见还没有学会使用筷子。

倭国人死后停丧十多天，期间不吃肉，服丧的家人痛哭流涕，别人则前来唱歌、跳舞、喝酒。安葬死人时有棺无椁，也就是没有套在外边的大棺材，坟头用土垒成。安葬完后，全家到水里洗澡，就像对熟绢加以清洗一样。

他们渡过大海前来中国的使团，事先安排一个人不梳头不洗脸，不清除虫卵虱子，衣服污秽肮脏，不吃肉，不亲近女人，像是一个服丧的人，使团们称他谓"持衰"。如果使团在途中吉利平安一帆风顺，大家便用牲畜和财物犒劳他。假若使团有人在途中生病或遭受到伤害便杀了他祭祀，认为他"持衰"不严，给大家带来了厄运。可见，在当时倭人国的奴隶不仅被随意买卖，并可以随意杀戮成为宗教的祭祀品。

倭人国出产珍珠、青玉。山上有丹砂，树木有柟、杼、豫樟、楺枥、乌号、枫香、桃枝。另外，还有姜、橘、椒、襄荷，但是他们不懂得用来调味食品。倭人地域还有猕猴和黑雉、鸟禽等动物。

倭人之间的往来走动包括言行，习惯事先用炙烧骨头占卜，以此推断福祸。其卦卜的模式，就像中国古代利用龟甲进行占卜的方法，观察火把骨头炙裂后的情况，以便断定吉凶。

倭人聚会的时候，坐立次序，父子男女没有区别。他们普遍爱好饮酒，见到官员贵族表示尊敬时，跪拜并用拍手表示欢迎。

倭人国的贵族官员一般都娶四五个女人为妻子，平民百姓也有娶两三个妻子的。女人不淫乱、不嫉妒。人们之间不盗窃，很少发生纠纷诉讼。若是犯法，轻的没收其妻子，重的将其全家斩杀。至于宗族内的尊卑，各有差别和规定，足以使人服从。倭人的寿命有的一百岁，有的八九十岁。

邪马台国概况

邪马台女王国收取租税，并建有楼堂馆所，还设有市场，大家通过交易互通有无，并委派身份高的倭人监督他们。自女王国以北的地方，专门设立一名官员负责检查各国往来的使节，各国使节都害怕此人。他平常在伊都国办公，像女王国的刺史。凡是女王国派遣到魏国带方郡及去韩国（马韩、辰韩、弁韩）的使节回来时，以及中国郡守和"三韩"的使节去倭人国时，都要在渡口附近让倭人搜查车辆，传送文书或将赠送的物品传给女王，不能发生差错。

邪马台女王国有着严格的等级，居民被划分为"大人""下户""生口""奴婢"四个等级。"大人"是官僚贵族阶层，靠下户的租金和使用奴仆生活。"下户"则是平民和自由民，必须向国家缴纳税赋。"生口"和"奴婢"是最下层的奴隶，一般都是战俘和罪犯，没有人身自由，甚至被当作殉葬品。平民百姓（下户）在路上与大人（贵族、官员）相逢，便后退躲起来。传达辞令和陈述事情时，平民百姓或蹲着或跪着，两手着地恭恭敬敬地向大人叙述，对答时说"噫"，就好比"诺"。显然这是从中国汉王朝学来并实施的礼节。

邪马台国最高统治者称"王"，王以下官员则称"大率"（派驻各附属小国的检察官）、"大倭"（主管国家集市贸易的官吏）、"大夫"（主管外交事务的官员）等等。本来邪马台国是男子为王，延续了七八十年后发生了叛乱，内部互相攻伐了好多年，便共同拥立了一个女子为王。这位女王名叫卑弥呼，是装神弄鬼的巫师，能够笼络人心，年纪已大，还没有嫁人，由弟弟辅佐她治国。自从登上王位后，有一千个婢女服侍她，外界很少有人能够见到女国王。只有一个男人为她送饭，并负责出入传话。居住的宫殿楼台，周围建有栅栏，常有人手持武器守卫。邪马台国除了内卫部队，还有一支对外战争的军队。

由此可以确定，邪马台国已具备了国家的特征，但仍然有原始母系社会的残余，并具有政教合一的国家色彩。

从女王国向东渡海一千多里，有一些小国全是倭人种族。其南面还有侏儒国，该国人高仅三四尺，距女王国四千多里。另外，乘船航行一年可以到达裸国和东南面的黑齿国。倭人生活的地方，全都居住在海中的陆洲、岛屿，有的隔绝，有的相连，绕一圈五千多里。

邪马台国与魏国的交往

公元238年6月，也就是中国东汉三国时期的魏明帝曹叡景初二年六月，邪马台国女王派遣大夫难升米等人前往半岛的带方郡，请求到魏王朝的都城洛阳朝贡，于是带方郡太守刘夏便派官员将他们送到京城洛阳。同年十二月，魏明帝在回复的国书中写道："倭女王卑弥呼阁下，我魏王朝带方郡的太守刘夏派使节将你的使臣难升米和副使牛利送至京城，同时将你们所进奉的男奴隶四人和女奴隶六人，以及班布二匹二丈也随时送到。你们地处遥远的岛国还派使节朝贡，这是你们对魏王朝效忠的表现。有感于你们的忠孝之情，特将女王阁下封为'亲魏倭王'，并赐予金印和系金印的紫色绸带，由带方郡太守代替朕授予你。希望你更好地安抚族人，竭诚地从事孝道。你的使节难升米和牛利一路上鞍马劳顿极为辛苦，为此将难升米封为'率善中郎将'，牛利封为'率善校尉'，同时分别授予二位银印和青色系印的绸带。今将我国产的五匹绛地蛟龙棉、十张绛地绉粟罽、五十匹蒨绛、五十匹绀青等赐予你们。同时还特赏赐你们三匹绀地句文锦、五张细班华罽、五十匹白绢、八两黄金、两口五尺刀、一百个铜镜，以及珍珠和铅丹各五十斤。这些物品都分别包装后，交给使节难升米和牛利带回。这次进贡回馈的情况你们要告诉国人，让他们知道魏王朝认可承认你们，才郑重地赐予你们那么多的珍贵物品。"

公元240年（魏齐王曹芳正始元年），魏国太尉弓遵派建中校尉梯俊等人，带着诏书和印信及系绸带前往倭人的邪马台国，任命了代理的倭王。并赐予诏书，赠送了金、帛、绵罽、刀及彩色的丝绸。于是，倭王通过使节上书，向魏王朝天子答谢龙恩。

公元243年（魏齐王曹芳正始四年），倭人邪马台国王再派伊生者、掖邪狗等八人前往魏王朝，并向魏齐王献上奴隶、倭锦、绛青缣、棉衣、帛布、丹木、短弓箭等。魏齐王对掖邪狗等人任命为"率善中郎将"，并赐予官印和系印绸带。

公元245年（魏齐王曹芳正始六年），魏齐王下诏赐给倭人难升米黄色旗帜，并交给带方郡太守代行授予。

公元247年（魏齐王曹芳正始八年），魏国带方郡的太守王欣上任。邪马台女国王卑弥呼因与狗奴国男国王卑弥弓呼历来不和，便分别派遣使节载斯、乌越等人到魏王朝带方郡太守处诉说相互间的矛盾，以便得到恩宠支持。带方郡太守王欣便派遣塞曹掾史张政等人送去诏书和黄色旗帜，委托代授给难升米。此时倭人邪马台女国王卑弥呼已经死去，其国人为她大修坟墓厚葬，坟墓的直径有一百余步，殉葬的奴婢多达一百余人。善后有人主张改立男人为国王，但多数国人不服，致使相互厮杀殴打，造成一千多人死亡。经过一番斗争，最后确立卑弥呼的宗室女，年仅十三岁的壹与为国王，于是邪马台国便安定下来。张政等人带着文书拜见了邪马台国王壹与后，壹与国王也派了本国的大夫、率善中郎将掖邪狗等二十人送张政等使节回带方郡，并随后献上男女奴隶三十人，进贡白珠五千颗、孔青大珠二枚、不同彩色的杂锦二十匹。

由此可以看出，倭人邪马台国王是一位宗教化身的女性，因而充分说明了萨满教在日本原始社会各氏族部落中的地位，它是形成氏族集团的主要精神支柱，是大和民族利用武力统一日本的重要手段。

至于书中描述的邪马台国向魏国朝贡时，供奉的礼品很少，而得到的赏赐却很多这种奇怪现象，有的日本史学家说，这是魏国为了拉拢邪马台女王国牵制高句丽的一种战略。但笔者认为此观点值得商榷，因为高句丽政权在魏国的东北部，魏国的势力已延伸至朝鲜半岛的北部，半岛的南部为马韩、弁韩、辰韩，而邪马台国的势力还没有越过朝鲜海峡。在当时的通信方式极端原始落后的状况下，认为邪马台国能够牵制高句丽政权未免牵强附会。我认为魏国的慷慨施舍，主要体现在华夏文明厚往薄来"人敬我一尺，我敬人一丈"的理念上，至今这种理念仍然运用在周边的外交工作中。

《魏志·倭人传》中的许多记载，已被历来的史学家所证实。其中去邪马台女王国沿途的七个隶属小国，除投马国外都可以在日本北九州找到。可见陈寿收集撰写的《魏志·倭人传》是一篇重视历史事实的不朽文献。此后，中国历代史学家在正史中撰写倭人国时，都是以《魏志·倭人传》为蓝本，再结合当代的情况撰写成书，尤其是日本史学家在撰写古代史时，都要把《魏志·倭人传》作为重要的历史文献加以研究运用。日本《六国史》中的《日本书纪》以及《大日本史》中，都是在《魏志·倭人传》的启发下叙述历史，并引用其中的内容作为主要史实。

七　大和民族与倭国统一

日本原始社会氏族部落中的三大神话，寓意了大和民族的崛起历史，其中的高天原系（天孙民族系）神话和出云系（国津神系）神话及筑紫系（南方民族系）神话的内容与传说，都彰显了日本列岛原始氏族部落统一的片段，尤其是高天原神话与传说吸收了其他两个神话圈的某些重要内容，将日本神话中最核心的太阳女神奉为日本皇室的祖先、尊为神道教的主神，从而说明了大和民族的形成与日本列岛的统一。

公元4世纪中叶，日本列岛如何成为一个统一的国家，这是日本史学界众说纷纭的话题。有人说强大的邪马台国的女国王卑弥呼就是大和民族太阳女神的化身，是她统一了日本列岛。还有人说当时日本的畿内，也就是京都、大阪、滋贺、兵库、奈良、和歌山、三重等地是大和民族的地盘，由此强大的大和民族集团统一了日本。虽然这些观点各持己见，但两者结合的历史观更符合客观事实。陈寿的《三国志·魏志·倭人传》中记载："女王国东，渡海千余里复有国，皆倭种。"也就是说邪马台国东北的倭人国可能就是大和国。后来日本史学家从畿内考古的文物中论证，日本畿内地区是大片的冲积平原，土地肥沃，灌溉便利，农业发展迅速，致使大和民族成为一个强大的国家。

日本史学家一致认为，中国秦汉时期对日本列岛的影响，是经过朝鲜半岛进入日本九州的。徐福率童男童女赴日本，也是从九州登陆的。历史发展的脉络链条也正是如此，这也间接说明，华夏文明先影响着日本列岛的北九州，然后逐步地向东北乃至整个本州发展。在此发展过程中，大和民族利用中国秦汉时期物质文明的影响力，震慑着其他氏族小国。并将其独创的神话太阳女神演变成"神道教"，传播且影响着其他氏族，成为大和民族扩张统一的精神力量。由此，大和民族的大王开始以武力逐步兼并周围的氏族小国，将其领地直接归大王所有，或分封给具有大王血统的贵族管辖。人们在神道教的影响下，相信神力的保护作用和毁灭的威胁，从而改变了意识形态，放弃了氏族小国的独立性，听从了大和民族的管辖。

大和民族便将他们的领地置于统治之下，间接地管理其臣民并征收赋税。久而久之，日本列岛便成为大和民族集团的一统天下。据说统一后的日本列岛便被大和民族改称为"大和国"，不过此种说法在史料中没有明确的记载，或许是当时日本没有文字，大和国也就没有历史文献证实。流传下来的只有中国文献资料中称日本列岛为"倭人国"，称国王为"倭王"。

中国史书上记载，邪马台国女王卑弥呼死后，其宗室女壹与立为女王。壹与女王登基后，为了加强与中国三国时期的魏国联系，继续派使臣向魏国进贡，这种关系一直保持到魏国灭亡乃至晋王朝的建立。

公元266年（晋武帝泰始二年），邪马台国还遣使觐见晋武帝，当时还没有迹象表明，日本列岛出现了统一战争。但是，刚刚夺取政权的晋武帝对邪马台国的使臣不感兴趣，显然晋武帝对倭国的外交政策也有所改变，这种改变中断了倭国与晋王朝147年的外交往来。中日之间的官方往来虽然中断了，但民间往来仍然不断。据有关史料记载，公元289年5月，汉献帝刘协的玄孙刘阿知率亲属及族系2000余人东渡日本。这些高素质的"渡来人"，促进了日本的文明与发展。

不久，他们便融入日本的上流社会中，成为倭王宗室成员的新贵族。根据中国史料分析，晋王朝与倭国断交后，日本列岛便发生了统一战争。邪马台国因得不到中国晋王朝的援助和支持，年轻的女王壹与缺乏治国谋略，便逐渐地失去了强势，于是便被本州畿内强大起来的大和国所兼并。当然，与邪马台国对立的狗奴国也没能逃脱覆灭的厄运。试想，如果晋武帝司马炎未取得政权，魏帝国仍然健在的话，凭借魏国与邪马台女王国的友好关系，日本列岛上的兼并战争就会走向反面，日本的历史也要被重写。不过，这只是一种假设而已。

当时的东北亚及朝鲜半岛，也发生着兼并战争。即半岛南部马韩中的百济，从公元290年到公元372年统一了五十余个部落氏族小国，建立起了百济王国。辰韩中的新罗于公元286年到公元377年，统一了十二个部落氏族小国，建立起了新罗王国。中国东北少数民族政权高句丽王国，也于公元 313 年吞并了汉朝时期的乐浪郡和带方郡，占据了朝鲜半岛北部。而贵为正统的晋王朝并没有统一中国，致使中国北方分裂的十六个小国各霸一方，最后演变成为南北朝。应该说，东北亚局势的演变，有助于日本列岛大和民族的统一。日本列岛成为统一国家最有说服力的历史事实，那就是中国吉林集安现存的"好太王碑"，碑文详细地记载了公元 391 年倭国（日本）大规模地侵入朝鲜半岛后，高句丽第十九代王"好太王"率部经过十年的浴血奋战，最终将入侵者打败。

假如当时日本没有统一强大起来，也就没有能力发动大规模的侵略朝鲜半岛的战争。由此推论，日本列岛大和民族集团完成了统一大业，最晚应该在 4 世纪 80 年代。然而有的史学家研究推论的结果"在 4 世纪中叶以前，倭对半岛的入侵就已经很频繁了。新罗的前十七个王在四百多年间，先后有十个王遭受过倭国的侵略，其中 284 年到 298 年短短十四年，倭寇入侵就有五次，只不过当时入侵规模不大，倭寇并未占到便宜"[①]。由此可见，日本列岛建立起一个统一的国家，大概在 4 世纪前半叶便完成了。至于统一的方式及过程，肯定是一幅色彩斑斓形象生动的历史画卷。遗憾的是，日本当时没有文字记载下来，其丰富的历史也就消失在烟波浩渺的尘埃中了。但这并不重要，重要的是日本统一后不断扩张侵略的历史，是当代东北亚各国民众应该警醒和重视的重点。

---

① 孙文，范孙玉良. 高句丽历史知识[M]. 长春：吉林文史出版社，2003：100.

八　侵朝战争

成书于 8 世纪的《日本书纪》中记载，公元 366 年至公元 372 年的七年间，日本列岛便对朝鲜半岛用兵，尤其是公元 369 年，曾大规模地出兵侵略朝鲜半岛的百济。日本史学家对日本统一后便对朝鲜半岛实施侵略的事实从来不加掩饰，认为 4 世纪中叶的日本列岛已是统一强大的国家，日本是应百济之约出兵朝鲜半岛的。他们认为在出兵新罗王国时，平定了洛东江沿岸七个氏族小国，并在朝鲜半岛南部的任那（原弁韩地域）建立起了殖民地。任那是否是日本的殖民地，史学家也有着各自不同的看法。延边大学朝鲜史研究所教授朴真奭经过十年的潜心研究，否定了任那是倭国（日本）殖民地的说法。不过日本史学家的观点也没有错，当时的任那地区成为日本的殖民地，是符合日本侵略朝鲜半岛占有一席之地的目的，从而也说明了日本在古代便梦想侵占大陆的本性。日本史学家在《日本书纪》中粉饰侵略，并为拥有朝鲜半岛一块殖民地而骄傲是我们应该正视的。当然，侵略朝鲜半岛所留下的史料，却不是日本史学家所能够否认的。

中国吉林集安的"好太王碑"，建于公元 414 年，是现存记载日本侵略朝鲜半岛最有说服力的历史文献。该

好太王碑

碑证实日本统一强大后，便发动了对朝鲜半岛的大规模侵略战争，几乎将朝鲜半岛南部吞并。

好太王碑记载："百残（指百济王国）、新罗，旧是臣民，由来朝贡。而倭（日本）以辛卯年（391年）来渡，每破百残，＊＊新＊，以为臣民。"

"九年己亥（399年），百济违誓，与倭通和。王巡下平壤。而新罗遣使白王云'倭人满其国境，溃破城池，以奴客为民'。"

以上碑文告诉我们，朝鲜半岛南部的百济和新罗两个大的王国，原本附属于中国东北少数民族政权高句丽王国。可是倭国（日本）统一强大后，分别于公元391年和公元399年出动大量的部队，侵略了百济王国和新罗王国。其中百济王国已被日本征服，新罗王国则处在"国破山河在，城春草木深"的危机中。这段历史在日本是没有任何史料记载的，幸运的是"好太王碑"如实地记录了下来。统一后的日本便开始侵略朝鲜半岛，其目的不仅仅是掠夺财物和人口，而是"以为臣民"和"以奴客为民"，也就是说以侵占领土建立殖民地为目的。可见大和民族在吸取中国秦汉文明不断强大之际，便暴露出了其岛国的劣根性，企图以朝鲜半岛为跳板而侵占大陆。

好太王碑中记载："十年庚子（400年），教遣步骑五万，往救新罗。从男居城至新罗城，倭难其中。官军方至，倭贼退。自倭背急追之任那加罗从拔城，城即归服。安罗人戍兵，拔城新罗。盐城倭满。倭溃，城内十九，尽拒随倭。安罗人戍兵，满罗城。＊＊＊其为倭＊＊……"碑文虽然文字残缺，但主要内容及大意却表明，高句丽王国战败了倭国（日本）的侵略军，拯救了新罗王国的事实。不仅如此，高句丽大军还击败了任那、加罗等小国中的倭寇。

四年后，"十四年甲辰（404年），而倭不轨，侵入带方界。＊＊＊＊＊石城＊连船＊＊＊＊＊率＊＊＊平壤＊＊＊锋相遇，王幢要截荡刺，倭奴溃败，折煞无数"。

日本被高句丽王国打败后，在仅隔四年的时间便有恃无恐地直接侵犯高句丽王国的领地"带方界"（带方郡内），结果是"倭奴溃败，折煞无数"。

东北亚的政治格局，不是一朝一夕形成的。早在公元前12世纪朝鲜半岛的箕子时代便建立了。当时箕子的领地局限在周朝的疆域汉江以北，汉武大帝发动统一战争时，将区域划定在汉江以北。三国时期的魏国，也将地盘限定在汉江以北。高句丽王国南下，也限定在汉江以北，并与百济、新罗形成三足鼎立的局面。不是汉武大帝没有能力征服朝鲜半岛南部的"三韩"，也不是东汉王朝没有能力征服"三韩"，因为中原王朝的统治是建立在天下观基础上的华夷秩序与朝贡体系，没有必要实现完全的军事征服。而高句丽王国虽然频繁地与新罗、百济发生战争，但都是以征服为目的，并没有亡其国灭其种。三千余年留下的东北亚政治格局，保留了"三韩"以及后来的百济、新罗王国。然而大和民族倭国的军事行动则不然，他们以侵略屠杀占有为目的，企图登上大陆，移民大陆，统治大陆。自此以后，日本对朝鲜半岛多次用兵的目的无非如此。也就是说，大和民族在统一了日本列岛后，便于公元4世纪后半期打破了东北亚的政治格局，造成了东北亚诸国的战乱。显然从此时起，由于日本发动侵略战争的因素，朝鲜半岛便被置于战略要地的位置，使中国历代王朝不得不因防御日本而重视朝鲜半岛这个战略支点。

九 "倭五王"觊觎半岛

日本"倭五王"时期，被日本史学家称为"大和国"五王时代。此时的"大和国"已控制了西至九州，东至关东的广大地区。为了巩固政权，"大和国"根据贵族阶层的氏姓以及在统一战争的功勋，确立了上层贵族"臣""连""宿弥""造"等氏姓，地方贵族则授予"直""君""首"等氏姓。同时为了完善统治机构，设立了中臣氏、忌部氏主持祭祀，设立大伴氏、物部氏、久米氏主持军事，苏我氏主持财政。同时在地方也设立了相应的统治机构。

倭五王时代，是日本大和民族开始世袭的时代，是历史史料丰富详实的时代，也是日本广泛学习运用儒家文化走向文明的时代，更是日本侵占朝鲜半岛遭到失败后，经过反思调整了对外政策，开始向中国朝贡以便得到中国的册封，企图占领半岛南部地域的时代。这段历史，在中国的史书中已做了详实的记载，日本在7世纪编撰的史书中也有一些描述。

《晋书·安帝记》中记载，"义熙九年是岁，高句丽、倭国及西南夷铜大师并献方物"。此时已是公元413年，也就是东晋王朝晋安帝司马德宗时期，日本在与中国断绝外交关系整整147年后，才主动向东晋王朝进贡，企图通过东晋王朝的认可，控制朝鲜半岛南部。由此可见，历史上中国对东北亚朝鲜半岛的影响力始终占有主导地位。在当时倭国人的眼里，东晋王朝虽然岌岌可危，但是它毕竟是中国的正统王朝，死而不僵的威慑力还是有的。公元420年，倭国向东晋王朝纳贡仅仅过了七年，还没来得及借助东晋王朝的余威达到其政治目的，东晋王朝便覆灭了。继东晋王朝后，刘裕在建康（江苏南京）建立起宋朝，此后中国大陆开始形成南北朝大分裂的局面，即使是处于分裂时期的中国，倭国也没有小觑中国对东北亚乃至半岛的影响力，仍然视南北朝时期的宋国（统称"南朝"）为中国的正统王朝，仍然像以前一样派使臣到南北朝的宋朝纳贡称臣。

公元421年，倭国王"赞"派遣使臣向刘氏宋朝进贡。这个倭王赞，在日本历史中还没有确定应该是哪位天皇，但这并不重要。重要的是从他开始，又重新恢复了与中国新朝代的朝贡关系。当时宋武帝刘裕高兴地说："倭赞万里修贡，远诚意甄，可赐除授。"[①] 至于宋武帝刘裕赐予倭王多少稀世珍宝，封了什么称号，《倭国传》里没有记载。但是诏书里已提到了"赐"和"授"，这就足以确定倭王赞不仅得到了物质上的实惠，还得到了精神上的荣誉。不过，倭国此次朝贡，并没有暴露其政治目的，宋武帝刘裕也没有识破倭国的真实用意。

公元425年（宋文帝元嘉二年），仅仅过了四年，倭王赞又派遣使臣司马曹达赴中国向南朝宋皇帝朝贡。此次朝贡既没有经济目的，也没有表露政治诉求。可见倭人韬光养晦之心计，反复朝贡却不表达政治意图。

公元430年，倭国王赞死后，其弟"珍"继位，这也是一位日本史中没有确定的天皇。倭王珍刚刚继位便派使臣向南朝宋皇帝朝贡，此次朝贡倭国直截了当地暴露其政治目的，要求中国宋皇帝封倭王珍为"使持节都督倭、百济、新罗、任那、秦韩（辰韩）、慕韩（马韩）、六国诸军事、安东大将军"。[②] 也就是说日本要求中国封倭王为"使持节都督倭"，管辖日本列岛及朝鲜半岛南部百济、新罗、任那、秦韩（辰韩）、慕韩（马韩）等国的"安东大将军"。面对倭王的要求，中国南朝宋皇帝考虑朝鲜半岛南部所处的战略位置和复杂的政治形势，否定了倭国王珍的要求，只是以宗主国的名义封他为"安东将军倭国王"的称号。这里所说的"安东将军"不是泛指东北亚，而是专指日本列岛，况且宋皇帝还审慎地舍去了大将军的"大"字，只封"安东将军"的称号。这就等于直截了当地告诉倭国要守好本土日本列岛，不要对朝鲜半岛有更多的非分之想。需要说明的是，当时倭国已控制了半岛南部的任那、加罗两个氏族小国。如此看，倭王的真实目的便是占领朝鲜半岛南部，渴望得到中国

---

① 杨考臣. 中日关系史纲[M]. 上海：上海外语教育出版社，1987：36.
② 杨考臣. 中日关系史纲[M]. 上海：上海外语教育出版社，1987：36.

南朝宋皇帝的认可与支持。

《倭国传》记载："二十年，倭国王'济'遣使奉献，复以为安东将军、倭国王。"此时已是公元433年，这位后追认的日本第十九位天皇允恭的要求并不过分，只是要求南朝宋皇帝比照前任倭王的封号，封他一个同样的"安东将军、倭国王"的封号而已。倭国王"济"在位41年，他的封号也就延续了40年。也许是当时倭王济所处的国际环境和国内的政治形势，只能请求中国南北朝时期的宋皇帝再重新确认其封号，别无他求。

倭国王济死后，其子"兴"继任为倭王。这位被追认的第二十位安康天皇继任后，还是按照惯例派出使臣向南朝的宋皇帝朝贡并要求册封。《倭国传》中记载，公元462年，也就是世祖大明六年。皇帝诏曰："倭王世子兴，奕世载忠，作藩外海，宣化宁境，恭修贡职。新嗣边业，宜授爵号，可安东将军、倭国王。"通过该诏书，我们看到宋皇帝虽然毫不吝啬地对倭王"兴"大加褒扬，但仍然还是比照前任倭王封他为固守日本列岛本土的"安东将军"。

倭国王"兴"死后，其弟"武"继任。这位被后追认的第二十一位雄略天皇已是武备齐全的时代，当时倭国已拥有战船几百艘和数以万计的强大陆军，凭着他们准备好的武装力量，完全可以直接对朝鲜半岛发动战争。此时倭国对中国的态度比较粗暴，朝贡时所提的要求只是打个招呼而已。《倭国传》中记载，公元478年，也就是时隔57年后，倭王"武"上奏南朝宋皇帝的诏书中"自称使持节，都督倭、百济、新罗、任那、加罗、秦韩、慕韩七国诸军事，安东大将军、倭国王"。这种承认便罢，不承认也将奉行的蛮横态度，说明了日本列岛统一后的历代倭王其扩张政策都是一脉相承的，只不过是要求宋皇帝封其为"使持节、安东大将军"，以便名正言顺地将朝鲜半岛南部占领而已。

倭国王三番五次所表现出的扩张野心，南朝宋皇帝无论从政治上还是军事战略上都是不能答应的。但此时南朝已岌岌可危，自身难保，如果像以前那样拒绝倭国的要求是不妥当的，强势的倭王武会悍然出兵侵占朝鲜半岛南部。在进退两难的状况下，南朝宋皇帝经过反复思考，权衡利弊，做出了既顺水推舟又对倭国加以限制的决定：册封倭王武为使持节，统管都督倭、新罗、任那、加罗、秦韩、慕韩等六国军事的安东大将军，不过，诏书中没有包括百济王国。也就是说，宋皇帝有意将百济王国分出，脱离倭王武的管辖，从而在倭国与百济之间制造了矛盾。如此决策，可见南朝宋皇帝之高明。当时百济和新罗在朝鲜半岛南部是两个较大的王国，百济靠近中国的黄海，直接地接受着中华文明，有着极为重要的战略意义，百济与倭国的关系渐近渐远是微妙的。半岛的东边则是新罗王国，该国远离中国在战略上依附于半岛北部的高句丽王国。通过此册封，既离间了倭国与百济微妙的对抗关系，又促使新罗主动挑战倭国，夺取倭国在半岛南部的势力范围。这种一箭双雕的谋略，从而达到了维护半岛多元化的政治格局。

然而倭五王时代则不同，他们虽然也向中国纳贡称臣奏请封号，但此时日本已不再进贡奴隶，其内心表现是借助中国势力达到其政治目的。当时倭国在东北亚没有任何国家能够威胁他，也谈不上需要刘氏政权宋朝的保护。但倭王认为，只要恭维中国得到宋朝皇帝的认同，便可以受封个"使持节、安东大将军"，就能够名正言顺地获得朝鲜半岛南部的统治权。简言之，日本"倭五王"时代，在名义上依附于中国听从号令，实质上已是一个独立的主权自主的国家。

十　普及汉学的大王时代

　　倭国统一后的文明与进步，应该说与汉字儒学的广泛运用有着必然的联系，并起着互相促进的作用。日本从倭五王时代，便开始广泛地学习和运用汉字。倭五王在呈给南朝宋皇帝的国书中都是用汉字起草的，其中倭王武（雄略天皇）的奏折，就是一篇流利的四六骈体文。《日本书纪》中记载，半岛南部完全汉化了的百济王国，就曾派遣使臣阿直岐到倭国，为倭五王时期的"倭王赞"的太子菟道稚郎子讲学。一天，倭王赞问阿直岐："尚有高于子之人否？"答曰："有王仁，博学多才。"于是在倭王赞的要求下，百济国王派王仁奔赴倭国，为倭王赞的太子教授儒家学说。从此以后，"太子菟道稚郎子拜为师，随王仁研习诸典籍，无不通晓。此王仁即文首之祖"[①]。

　　据历史记载，百济王国还向当时的倭王捐献了《论语》十卷及《千字文》一卷。百济王国还规定，派往倭王国的儒学家，要轮流常驻为倭人讲解经典。

　　由此可见，当时倭国对儒学的追求如饥似渴，儒家学说已在倭国融入并得到了广泛的认可。日本熊本县玉名郡江田町古坟出土的5世纪初的大刀，以及其他地方出土的古镜等文物上的铭文，都是借助汉字表达其含义的。应该说，从5世纪起，日本就能够自主地运用汉字了，并开始以形象的汉字充分地表达思想感情。此时日本还没有创造出片假名（日本文字），只能用汉字书写其公文并记述历史。6世纪初的倭大王时期，日本已能够用汉字笔录的方式记载《帝记》和《旧辞》，并能够简要地记录日本上古时期的传说，以及崇神天皇以后各代天皇的年谱。

　　日本普遍地接受儒学运用汉字，从而能够更好地学习中国的冶炼、制陶、

[①] 杨考臣. 中日关系史纲[M]. 上海：上海外语教育出版社，1987：35.

纺织、土木建筑,以及医学、天文地理等科学技术,有效地促进了日本社会的进步与发展。

"倭五王"时期结束后,日本历史便进入了"大王"时代。所谓的大王,就是地方氏族豪强(小王)称国王为"大王"或"王中王"。此时的倭大王国已确定了家族的世袭制,大和民族开始走向中央集权的封建制。换言之,有了世袭制,才能够具有天皇的万世一系,否则日本天皇的万世一系从何谈起?岂不是臆造的骗人把戏吗!此时的日本文明,不仅有了历史文献的记载,而且还得到了考古发掘的认证。

倭大王时期,日本列岛便出现了许许多多的高冢式古坟,史学家称其为"古坟文化"。也就是说,这个时期的坟丘建得很高大,墓葬中有棺与椁及死者的遗骸,其形状有圆与方及上圆下方等不同的坟丘外形,尤其是倭国大王(天皇)和贵族的王陵大都建在平地上,坟墓的形状前方后圆,有的总长度达475米,高27米,前面的方形宽达300米。后边圆形的陵寝是用人工积土造成的小山,整个陵园的周边围着三道壕沟,堪称日本陵园之独有,也是一种世界独一无二之创举。倭大王和贵族的陵园内雕塑着石人、石马、禽兽和不同身份的男女人物,以及房屋、船舶等艺术品;墓葬中王公贵族专用的金银首饰等随葬品数不胜数,还有战斗用的甲胄、鞍、镫和弓、箭、矛等各种武器,以及铁制的农业、手工业产品等等。不过其随葬品中,大部分都是从中国进口的,只有很少部分是日本当时仿造的。

古坟时代墓

日本古坟文化时期的陵墓规模,可与世界其他国家的帝王陵媲美。在古代一个人是否富有,主要表现在陵墓的规模及殉葬品的奢侈上,通过陵园的规模和殉葬品的奢侈,彰显着死者生前的身份与所拥有的财富。所以说,我们能够从倭五王时期和倭大王时代的陵园墓葬中,认证了倭国王所拥有的能够控制庞大社会集团的国家权威，以及当时日本社会在华夏文化的影响下，所具有的文明与进步。

倭大王前期的五十余年间，因为朝鲜半岛北部的高句丽与百济王国对立斗争，倭国由于内部争权夺利未能插手半岛事务，致使日本在半岛南部的利益受损。新罗王国则趁机鼓动任那的豪强，脱离倭国的控制做大独立。经过这些历史变迁，倭国大王才感到大分裂时期的中国南北朝，对朝鲜半岛的影响力是鞭长莫及的，于是便放弃了向中国纳贡称臣的外交政策，企图以武力夺取朝鲜半岛南部。

公元527年，倭大王（继体天皇）派出了6万余人的远征大军进攻半岛。当近江毛野率领大军行至九州时，被九州的氏族豪门筑紫君磐井势力和当地民众的反战起义阻止了，这就是日本历史上所说的"磐井之乱"。为什么会出现磐井之乱？有的史学家说，是因为半岛上的新罗王国贿赂了筑紫君磐井的结果。笔者认为，此种说法似不尽然，应该是日本大王时期的专制政权，影响了氏族豪门利益的结果。虽然此次侵占朝鲜半岛的战争半途而废，但是再一次证实了日本觊觎大陆的历史嘴脸。

"磐井之乱"使倭大王国势力在朝鲜半岛衰退，其殖民地任那地域也危在旦夕。公元532年，倭大王（安闲天皇）时期，百济王国占领了倭大王国的殖民地任那氏族小国的西部，新罗王国则凭借武力夺取了任那氏族小国的东部，并攻克其府邸收服了其他氏族小国。

《日本书纪》中记载，倭大王（钦明天皇）时期，日本最终无可奈何地放弃了朝鲜半岛南部的任那殖民地。但是倭大王（钦明天皇）感到，这是他在位期间的莫大耻辱，于是在他临死时给太子留下遗嘱，要求太子重新夺回半岛任那的殖民地。但是事与愿违，此后倭国延续了几代的大王，都没有实现他们这一侵略梦想。

日本史学家坂本太郎对这段历史有着一种代表性的看法，他在所著的《日本史》中写道："在四世纪后半叶，曾发挥了伟大国力的日本，仅仅经过了两个世纪就开始走下坡路，落得丧失海外领土的悲惨结局。"[①] 应该说，坂本

---

① 坂本太郎. 日本史[M]. 汪向荣，武寅，韩铁英译. 北京：社会科学院出版社，2008：48.

太郎是一位治学严谨的史学家，他的历史观在日本有着广泛的代表性，他所说的日本在当时无可奈何地退出朝鲜半岛南部，是"丧失了海外领土"。此观点不容小觑，难道日本对历史的态度始终就是这样吗？侵占朝鲜半岛南部的任那氏族小国，就成了日本海外的固有领土？可见，日本企图觊觎大陆的"意志力"由来已久，且很普遍并延续至今。

十一　圣德太子的儒佛立国

侵占朝鲜半岛所造成的"磐井之乱",实质上是以倭大王为首的中央大贵族与地方豪门氏族势力斗争的突出表现,也是分封的奴隶制向封建制过渡时期的前奏曲。"磐井之乱"被平定后,倭大王宫廷加强了对地方豪门贵族的统治,以倭大王为首的中央大贵族拥有了更多的土地。久而久之,随着宫廷内掌握财政大权的苏我氏势力的日益膨胀,遭到了统领地方氏族的大伴氏和掌握宫廷军事及刑法大权的物部氏势力的反对。由于矛盾对立的双方都牵涉到各自的利益,于是他们便寻找借口从侧面反对另一方,因而引发了弘扬佛教与诋毁佛教的宫廷政变,其斗争实质就是向中国学习,进行变革的改革派与固步自封的保守派之间的利益斗争。

佛教引起的政变

公元552年,朝鲜半岛百济王国的圣明王派使臣给日本送去了释迦摩尼佛像和佛教经文。由此,佛教从朝鲜半岛正式传入日本。其实佛教在中国盛行不久,便随"渡来人"到达了日本,并开始在倭国民间传播。起初佛教的传入,只是在民间潜移默化与神道教没有发生任何矛盾,但随着宫廷内的权利斗争加剧,佛教信仰便成了两派斗争的焦点。以苏我氏为首的进步派认为,从中国流传到大王倭国的佛教能够化解社会矛盾,从而消除社会不安定因素,并起到安邦定国的作用。以物部氏为首的保守派则反对传播佛教,认为接受了佛教就是接受了一种神,这种神便会影响倭人对固有神的信仰,并荒谬地指责称，当时出现的自然灾害就是外来神佛教引起的。

公元581年，中国结束了南北朝长期大分裂的局面，建立起了隋王朝，强大的隋帝国对日本分封式的氏族社会产生了重大影响。587年4月，倭国大王（用明天皇）去世。倭大王的死，致使崇佛派苏我马子和弃佛派物部守屋的利益斗争白热化。为争夺王位继承权的矛盾斗争，苏我马子联合倭国大王（用明天皇）的次子厩户（圣德太子）铲除了掌管军事和刑法大权的物部守屋为首的势力集团，拥立泊濑部王子（崇峻天皇）为大王。

此次斗争虽然是在宗教之间展开，但是与佛教本身的教义无关。佛教从诞生至今2500多年来有着极大的包容性，佛教从来没有排斥过其他的宗教，也从来没有诉之武力或者强行诋毁过其他的宗教，然而佛教却曾经遭受过其他宗教和强权的诋毁与屠杀。而日本的佛教与其他国度的佛教不同，日本的佛教发展，成为其国内的一股重要政治势力，参与政治斗争并排斥异端。由于佛教在教义上的严谨，迫使神道教做出改进，形成神佛习和。当深化了的神道教与天皇融于一体，大和民族的信仰既现实而又神圣。天皇就成了神的化身，大和民族也就成了世界上唯一的"神选民族"。

泊濑部王子（崇峻天皇）继任大王后，对苏我马子的专权跋扈极为不满。久而久之，苏我马子由不安转化成愤恨。公元592年，执政仅五年的泊濑部王子（崇峻天皇）便在苏我马子的密谋下派人暗杀，然后拥立自己的亲外甥女额田部的公主为倭大王（推古天皇）。此次政变导致天皇的更替，是对日本天皇万世一系的极大讽刺。人们不禁要问，如此这般的日本天皇，还能称之为万世一系吗？这在中国外戚干政篡夺皇位，那就是改朝换代了。事实证明，历史上大多数的日本天皇基本就是一个神职宗教领袖而已，不过，这位推古天皇却被日本史学家所承认，并成为日本第一位女天皇，于是，苏我马子的同党年仅18岁的圣德太子便担任了"摄政王"，掌控了朝政大权。至此，倭大王的宫廷王室便以圣德太子为中心，开始了"儒佛立国"的改革。

一个朝代的官吏与国民的衣着服饰，代表着一个时代的政治与文化。圣德太子在日本古代的肖像中有两个形象：一个是衣冠服饰完全像虔诚的佛教徒一样，尤其是盘腿打坐诵经的塑像，俨然就是一位人们崇拜的佛祖；另一个便是穿中国隋唐时期的官服末佩戴头巾官帽，手持朝板，完全是一位汉化了的形象。实际生活中,圣德太子在没有摄政之前,不仅是一位虔诚的中国式的佛教徒,而且还是一位治学严谨的儒学家。佛教和儒学使他具有崇高的人格,并丰富了他的智慧和其深远的谋略,当时日本都称他为圣王、法王。在他摄政的三十余年里,不断地学习中国隋王朝,对日本时政进行了多项改革,从而促进了社会稳定和宫廷和谐,尤其是在学习隋王朝汉化立国的外交活动中,既体现了精明的小人伎俩,又彰显了雄才大略的政治智慧。如果将他与隋炀帝相比,圣德太子似乎要略高一筹。当然,华夏文化的包容性,足以满足倭人大王国的尊严。在日本的历史上,他虽不是天皇,但他所起的作用,堪比1240余年后的明治天皇。

圣德太子

"天皇"命名的由来

公元602年,圣德太子为了恢复在朝鲜半岛的任那殖民地,派出了2.5万大军,任命来目皇子为远征将军侵占朝鲜半岛,当大军准备在对马海峡渡海时,来目皇子突然被害身亡。接着又任命当麻皇子为将军继续出征,当麻皇子准备再次渡海时,却因妻子去世取消了此次军事行动。

此次出征朝鲜,不仅暴露了倭国大王准备上的不足,而且还暴露了将领们的厌战情绪;再者其试图以区区两万之众便想恢复在半岛的任那殖民地,不亚于以卵击石自取灭亡。因此,机智灵活的圣德太子及时改变了战略构想,不再征伐朝鲜半岛企图与隋王朝平起平坐,而是确定了文化立国的战略构想,并派出使臣专心致志地向强大的隋王朝学习。日本史学家井上清在他的《日本历史》中写道:"为了弥补这种军事力量的不足,便谋求和中国的王朝开展平等的外交,从而使新罗尊敬日本。"

《隋书·倭国传》记载："开皇二十年（公元600年，隋文帝二十年），倭王姓阿每，字多利思比孤，号阿辈鸡弥，遣使诣阙。"此次倭人大王国与隋王朝的外交活动，是继倭五王时期121年之后，第一次向中国派出的使臣。虽然当时半岛的新罗和百济王国以及日本列岛的倭人国，都早已在历史上确定了是中国的附属国，但是此时的圣德太子却在与隋王朝的接触中，致力于改变倭国与中国的附属关系，从而提高了倭人国的地位，在政治声誉上达到了高于新罗和百济王国的目的。当然，这与圣德太子摄政后的国力提升有关，同时也与他谋求侵占朝鲜半岛的战略企图有关。

我们从当时中日外交关系的国书辞令中，就不难看出倭人大王国在学习隋王朝的治国方略和汉文化时，表面上的谦和卑躬与热情有度，实质上却是心怀叵测，暗藏杀机。虽然还在纳贡称臣，实质上却是韬光养晦，包藏祸心。

公元607年，也就是隋炀帝杨广继位的第三年，圣德太子派特使小野妹子赴隋王朝，为了不失倭人大王国的尊严和面子，他们在携带的国书中竟然用心良苦地措辞"日出处天子致书日没处天子，敬问无恙！"此时的倭国大王，已仿照中国皇帝也称"天子"了！如此对中国皇帝的无礼，对于倭人国来说还是破天荒的第一次。其目的就是告诉中国，现在的倭人国与过去的倭国已经不同了。虽然我们向你们的隋王朝学习，并有许多事情求助你们，但倭人国大王和你们的皇帝同样贵为天子，也就是说他们与中国的关系已平起平坐，可以称"哥们儿"了。当隋炀帝杨广看到这份国书时非常气愤，当即表示蛮夷妄自尊大以后不要理睬他，这就等于宣布与倭国断绝外交关系。可是第二年，隋炀帝竟然改变了主意，派使臣文林郎裴世清随归国的小野妹子一起赴日本。《隋书·倭人传》中记载："倭王遣小德阿辈召，从数百人，设仪仗，鸣鼓角来迎。后十日，又遣大礼哥多毗，从三百余骑效劳。既至彼都，其王与清相见，大悦，曰：'我闻海西有大隋，礼仪之国……'。"裴世清登上日本列岛后受到了倭国隆重的接待，其气派不亚于现在国与国之间的最高礼节，专车护送、仪仗队、鸣礼炮、夹道欢迎的盛大场面。圣德太子搞了这么大场面，其目的无非有两点：一是高兴倭人大王已被隋王朝默许成为"天子"，另外便是借此机会向隋王朝炫耀国力，证实日本可以同中国平起平坐，是同样的大国。

圣德太子隆重地接待并宴请了隋使臣裴世清后，又让小野妹子陪同隋使臣回国。与此同时，还派遣了大批僧侣和留学生赴隋朝。后来，这些到中国学习的僧侣及留学生，都成为了日本社会变革的中坚力量。小野妹子在陪同隋使臣到中国再次觐见隋炀帝后，竟然得寸进尺地递交了一份超越"天子"并凌驾于中国皇帝之上，妄自尊大又充满小人伎俩的国书。书中写到"东天皇至诚叩拜西皇帝"，这是对中国的一种羞辱。由上一次平起平坐的"哥们儿"关系变成了"父子"关系，这在中国与周边国家的历史上是从来没有过的。中国皇帝自称为"天子"，有盖天下唯我独尊之意。倭王竟然狗胆包天地自称"天皇"，不仅超过中国皇帝的"天子"辈分做大了自己，而且也是对中国皇帝的极端蔑视。对于号令四夷的中华帝国的皇帝而言，这是绝对不能容忍的，况且，当时隋王朝除了周边个别少数民族政权还没有完全征服外，已经基本上完成了统一大业。对于孤悬海外的日本列岛来说，只有日本依赖并有求于隋王朝的理，却没有隋王朝求助日本的事。至于隋王朝东征高句丽，那是此后四年的事了，况且东征高句丽，也与日本没有任何联系，然而在政治上低能的隋炀帝，却视而不见地默许了这封羞辱中国的国书。或许是隋炀帝看到国书上的"至诚叩拜"，这种文字上的技巧使他释然地包容了倭人大王国；或许是隋炀帝认为，孤悬海上的小小岛国成不了大气候，亦不必计较他们的妄自尊大。

隋炀帝是一位多才多艺的皇帝。虽然他在历史上名声很臭，但他留下了许多至今仍有益于民生的工程。假如隋炀帝在第一次接待倭人国使臣小野妹子时，就严词拒绝了倭王称"天子"，并果断地与其断绝了外交关系。那么日本学习隋唐谋求汉化的进程至少要推迟几十年，甚至几百年，或者说日本会不敢妄自尊大称"天子"，仍旧保持原来"倭大王"的称号，也许就不会有日本超越中国自尊"天皇"的称号了。然而，历史就是这样阴差阳错地成就了日本，圣德太子玩弄的鬼把戏，使倭大王一跃成为中华帝国认可的"天皇"老子，从此日本列岛上的倭人，便以圣德太子竖立的自尊心，以天皇的臣民自居，时而俯视中国，时而仰视中国。

在中日交往的历史过程中，无论是圣德太子的精明，还是隋炀帝的昏庸，至此似乎都不重要。因为日本已获得了与中国平起平坐的地位，能够以"哥们儿"与中国相称，或以"天皇老子"的心态面对中国，如此这般地满足了倭人大王国的虚荣心和自尊心，日本便会国门洞开地安心学习隋王朝了。不要小觑这件事情，日本由"倭王"改称"天皇"，在当时的东北亚尤其是朝鲜半岛，一定会引起强烈的反响。新罗、百济、高句丽既感到迷惑不可思议，又感受到了来自倭人国的威胁。对于日本来说，这是他们在东北亚外交史上的一次空前的重大胜利。倭人大王国一旦在精神上或物质上强盛起来，便会大规模地侵占朝鲜半岛，历史也正是沿着圣德太子的战略构想而在逐步地演变着。

假如日本的倭大王没有改称为天皇，那么日本就不会有天皇与神道教融为一体的历史，日本就会像中国周边陆地国家只称国王而已，那么日本就不会有天皇之独特文化。

有的史料说，隋朝虽然默许了日本以"天皇"自居，但在送给日本的国书中，仍然把日本看做是朝贡的附属国。这种观点有待商榷。中国隋唐时期无论是对朝鲜半岛的新罗，还是对中南半岛的安南，因为地理政治的原因，都把他们看作是藩属国并严加管理，而且这些藩属国的国体，都与中国王朝的体制相同。中国历代王朝不仅要册封他们世袭的"王"，还要求他们定时纳贡称臣。然而，对待日本则会另当别论，既不能再由天子册封天皇，又不能要求其纳贡称臣。或许是中国的皇帝没有把孤悬海上的日本看在眼里，包容厚待任由其妄自尊大而已。

尊佛崇儒　倡导华夏文明

在与隋王朝建立平起平坐的外交关系之前，圣德太子就已经在国内倡导佛教，尊崇儒学了。在与隋王朝恢复外交关系之后，便大力地倡导儒学，弘扬佛教，汉化立国。他的著作《三经义疏》便是对佛家经典《法华经》《维摩经》《胜鬘经》的精确注释，因而也证实了他博览佛学，具有深入浅出的理论功底和才华。日本至今还保留着他亲笔著作的手稿，这些手稿都是用汉字书写的，是日本历史上流传至今最珍贵的汉字史料。圣德太子曾极力向中国南朝梁武帝萧衍学习，崇尚在佛光普照下普度众生，而不是隐逸远离社会。也就是说，他既笃信佛教，又崇尚权利拯救子民，使佛教成为国教。为了加强意识形态领域的改革，圣德太子主持建造了具有中国风格的寺院，即四天王寺、法隆寺、中宫寺、橘寺、蜂丘寺、池后寺、葛木寺七座著名寺院，其中的法隆寺至今还坐落在奈良附近，是现今世界上最古老的木结构建筑。这些寺院的建筑艺术，与中国的云冈石窟和天龙山等寺院有着必然的联系。寺院中的佛像雕刻和壁画艺术，也是以中国的云冈石窟为范本。当然还可以从中看到健驮罗、波斯萨珊王朝以及东罗马、希腊时期的佛像痕迹。

法隆寺院

圣德太子在弘扬佛法的同时积极倡导儒学，并认真刻苦地学习《诗经》《论语》《左传》《管子》《孟子》《老子》《庄子》《韩非子》《史记》《汉书》等经典学说。学习的目的是为了实用，以便改革倭人大王国的氏族制度和意识形态以及风俗习惯等等。从这一点上看，圣德太子堪称是实干的政治家。他一面学习儒家思想，倡导君君、臣臣、父父、子子的治国理念，一面仿照隋王朝建立起新的政府机构，把群臣的官职重新规定为十二个等级，并按照儒家的理念，授以大德、小德、大仁、小仁、大礼、小礼、大信、小信、大义、小义、大智、小智等职称。同时还分别授予紫、青、赤、黄、白、黑六种颜色作为官位的标示，不仅扩大了大和民族天皇的权力，还有效地增强了中央集权制。

圣德太子还运用中国法家的治国理念，打破以前氏族世袭的用人观念，官位世袭只限一代。提拔重用官员不再注重门第身份，而是注重个人的思想道德，以及才能和功过是非表现。这种改革，不仅改变了氏族阶层千年以来形成的制度，还剥夺了他们的利益，同时也是对倭大王权力的无声警告，或者说是对他本人摄政凌驾于皇权之上的一种诠释。

圣德太子还亲自制定颁布了宪法十七条，其内容充满了儒家学说的内涵和佛家教义，主张尊重天皇，注重礼教。天皇虽然有绝对的权利，但必须遵礼、重信、任用贤能，赏罚严明。臣属不仅要辅佐天皇忠于职守，还要公私分明地用民适度，大事不揽权，小事不放过。由此看来，在圣德太子的主张下，天皇是人而不是神，并且符合中国法家治国的思想理念。同时，圣德太子还极力主张将弘扬佛教、倡导儒学写进了宪法十七条，并在第二条中要求国民笃信佛法。这种以行政手段和法律的形式弘扬佛教的做法，有效地缓解了当时日本专制政权引发的社会矛盾。圣德太子在治国理政弘扬佛教的基础上，还编撰了《天皇记》和《国记》等历史书籍，从而开创了日本历史的新纪元。

圣德太子不仅向隋王朝派出了使臣和留学生，还从隋王朝聘请了许多工程师和艺术家及手工业者。这些中国人为日本建造了道路，兴修了水利以及一些民用的基础设施，等等，从而为促进倭人大王国的社会进步发挥了重大作用。

圣德太子时期还采用了中国的历法，使日本的年代由此清晰可辨。后来，史学家根据圣德太子时期广泛引用的佛教与汉文化，以及建筑的寺院和壁画，称这一时期为"飞鸟文化"时代。此时中国风格的歌舞、音乐也随之传到了日本列岛，不仅丰富了倭人的艺术生活，还引领了大和民族的文化艺术改革风潮。总之，圣德太子的儒佛立国宗旨，就是要在日本复制一个中国式的封建专制的帝国。

凡是对日本有所了解的人，无论是日本的孝道还是仁义礼智信，都是飞鸟文化时代的产物。我们习惯称，日本是最讲究礼仪礼节的国度，岂不知他们的鞠躬跪拜，对家人父兄的尊敬，人与人之间的礼道无不是受中国儒教文化三从四德的影响所致。当然，在儒教文化的基础之上，日本却没有家族祠堂，那是因为当时日本除了贵族之外，普通人没有姓氏的因素。不过，日本诸多的神社代替了儒家观念里家族祠堂的作用，有的甚至还涂上了政治色彩。

圣德太子将"倭王"改称"天皇"的变革，是日本历史的一个重大转折。也就是说从推古天皇开始，日本才确定了以天皇为历史主线的国体制度，并由此追宗认祖，将以前的大王、倭王以及大和民族的酋长都封为某时代的天皇，直至追认确定了第一任神武天皇。需要肯定赞扬的是，圣德太子所进行的儒佛立国，为倭人大王国即将进行的"唐化革新"奠定了基础。虽然圣德太子大力地主张学习华夏文明，但是他没有否定大和民族倭大王以前延续的政体。换言之，他没有否定日本历史发展的根，保持了大和民族的特有本性。其功不可没，史贯千秋。

十二 宫廷政变与"唐化革新"

公元618年,中国大唐帝国建立。对日本来说,又迎来一个向中国学习的良好契机。早在隋王朝前期日本派往中国留学的僧侣惠齐、惠日等人开始陆续回国,他们对日本的进步与发展起到了积极的作用。公元622年,已逐渐对政治失去了兴趣,沉湎于佛教的圣德太子年仅49岁便去世了。其后不久,他所倡导的改革也随之停在了十字路口。

公元628年,推古天皇去世后,宫廷中以苏我虾夷为首的大贵族势力为了在宫廷中保持主导地位,他们违反遗诏,拒绝圣德太子的儿子山背大兄继承皇位,并将山背大兄谋杀。然后拥立舒明天皇继位,同时将儿子苏我入鹿立为宫廷大臣执掌国政。掌握了宫廷大权的苏我入鹿,为人暴戾,专横跋扈,大兴土木,频繁的徭役致使民不聊生。

公元630年,也就是唐王朝"贞观之治"的第四年,日本第一次派出了遣唐使和留学生到大唐王朝学习。这些遣唐使和留学生在大唐帝国居住期间,对唐王朝的政治制度和完善的统治机构及繁荣的经济建设有着浓厚的兴趣。并将大唐盛世与日本当时的政治体制进行了对比,认为只有继续学习华夏文明,实行大唐帝国的社会制度才能使日本强盛。

当时,日本上流社会的弊政比比皆是,奢侈之风盛行,大贵族们劳民伤财大兴土木建造宫殿寺庙,致使国库亏空,民众的生活困苦不堪。尤其是曾扶持圣德太子摄政的苏我氏大贵族势力,在圣德太子死后便暴露出贪婪的本性,他们肆无忌惮地扩张领地,甚至冒充天皇征用皇家及其他贵族的奴隶,将巧取豪夺来的土地出租给农奴,然后再盘剥农民收取地租。这种影响社会进步的大贵族势力,致使氏族部民不堪忍受其压迫,他们不是逃亡便是反抗,社会矛盾异常尖锐。

公元641年，傀儡式的舒明天皇被苏我虾夷家族势力废掉，第二年便拥立舒明天皇的皇后继位，即皇极天皇。天皇被随意更替，皇室成员中人心惶惶，其权力和利益受到了威胁。于是，在宫廷中以舒明天皇的儿子中大兄为首的皇家势力，与苏我虾夷等大贵族势力形成了对抗的两大派。在两派的对立中，中大兄与管理祭祀神祇的中臣镰足、苏我仓山、石川麻吕等人掌握了主动权，伺机铲除苏我氏大贵族势力集团对社会的不良影响。

皇子中大兄（天智天皇）

公元645年，也就是皇极女天皇四年，在太极殿迎接百济王国的外交仪式上，中大兄和中臣镰足组织卫士趁机诛杀了苏我入鹿。苏我入鹿的父亲苏我虾夷得知大势已去，便点燃了官邸焚火自杀。至此，以苏我氏为首的大贵族势力一蹶不振。这次政变的过程，同当年大贵族势力苏我马子与皇家势力圣德太子联合搞的政变如出一辙，只不过是方式不同，目的却是一样的。

皇子中大兄政变成功后，母亲皇极女天皇退位，其舅舅孝德天皇开始执政，于是便册立中大兄为皇太子，中臣镰足成为内大臣，两人从此掌握了宫廷大权。随后召开宫廷大会，公布了天皇拥有绝对权威的十七条宪法，并带头向天皇效忠宣誓。然后按照中国皇帝的年号宣布建立天皇年号，将公元645年定为"大化元年"，也就是日本历史上所说的"大化革新"，我们不妨称其为"唐化革新"。因为他们政变的目的，就是为了向大唐帝国学习。

倭人选择"日本"为新的国名，具体源于什么时间，历史没有详细记载。不过史学家一般认定，圣德太子将"倭大王"改称为"天皇"的时候，便开始酝酿倭人大王国的新国名了。当时给中国隋王朝的国书中不是已经称"日出处天子致书日没处天子"吗？倭人崇尚太阳，日本列岛在大陆的东方。倭人认为他们所居住的地方便是太阳升起的地方，所以"日本"国名的雏形也就形成了。或许是在圣德太子死后的若干年，皇子中大兄政变之前，"日本"这个新国名就已经得到了国民的普遍认可，只不过是政变后以法律的形式正式确认并公布而已。历史证明，大化元年在给高句丽和半岛百济王国的国书中，便开始正式启用"日本国"这一称号。此后，中国也认可了"日本"这一国名，并在交往的国书中和历史文献记载中启用"日本"之称，不再泛称倭国、倭人。

维护皇家势力的中大兄是一位年幼好学，博学多才的中国通，他经常求教于在隋唐学习的留学生和僧侣，了解中国大唐王朝的政治制度，军事结构，经济基础，从而大刀阔斧地进行唐化革新，使日本尽快迈入封建社会。

掌握了实权的太子中大兄，按照唐王朝的行政机构，废除了氏姓贵族制度，确立了中央集权式的天皇制国家，并模仿中国皇帝的年号、谥号，根据以前历代天皇的特点重新追加了年号、谥号。同时还按照唐王朝的皇权理念，确立了天皇为最高统治者。天皇历来不仅具有宗教性，还是国家的象征，凌驾于万物之上，主持神祇祭祀并裁决一切重大事务的奏请，具有专制皇帝的所有特权。

围绕天皇的统治，模仿大唐帝国的"三省六部制"在宫廷内设有"二官八省一台五卫府"。所谓的"二官"，就是掌管祭祀的神祇官和掌管最高行政大权的太政官。太政官设太政大臣、左右大臣，神祇官虽然小于太政官，但是其宗教性具有一定的权威。宫廷中央机构中，还专门设置了国博士作为最高顾问，并认真挑选了在大唐帝国留学归来的僧侣担任国博士。所谓的"八省"，就是太政官之下的行政管理机构。即，1.中务，负责侍从、传奏、户籍及宫廷事务；2.式部，负责文官进退、朝议、学校；3.治部，负责姓氏、丧葬、佛寺及外国事务；4.民部，负责民政事务；5.兵部，负责部队官兵的进退及掌管武器；6.刑部，负责司法大权；7.大藏，负责财政、物价、度量衡等；8.宫内，负责宫中庶务、供奉等。所谓的"一台"，就是弹正台，负责督查监督官吏的机构。当然，这些行政机构还分各种不同的部门掌管更细的事务，并根据官位的品级，设有不同的官名。所谓的"五卫府"。即：卫门、左右卫士、左右兵卫，也就是负责宫城警卫工作的内卫部队。

按照大唐帝国地方行政机构的州、县、乡，除京都外将日本列岛分成60

多个"国"(相当于唐朝的州,现代的省)。国(省)以下分为"郡"(县),郡以下每五十户设为"里"(乡)。当然国、郡、里的政府机构中还设有若干的行政部门,并安排了相应的官吏。郡县制已在中国实施了近千年,然而在此时的日本才刚刚开始。当时的日本也同大唐王朝一样,在各国(省)驻扎了强大的军队,以备天皇随时调用。兵役法规定,21岁至60岁的男性国民可以轮流服兵役。

同时,他们还依据唐王朝的管理办法,将皇室的亲王(天皇的皇子、兄弟姐妹)设四个品位等级。诸王(皇室二世至四世)从正一位到从五位设十四个等级,各大臣从正一位以下设三十个等级,从而加强了对皇室贵族及官吏的管辖。由此,日本根据大唐帝国的行政体制,建立起了中央集权的封建王朝。

公元646年,也就是大化革新第二年的年初,革新派太子中大兄在公布的革新诏书中,按照唐朝的"均田地",废除贵族私有土地及氏族部民制,将所有的土地和氏族部民全部归天皇所有,成为皇家所有的"公地"和"公民"。也就是说,改变了以前土地所有制和氏族部民的归属性质,由过去氏族贵族的私有土地及氏族部民全部改为皇家公有。这是日本根据大唐帝国的土地政策所做的一项重大改革,它消除了以往皇家贵族与氏族贵族之间,氏族与氏族之间相互兼并土地及相互争夺部民而引发的战争,从而扩大并加强了天皇的权力,增强了国家的经济实力。与此同时,再按照唐王朝的做法将收回的公有土地,依据亲王、贵族、官吏职务的高低,以及农户、寺院人口的多少重新分封、分配土地,这就是当时日本所实行的《班田授受法》。由此,社会底层的民众也有了一定面积的土地。换言之,既按照新的土地政策,底层民众得到了口分田、园田地、宅基地,从而体现了儒家思想"民以食为天"的治国理念,其中口分田每六年重新收授一次,土地不准买卖,人死后其土地一律收回。

同时废除以前不同氏族贵族各自为政的税收制度,实行全国统一规定的税收制。按照当时对国民的统计,90%的人需要纳贡税收。纳贡税收分租、庸、调、徭役和杂徭等五个种类。"租"就是按照《班田制》缴纳稻谷;"庸"就是向成年男子,根据不同的年龄征收人头税;"调"就是缴纳绢、丝、棉、布等当地特产以及染料、食品、杂物等；"徭役"就是让平民百姓服兵役，每三年和四年被征召一次，像唐王朝一样服兵役的人自带武器和粮食。"杂役"就是根据不同人的年龄，派出不同时期的义务工。

公元 653 年至 654 年，也就是从唐高宗李治继位的第四年开始，孝德天皇连续两年派出了第二次、第三次遣唐使赴大唐帝国学习。孝德天皇死后，皇极天皇再次继位，改称为齐明天皇。公元 659 年，齐明天皇又派出了第四次遣唐使团到大唐帝国学习。掌握了实权的太子中大兄，一面进一步学习大唐帝国，一面潜移默化实施改革。这种高瞻远瞩的务实精神，对日本产生了极其深远的历史影响。

唐化革新在日本具有划时代的意义，它是圣德太子儒佛立国政策的延续，也可以说是潜心学习大唐帝国，进行汉化式的封建法制社会的革新。它是日本从分封式的氏族社会，完全变革成为高度中央集权的封建社会的转折点。当然，日本在全面唐化的过程中，并不是完全照搬照抄模式的套改，而是结合日本的实际情况进行改革的，尤其是朝廷神祇官和国博士的设置，从中就不难看出日本对天皇神权的重视。这与中国周边其他国家是有所不同的，或许这正是日本善于学习，又能够保持大和民族本质特征的内涵所在。

十三　侵入半岛失败

太子中大兄实施政变"唐化革新"之后，唐太宗李世民还没有东征高句丽统一中国东北。当时东北亚的政治势力和战略格局十分复杂。朝鲜半岛北部盘踞着中国少数民族政权高句丽，该政权的势力范围北至吉林的扶余，东至辽宁的辽阳，西至黑龙江的宁安。朝鲜半岛的东南部是新罗王国，西南部则是百济王国。按照朝鲜史学家的说法，由于高句丽南下占领了半岛北部，致使朝鲜半岛形成了高句丽、新罗、百济"三足鼎立"的局面——其实这种说法是片面的。高句丽统辖朝鲜半岛北部，也是中国传统疆域的一部分，并没有侵占朝鲜半岛南部的意图。因为半岛北部在汉王朝以前就是中国管辖的行政区。只是汉王朝逐渐衰落后，东北亚才形成了较强大的高句丽王国。

这种战略格局在中国隋王朝时期开始出现变化，隋王朝时期为了统一国家派大军东征高句丽，包括对朝鲜半岛北部的统一。遗憾的是，隋王朝对东北亚实施的统一战争，在隋炀帝的直接指挥下失败了。大唐帝国建立后，唐太宗继续出征高句丽，对东北亚实施统一战争。虽然李世民没有完成统一大业，却使高句丽受到了重创。唐高宗李治继位后，改变了以往直接攻取高句丽的战略，利用半岛"三足鼎立"的矛盾，采取远交近攻的战略联合新罗王国，打败了日本对半岛的入侵，并南北夹击消灭了百济王国和高句丽王国，最终统一了东北包括朝鲜半岛的北部。

公元655年，高句丽与百济联合攻打新罗王国，唐高宗李治则派大军"螳螂捕蝉黄雀在后"地直接攻打高句丽。此战虽然解除了新罗王国的危机，但是高句丽王国并没有受到重创。此后，百济王国再次密谋联合高句丽，并勾结日本夺取半岛南部的新罗王国。于是，日本便趁机侵入朝鲜半岛，企图在朝鲜半岛恢复丧失的任那殖民地。为了完成东北的统一大业，唐高宗李治根据大将刘仁轨"欲吞并高丽（高句丽），先诛百济，留兵镇守，制其心腹"（摘自《旧唐书》84 刘仁轨传）的建议，令大军以解救新罗王国为名先攻打百济。

公元 660 年 6 月，唐高宗派大将苏定方、刘伯英率水陆大军 10 万，从山东莱州（掖县）出征百济。此时，新罗王国也派大将金庾信率精兵 5 万攻打百济。新罗大军在朝鲜半岛南部越过灰岘，由黄山（连山）向百济都城泗沘（韩国忠清南道泗沘扶余郡）进攻，唐朝大军则在白江口（韩国锦江入海口）登陆。7 月 18 日，新罗与唐朝大军攻克百济都城泗沘，百济王国的义慈王、太子、大臣及王室成员 90 余人成为唐朝大军的俘虏。唐朝攻克百济后，命大将刘仁轨率军万余人驻守百济都城泗沘，新罗也派王子金仁泰率 7000 精兵驻守百济。一时间，朝鲜半岛南部在唐王朝的作用下被新罗王国统一。然而，百济王国的残余势力并没有死心，仍在企图寻机反攻复国。国王义慈的堂弟扶余福信在百济暗中组织旧势力准备起兵，同时派人东渡日本勾结天皇，准备迎接王子扶余丰璋回国为王。面对朝鲜半岛的战局和政治形势，齐明天皇认为历代天皇梦寐以求，渴望登陆半岛占有一席之地的时机已经到来。于是以扶持百济王扶余丰复国为借口，准备御驾亲征侵入半岛南部。

公元 661 年初，齐明天皇赶赴九州行宫筹备远征军。同年 7 月，齐明天皇出征未捷身先死，太子中大兄接替母亲继位，即天智天皇。刚刚即位的天智天皇，为了吸取"磐井之乱"的教训，侵入朝鲜半岛夺得一席之地，不惜向守旧势力做出了妥协让步。他不仅恢复了部民制，允许氏族豪强拥有自己的土地和私有部民，还从朝廷到地方增加了官位阶名，扩大了入仕范围。这种妥协让步其代价非常巨大，天智天皇不仅放弃了皇室贵族的某些权力和利益，更重要的是放弃了"唐化"过程中已经形成了的先进制度。由此可见，天智天皇为实现前辈几代天皇的夙愿，企图夺取任那殖民地占领朝鲜半岛南部的决心。同年 8 月，天智天皇派战将狄井槟榔护送扶余丰登陆半岛，并在周留城宣布扶余丰为百济王。此时扶余丰虽然已立为国王，但大权旁落被掌握在扶余福信的手中。

公元 662 年 6 月，天智天皇旨令登陆的 2.7 万日军，采取"避其锐气，击其惰归"的战术，避免与唐朝大军直接交锋，而是进攻新罗王国，夺取了新罗的沙鼻岐、奴江两城，切断了唐朝大军与新罗的交通要道。由于日本出兵参战，唐军与新罗在半岛南部已处于劣势。同年7月，唐高宗便派大将孙仁师率部7000余人增援新罗。此时，半岛北部的唐朝大军与高句丽已形成了对峙状态。同年8月，半岛形势急转直下，百济复国势力出现了内讧，国王扶余丰以谋反罪将握有实权的扶余福信诛杀。于是，唐朝大军与新罗趁百济混乱之时，夺取了半岛南部的熊津（公州）。

公元663年8月，攻克熊津的唐朝大军和新罗王国兵分两路，进攻百济的临时都城周留。唐朝大将刘仁愿和孙仁师率部及新罗大军从陆地南下进攻周留城。另外，唐朝大将刘仁轨和杜爽率领水路大军从熊津江（锦江）出发，前往白江口围攻周留城。同年8月13日，周留城外围被唐军攻克只剩下一座孤城，因其地势险要一时难以攻取。此时，百济王扶余丰亲率水军奔赴白江口与日本水军会合，企图阻击唐王朝的水军。8月27日，唐朝和新罗的水军10万余人分乘170余艘战舰。日本和百济的水军4.5万人分乘1000余艘小船舢板。于是两军在白江口（锦江口）会战。由于唐朝水军的战舰庞大而且坚固易于防守，刘仁轨便令水军列阵等待日本水军的进攻。日本水军则利用舢板小船机动灵活善于进攻的优势，直接进攻唐军的战舰。经过一番激战，日本水军便败下阵来。8月28日，日本水军改变了战术，集中主力直接攻击唐朝水军的主力战舰。此时刘仁轨趁机佯动后撤，将日本水军引入包围圈，随后唐朝和新罗的联合水军竭尽全力合围日本和百济的水军。唐朝舰船居高临下发射带火的箭支，日本舢板小船纷纷中箭起火迅速燃烧，在烟雾中难辨东西互相碰撞的舢板，致使水兵纷纷落水逃窜死伤无数。日军统帅在混乱中战死，百济王扶余丰突出重围逃往高丽。此战，唐朝和新罗联军大获全胜。9月7日，守备周留城的百济王子余忠和圣忠得知日本水军失败，在唐朝大军的强攻下投降，日本陆军慌忙从周留城和其他地域撤离回国。9月19日，唐朝和新罗联军迅速平定了百济，从而扭转了朝鲜半岛的战略格局，半岛北部的高丽完全置于唐朝大军的南北夹击中危在旦夕。公元668年，平壤被唐朝大军攻克，高丽灭亡，唐王朝完成了东北及朝鲜半岛北部的统一大业。公元677年，在新罗王国的多次要求下，大唐帝国将所占的百济属地让给了新罗王国，半岛南部第一次成为一个统一的国家。

日本历史学家对白江口战役的失败，有着各种不同的解读，而具有权威性的史学家坂本太郎则认为,当时日本扶持百济王国与唐王朝和新罗对立,是"出于不忘过去情谊的侠义精神,抑或因为百济作为日唐通交的中转站是绝对必要的"①。但这种说法,不过是对日本自古以来侵入朝鲜半岛的一种掩饰。4世纪日本就经营半岛任那殖民地,虽然后来失去了任那殖民地,但是与百济王国始终有着密切的联系并以此觊觎朝鲜半岛。日本借百济王国复国的机会,企图恢复在半岛的势力范围占领半岛南部。

坂本太郎对白江口战役失败的影响是这样评论的:"日本在朝鲜半岛的势力被彻底清除,半岛完全脱离了日本的羁绊。这是古代史上的一场大悲剧,并由此开始了后来长期决定日本历史命运的对外政策走向消极的道路。"② 作为现代日本史学家,对日本反复侵略半岛失败的行为如此惋惜和遗憾,难怪至今日本有一大批右翼势力不反省其侵略历史,而且还在美化侵略战争。日本这种侵占朝鲜半岛的历史基因由来已久,东北亚甚至东南亚都要警惕日本的掠夺史,尤其是朝鲜半岛,更应该深刻剖析日本对半岛的侵略史。

---

① 坂本太郎. 日本史[M]. 汪向荣,武寅,韩铁英译. 北京:社会科学院出版社,2008:79.
② 坂本太郎. 日本史[M]. 汪向荣,武寅,韩铁英译. 北京:社会科学院出版社,2008:79.

十四　放弃扩张　潜心改革

本来，天智天皇通过"大化革新"，派遣唐使努力学习唐王朝的时候，却忽然利令智昏中途转弯地抗大唐帝国，企图在朝鲜半岛占有一席之地，达到其扩张的目的。可是他却万万没有想到，在强大的唐王朝面前，遭受了如此惨烈的败绩。经过白江口战役的失败，日本也认识到了自己的能力还不够强大。于是再次按捺下武力扩张的战略野心，潜下心来学习大唐帝国。

修复关系　深入"唐化"

如果白江口战役日本获胜，占据了朝鲜半岛南部，日本是不会潜下心来学习大唐帝国的，说不定还会乘胜进击高丽与唐王朝对抗。大和民族自古以来就崇尚武力，崇拜强者。在强者面前规规矩矩，服服帖帖，像奴才一样低三下四的嘴脸，在白江口战役后表现得淋漓尽致，可见白江口战役对日本的教训极其深刻。由此，既触痛了大和民族的自尊心，也激发了大和民族奋发图强的进取心。

天智天皇毕竟是靠政变起家的政治强人，在经过了惨败的教训后不是一蹶不振，而是迅速地调整了对东北亚的政治策略，潜下心来学习大唐帝国，开使深化改革，全面"唐化"。这就是大和民族的属性所在，这就是日本与其他东亚国家本质上的不同。

公元665年，也就是白江口战役失败的第三年，天智天皇第五次派出遣唐使与大唐帝国修好。唐王朝不计前嫌，释放了日本俘虏，仍然与日本通商，并允许在大唐王朝的日本留学生归国，从而促进了日本的社会变革。

遣唐使赴中国需要走两条路线，以前遣唐使从福冈出发沿朝鲜半岛的西海岸，经辽东半岛南岸，跨渤海在山东半岛登陆，然后经陆地赴长安。因日本在白江口战役失败后，新罗王国统一了朝鲜半岛的南部，日本不敢再沿着朝鲜半岛的西海岸行驶船只，便重新选择了由九州南下，经种子岛、屋九岛向西横跨中国东海，在长江口登陆，再转由运河北上去长安。虽然此条路线风险大，沉船事故多发，但是日本还是连续不断地派遣唐使赴大唐帝国。遣唐使进入大陆后，少量人员可以到长安上贡物品衔接外交事宜。其他人员除了留学生外，则在内地参观访问购物，充分领略大唐王朝的风土人情和大唐盛世的辉煌。遣唐使在中国一般逗留一年多，所到之处都受到了热情的接待，表现出了大唐王朝的泱泱大国风范。

经过遣唐使赴大唐帝国学习，日本加快了社会变革。按照中国隋唐时期的科举制度，设立了培养官吏的教育机构和学院。皇家学院设有大学寮、大学头、助理大学头等官职，这些职位一般都由在中国的留学生回国后担任，同时还聘请中国学者赴日担任。学院开办了明经、纪传、明法、书道、算道、音道等六个学科，主要学习中国的儒家学说，以及《史记》《汉书》《后汉书》等经典著作，学生主要是宫廷四位以上的官僚子弟。地方设立国学，招收国司和郡司等子弟。经考试划分秀才、明经、进士、明法四个等级，从中选择优秀者授予相应的官职。也就是说，儒学已成为日本重要的治国理念。与大唐帝国不同的是，日本所实行的科举制度，普通草根平民是不能够参加科举考试当官的。他们还是保留了氏族世袭制度，其引进的科举制度，只不过是近亲繁殖的"官二代"，比不上大唐帝国从平民百姓中选拔人才的用人制度。

此时的天智天皇依照唐王朝的行政制度，责令内大臣藤原镰足编撰制定了一套较为完整的"令"，也就是行政管理制度。因为该"令"是在天皇都城所在地近江制定的，史称《近江令》。藤原镰足就是中臣镰足，因为中臣镰足是与天智天皇一起政变起家的重臣，后来天皇赐姓"藤原"，所以也称他为藤原镰足。

公元 669 年，天智天皇又派出以河内鲸为首的第六次遣唐使，这对《近江令》的编撰制定，起到了更好的考察论证作用。天智天皇在位期间，共派出了五次遣唐使，这是其他的天皇所望尘莫及的。他是派出遣唐使次数最多的一位天皇，可见天智天皇向大唐帝国学习的决心和迫切的愿望。要知道，在古代航海技术不发达的日本，派出的遣唐使要冒着船翻人亡危险，稍有不慎就会造成难以挽回的重大损失和政治风险。

天武天皇与完善的律令制

公元671年，《近江令》开始实施。同年12月，天智天皇逝世，其子大友皇子继承皇位，也就是弘文天皇。然而天智天皇的弟弟皇子大海人对此不满，于是便发动了政变。

公元672年6月，政变波及十几个省，史称"壬申政变"。大海人的反叛得到了多数地方贵族的支持，不久大海人便起兵攻打都城。7月23日，弘文天皇在政变大军的逼迫下自缢身亡。于是，皇子大海人便登基成为天武天皇。天武天皇是一位大权独揽的独裁天皇，在位十四年来未曾重用过大臣，朝廷所有事宜都要亲自过问处理，从而促进了"大化革新"的步伐，致使"大化革新"的各项事宜得到了有效落实。天武天皇在位期间，废除了天智天皇时期恢复的氏族部民制，并将氏族贵族拥有的山林、土地收归皇家所有，同时减轻了农民的租税和徭役负担。为了加强天皇的权威，他还改革了朝廷体制，天皇之下设太政官和大弁官，太政官负责联络朝廷六官（大藏官、法官、理官、兵政官、刑官、民官），大弁官负责联络地方政府官员。同时天武天皇十分重视军队建设，要求朝廷及地方文武官员经常参加军事训练，并学会骑马指挥打仗。他还在京城设立了卫府，在地方建立了军团负责治安工作。

天武天皇

天武天皇还在《近江令》的基础上，组织人员制定了《飞鸟净御原朝廷律令》，也就是增加了"律"的刑法部分。与此同时，天武天皇还下令模仿中国史书题材，采用编年体和纪传体相结合的方式，开始编撰日本历史《日本书纪》。并指令大臣整理日本的神话与传说，为日本后来的《古事记》成书奠定了基础。同时从天武天皇时期，日本才开始学习大唐帝国的铸造货币技术。不过，此时的货币还没有进入流通阶段。

公元686年，天武天皇去世。不久，太子草壁因病英年早逝，接着皇后继位执政，史称持统天皇。公元694年，赴大唐帝国学习的遣唐使返回日本，向持统天皇描述了中国古都长安的繁荣景象后，持统女天皇决定向中国学习建造一个都城。于是，便在飞鸟文化地域（奈良县橿原市和高市郡一带）模仿唐王朝的长安古城，建造了藤原京都。

公元697年，持统天皇将皇位让给孙子，即文武天皇。公元700年，继任的文武天皇旨令法学大臣和留学大唐的僧侣学生，在《飞鸟净御原朝廷律令》的基础上，参考大唐王朝的《永徽律令》，全面修改制定了《大宝律令》。所谓的"律"相当于刑法，所谓的"令"，相当于行政法、民法、诉讼法。

公元702年，日本开始颁布实施《大宝律令》。随后，文武天皇派出了以粟田真人和坂合部大分为使节的第七次遣唐使，奔赴大唐帝国进一步学习。

日本所设的刑法，基本是对大唐王朝刑法的照抄照搬，朝廷设刑部省，刑法分笞、杖、徒、流、死五种。所谓的"笞刑"，就是用竹鞭按轻重分五个等级抽打10至50鞭；所谓的"杖刑"，也是用竹鞭抽打，次数从60次增加至100次，不过按照轻重分成了五个等级；所谓的"徒刑"，就是拘禁下狱，按照五个等级关押1至3年；所谓的"流刑"，就是流放偏僻荒凉之地当奴役，按照流放地的距离分远、中、近三个等级；所谓的"死刑"，就是绞刑和斩首两种。当时日本制定的刑法是比较慎重的，五种刑法分县、省、刑部授予不同的实施权力，死刑则有天皇裁定。刑法中贯穿了儒家的思想理念，对于危及天皇的谋反大逆罪，包括毁坏神道教大神社的行为，或者盗窃神宝以及殴打谋杀父母的犯罪，一律格杀勿论，绝不赦免。当然，按照儒家"刑不上大夫"的理念，对皇家贵族和官僚豪绅的犯罪，一般情况下要酌情处罚，相反对于平民百姓则要加重处理。

法律还规定，日本人有"良民"和"贱民"之分，所谓的"贱民"指的是朝廷和私人的奴婢，以及配属于朝廷和各地方官府从事手工业生产的杂户。这些人基本上都是属于奴隶，其他的则规定为良民。

十五　长安奠定奈良时代

日本的奈良时代，是学习大唐帝国走向辉煌的时代，也是日本封建社会走向成熟的一个历史标志。在此之前，日本没有固定的首都，天皇继位后居住的地域便是日本的首都。换言之，换一位天皇就要换一个首都，换一个首都就等于换一个政治中心，首都是随着天皇的变换而变换的。

第一座都城奈良

公元707年，文武天皇去世，随后母亲继位，即元明天皇。此时持统天皇时期下令建造的藤原京都还没有建成，新执政的元明天皇感到正在建筑的藤原京都不符合心意，便下令按照中国的古都长安重新建造京都（平城京）。同时旨令财政大臣模仿唐王朝的"开元通宝"铸造了"和铜开珎"，并将新铸造的货币投入市场开始流通使用。此时日本的银币和铜币都是首次铸有文字，还在铸造和流通的环节上采取了相应的措施，随后颁布了《蓄钱叙位法》，要求官吏的俸禄和畿内地区缴纳赋税一律使用货币。这期间，元明天皇旨令大臣太安万侣撰写皇家历史《古事记》。

可见当时日本的经济已发展到了繁荣的境地，急需大量的货币进入流通环节。也就是这一年，元明天皇派出大军远征日本古老的少数民族虾夷，开

元明天皇

始拓展东北部的版图,并在所征服的地方设立省县建制,然后不断地同化。

公元710年,新建的奈良都城平城京,仅用了三年的时间便竣工告成,元明天皇兴高采烈地率领着文武百官及贵族迁入了新的都城。由此,元明天皇开创了日本辉煌的奈良时代。奈良不仅是日本的政治、经济、军事和文化的中心,也是日本历史发展中的一个里程碑。此后,直到桓武天皇初年,奈良作为日本的都城长达74年。

奈良都城是按照中国阴阳八卦的理念建造的,它的东边是青龙川和春日山,西边则有白虎道和生驹山,北有玄武山和奈良山,南有朱雀池。天皇北靠大山,东西丘陵横卧,南边是一望无际的平原。正如元明天皇形容的那样"合四禽图,成三山镇,龟筮并从"。

都城奈良的面积仅是中国长安城的四分之一,南北东西街道像长安街一样呈棋盘状,城内北边的正中建有天皇的寝宫,并设有议政大厅。城内无论是官衙还是贵族的官邸以及寺院,都是按照唐王朝的建筑模式建造的,可以说都城奈良就是长安城的翻版。有所不同的是,奈良没有城墙。直至近代,日本所建的城市都没有城墙。不过,日本在中世纪所建的城市,却在城的周围挖有水渠,像护城河一样起到了城墙的作用。日本建筑的城市为什么没有城墙,其主要原因是日本没有外族侵扰之忧。日本的皇室贵族都已控制在宫廷中,平城京和后来建的平安京都没有平民百姓居住,全是官僚衙门和贵族官邸。定都奈良是日本脱胎换骨走向历史辉煌的一个重要原因,也是日本自认为骄傲的贵族文化时期。

奈良时代的繁荣与辉煌

很显然,建筑都城已进入了贵族文化时代,这与日本8世纪初已广泛地使用铁制的锹、锄、镰等农业生产工具有关。他们像唐王朝一样,广泛地鼓励农民开垦土地,兴修水利,扩大农业生产。并仿造中国的龙骨水车,实施插秧技术,从而促进了农业生产的发展。他们还制定了条例,以农业生产的好坏考察地方官吏，凡是农业生产发展好的地方，人口增长的地区，其官吏都要给予奖励或晋升。凡是荒废了耕织业的不作为官吏，一律贬职甚至罢官。当时日本的手工业同大唐王朝的手工业一样，分官营手工业和民间手工业。官营手工业主要生产质量较高的锦、绫、缎、罗、绮等高档纺织品供宫廷贵族享用，家庭纺织业主要生产布、拖、绢等低档纺织品供民间使用。此时日本从中国学来的造纸技术和油漆的生产技术也得到了广泛运用，运输业和冶炼工业也普遍地开展起来，从而促进了日本国民经济飞跃式的发展。

公元712年，史学家太安万侣按照元明天皇的旨令，用汉字著述完成了历史名篇巨著《古事记》。该书的编撰成功，为皇家拥有一部统一完整的历史做出了杰出的贡献。该书的写作目的就是为了纠正各家的"传说"，根据神武天皇至推古天皇的《帝纪》和《旧辞》写成的，从而更进一步地澄清了天皇家族形成的历史。《古事记》分上、中、下三卷，是日本现存最早的史书。上卷是神谱和神话，中卷是英雄传说及历史人物，下卷是天皇的系谱。该书开辟了日本散文写作的先河，对日本历史文学的发展具有划时代的意义。当然，日本的文化辉煌，主要是来自儒学和汉代典籍，汉语汉字是日本上流社会必修的学问，用汉字著书赋诗不仅是一种时尚，也是促进日本文明发展的唯一途径。由此可知感悟一个民族和一个国家的文明发展，莫过于经济与文化的渗透。这种渗透，既是自然的，又是不可抗拒的。

公元713年，元明天皇开始征用7世纪地方开采的矿产资源。714年，元明天皇还下令仿照中国学习养蚕，并大力推动以纺织业为中心的手工业发展。同年，元明天皇依托都城的政治基础和经济实力，在南方九州的南部平定了隼人的叛乱设立了大隅国。也就是说，大和民族在学习大唐帝国崛起后，便开始在日本列岛周边拓展疆域，扩大势力范围。到8世纪末，日本已完全控制了本州、四国、九州及附近的岛屿。

公元715年9月，元明天皇将皇位让给女儿冰高皇女，即元正天皇。此时元正天皇年仅35岁，而且是一位终身不嫁的淑女。717年3月，也就是唐开元五年，元正天皇任命多治比县守为第八次遣唐使，率领557人的庞大队伍，分乘四艘大船前往大唐帝国，随行的有著名人士吉备真备和阿倍仲麻吕，其中22岁的吉备真备于当年九月到达长安后，便进入唐朝的国子监学习，经过十八年的学习与培训，回国后便在天皇宫廷内供职，为日本加速"唐化"起到了决定性作用。阿倍仲麻吕学业完成后，则留在长安被大唐帝国重用。

公元 718 年，元正天皇旨令修改了《大宝律令》，因该律令是在养老年间修订的，所以改称为《养老律令》。至此，日本的律令制度经过了近四十年的努力，以中国唐王朝的制度和法律为蓝本，从行政制度到法律条款建立起较完善的封建式的法律法规。这种安邦治国的法律法规，使日本告别了氏族奴隶社会，进入了中央集权式的封建社会。

公元 720 年，日本完成了史书《日本书纪》。该书仿照中国史书体裁用汉字写成，书中引用了中国古典和正史的文章作以修饰，是一部从神话时代到持统女天皇的编年体史书。此书的写作目的，就是为了宣扬天皇的神圣作用和统治国家的合法性。至此，日本的历史记载毫无疑问是在中国历史典籍的影响下而成书流传的，《古事记》和《日本书纪》就是有力的佐证。

公元 722 年，由于班田制的实施自耕农的增加，元正女天皇开始鼓励农民大力地开垦荒地，并在日本的东北部制定了垦田一百万町步（1 町步约合 109 米）的计划，由此可见日本当时大力发展农业生产的决心。随着生产力的不断发展和货币的流通，以首都奈良为中心同各省的首府之间都修筑了四通八达的公路，并在干线上设立驿站，供官吏、商贾或游客食宿。由于发达的交通，在国衙所在地和交通要道及寺院门前，出现了络绎不绝的集市贸易，尤其是按照大唐帝国长安城东西两个市场的模式，也在奈良的东边和西边建立起两个贸易市场。与此同时，京都以外的地方官办商业也雨后春笋般地发展起来。

史料记载，元明天皇和元正天皇是日本历史上母女先后继任的两位杰出的女天皇。她们之所以有所作为，是因为她俩在执政期间贯穿了儒家思想，忠实地捍卫和实施《大宝律令》的结果。元明天皇虽然执政了八年，但她女儿元正天皇在其继任的九年间，忠实地继承捍卫了她的方针和政策，从而创造了辉煌的日本奈良时代。按照日本史学家的说法，元明和元正两位女天皇对日本的贡献，如同中国汉王朝时期的"文景之治"，奠定了汉王朝前期的经济基础，成就了汉武帝的辉煌大业。元明和元正两位女天皇的业绩，为后来圣武天皇的佛教政治打下了经济基础。

十六　佛教政治与"唐化"高峰

公元724年，元明天皇将皇位让给侄子圣武天皇。圣武天皇执政期间崇尚佛教，推行佛教政治，大力派遣唐使到中国学习，以君王护国爱民的责任感治理国家。圣武天皇死后，女儿孝谦天皇继位。孝谦天皇执政期间，虽然葬送了她父亲主张的佛教政治，但是却把中日交往推向了历史的巅峰，并取得了奈良时代"唐化"中的辉煌成果。

佛教政治及遣唐使

圣武天皇时期，佛教在日本得到了空前的发展，其显著的标志就是创建了国分寺。所谓的国分寺，就是在日本各地普遍建立起僧侣寺院和尼姑庵以及修建的七重塔，并统一安放了一丈六尺高的释迦摩尼像。佛像无论是面部表情还是衣纹式样都是按照唐王朝的模式雕刻的，同时在寺院内还置放了抄本的《金光明经》《大般若经》《妙法莲华经》。圣武天皇还规定每个寺院至少要养活20名僧侣，尼姑庵则不少于10人。当时的佛教徒都是公认的具有一定学历的知识分子，在社会上具有普遍的影响力。有些僧侣周游列国的时候，为民凿井，在渡口备船架桥，为外出的路人修建客栈，还为民众建渠修路，并在道路的两侧栽种果树，他们所到之处都要为百姓医治病痛。当时日本各大寺院中都设有医疗室，广泛地为民治病。圣武天皇的光明皇后还创设了悲田院和施药院，大力施舍饥饿和患病的人。

这种将佛教与民众的利益结合起来的施政方针，大概是佛教史上的独创，或许是佛教理念慈善教义上的实践与创新。至今，日本的佛教理念中还遗留着圣武天皇时期的佛教影响。佛教在贵族阶层中，含有着积极向上勇于牺牲的精神。在民间的意识形态中，人与人之间的交往还保留着佛教理念上的情感。由此比较而言，这也许是日本佛教与中国佛教的不同之处。圣武天皇的佛法政治，虽然在日本社会具有广泛的影响力，但却干预了地方的行政工作，使国家变相地成了政教合一的体制。也就是说，天皇所实施的《大宝律令》与其所倡导的佛教精神潜伏着矛盾，并隐含着宫廷内部斗争的斧声烛影。

当时担任圣武天皇右大臣的不比等，其父亲是"大化革新"时的功臣中臣镰足（藤原镰足）。不比等是《大宝律令》的主持制定者，女儿光明子是圣武天皇的夫人，也就是当时所说的"女御"。当时天皇的妻妾是分等级的，皇后为一人，妃为两人，夫人为三人，嫔为四人，可见不比等的女儿光明子只是天皇的一位普通的"夫人"（女御）。不比等死后，其子武智麿谋划让光明子成为皇后，以便加强家族的权势。此事遭到了左大臣长屋王的反对，理由是违反臣下女儿不能担当皇后和妃的规定，由此引发了宫廷中贵族之间的斗争。公元729年，左大臣长屋王被武智麿诬陷为谋反罪遭到了诛杀，光明子如愿以偿，坐上了皇后的宝座。这件事充分说明了宫廷贵族官僚之间的权势斗争，也为佛教政治的衰退埋下了伏笔。不过，在官僚贵族之间勾心斗角的权利斗争中无论是多么尖锐，圣武天皇还是能够凌驾于他们之上，以佛教政治的理念轻松地驾驭宫廷中的各位大臣。

公元733年，也就是中国唐王朝开元盛世时期，圣武天皇任命大臣多治比广成为第九次遣唐使节，率领594人的庞大队伍分乘四艘大船赴大唐帝国考察学习。在此需要说明的是，日本自从潜心地学习大唐帝国后，每次派遣唐使都是由天皇钦定。此次遣唐使的派遣，圣武天皇十分重视，其阵容之大，人员素质之高都是空前的。这支庞大队伍中的领导机构都是朝廷五位级以上的官员，其他随行的工匠、医师、翻译、画师、乐手、史生、射手、水手以及留学生和僧侣等等，都是素质比较高技术比较好的人员。他们都有较高的汉语水平，熟悉大唐帝国情况并具有多项技能的人才。然而遗憾的是，此次遣唐使的四艘大船，在回国途中遭遇了台风，有两艘船遇难，其中一艘失踪，另一艘115人中仅有4人生还。

虽然此次遣唐使遭遇了台风的袭击损失惨重，但他们却带回来了唐玄宗李隆基赠给天皇的琵琶、彫石尺八和彫石横笛，尤其那把紫檀木画槽四柱四弦的琵琶做工十分精美，正面捍拨中呈现的是六朝余韵山水人物图，背面则是螺钿四瓣菱花。这件极为精巧的乐器浮现出大唐帝国盛世的辉煌，看到它就仿佛亲眼看到了诗人白居易描写的琵琶女"犹抱琵琶半遮面"的动人风采，仿佛看到了音乐盛典的宏大场面，听到了"嘈嘈切切错杂弹，大珠小珠落玉盘"的优美旋律。这件极为珍贵的国宝文物，虽然经历了 1200 多年的风风雨雨，至今仍然收藏在日本奈良东大寺的正苍院。

公元 741 年，受回国遣唐使的影响，圣武天皇旨令按照中国寺院的建筑结构，在首都奈良的东边，耗时十年建造了全国国分寺总寺东大寺。东大寺的大佛殿内安放着五丈三尺高的金铜大佛。据说该佛像耗费了 300 多万斤的铜、锡、铅和 15000 斤黄金，可见佛教政治对当时日本的影响。这尊象

奈良东大寺

征宇宙间精神统一的大佛，为日本佛教史创造了空前的奇迹。公元 752 年，圣武天皇在东大寺主持了盛大的开光仪式。此时天皇的大慈大悲，普度众生，弘扬佛法的精神，感化着天地，恩及于天下。

中日友好之巅

公元 752 年，日本派出第十次遣唐使。此时已是圣武天皇的女儿执政，也就是未婚的孝谦女天皇。遣唐使出海前，孝谦天皇设宴送行，并举行了授刀赠诗的隆重仪式，祝福使节安全出行平安归来。孝谦天皇在诗中写道："唯

我大和国兮，渡海如平地，乘船如坐床。大神震国兮，四船紧相连，不日平安而归航。归船共庆贺兮，举杯同相饮，丰美之酒浆。"①

需要说明的是，日本的遣唐使在往返大唐帝国的行程中，大唐帝国的官员、能工巧匠、学者、僧侣也不断地奔赴日本，有的甚至留在了日本。日本随遣唐使赴中国的留学生，在学业完成后也有留在大唐帝国的。这其中唐王朝的鉴真大师，日本第八次随遣唐使留学大唐帝国的阿倍仲麻吕，便是当时著名的代表人物。

鉴真大师14岁出家，18岁受戒，曾在洛阳和长安专事佛学研究并外出游学七年，是扬州大门寺律宗派的掌门人，经他剃度的出家人和受戒律的弟子达40000多人。鉴真大师治病济贫，广施救助，并化缘建造了许多寺院和佛像，在民间有很高的威望。当时日本在大唐的留学僧侣荣睿专程赴扬州，恳请鉴真大师去日本传授佛法，年逾半百的鉴真大师答应了荣睿的请求。但事与愿违，鉴真大师连续四次东渡日本失败。第五次出海时又遭到暴风雨，他所乘坐的船只漂泊到海南岛，

鉴真和尚

经过一年多才返回扬州大门寺，过度的劳累染病使鉴真大师双目失明，即使在精神和肉体上遭受了极大的痛苦，也没有磨灭鉴真大师东渡日本弘扬佛教的意志。当第十次遣唐使返回时，时年67岁的鉴真大师便随船奔赴日本，实现了他东渡日本弘扬佛教的夙愿。

随鉴真大师赴日的弟子们，随身带去了佛牙、佛具、书画等工艺品，同时还有建筑、雕刻、绘画、医学等方面的能工巧匠及学者一起赴日。鉴真大

---

①杨考臣．中日关系史纲[M]．上海：上海外语教育出版社，1987：41．

师到达日本后，受到了孝谦天皇的隆重迎接，并在京都东大寺专为鉴真大师建造了唐禅院，以便大师弘扬佛法。还在京都大佛殿建造了戒坛，皇室宫廷人员先后登台受戒。鉴真大师所带去的如来肉舍利、念珠菩提子、青莲花、西方玻璃瓶、玉环水晶手幡，以及王羲之、王献之的行书真迹等奇珍异宝，使日本人为之大开眼界。鉴真大师为日本传授佛法经典的同时，还传授了建筑、雕塑、医学、书法等诸多技艺，从而促进了日本的文明发展。据说他还为日本传去了做豆腐的技术，成为日本人做豆腐的始祖。鉴真大师72岁时，天皇为他建造了"唐招提寺"，以此弘扬他的功德。公元763年5月，76岁的鉴真大师圆寂，他的遗体安葬在唐招提寺的东北方。

当时有许多日本遣唐使及留学生与大唐盛世的名人建立起深厚的友谊，他们吟诗赋词完全是"唐化"了的日本人。阿倍仲麻吕便是日本留学生中具有代表性的人物，他是随第八次遣唐使赴大唐帝国的留学生，在长安学习期间更名为晁卿，学业成就后在大唐朝廷供职，官至三品秘书监并兼任卫尉卿。曾受到唐玄宗李隆基的恩宠，赐名为朝衡。这期间，阿倍仲麻吕与当时唐朝的大诗人李白、王维、储光义等人关系甚好。在阿倍仲麻吕准备归国前，王维为他送行时写下了"乡树扶桑外，主人孤岛中。别离方异域，音信若为通"的动人诗句。阿倍仲麻吕也挥笔写下了"西望怀恩日，东归感义辰。平生一宝剑，留赠结交人"的馈赠诗句。在当时大唐帝国将宝剑赠送给友人，非深情厚意而不为之。据史料记载，阿倍仲麻吕在归国的途中遇到了海难，传说他已葬身大海。可是他却在海南登陆，历经艰辛又返回到长安继续在朝廷任职。公元770年，73岁的阿倍仲麻吕死在中国，唐代宗曾追封他为"潞州大都督"。阿倍仲麻吕在大唐帝国的一生经历，充分地反映了当时日本人向中国学习华夏文明，致力于"唐化"的愿望。

佛教政治的失败

孝谦天皇执政期间，虽然延续了父亲圣武天皇的佛教政治，但她却不能像圣武天皇那样既能弘扬佛教，又能驾驭政治，摆布好各大臣之间的关系。她按照个人的好恶随意恩宠大臣，搅乱了律令政治，玷污了佛教，搞乱了朝纲。执政初期，极力地宠爱大臣藤原仲麻吕。藤原仲麻吕得势后，试图改变佛教的影响，进一步学习唐王朝倡导的律令政治，提倡文治武功，弘扬儒学。虽然藤原仲麻吕的政治主张有利于日本的改革与发展，但他却在受宠后极力专权，劝说已执政九年的孝谦天皇把皇位禅让给已立为太子的大炊王淳仁，也就是后人追认的淳仁天皇，但是实权仍然在孝谦天皇手中。

公元759年，淳仁天皇向大唐帝国派出了第十一次遣唐使，随后于761年和762年，连续两年决定派遣唐使赴大唐帝国。然而遗憾的是，这两年都因政权不稳没有成行便夭折了。

禅让又不放权的宫廷政治，必定会影响日本社会的发展与进步。不久藤原仲麻吕失宠，孝谦女天皇开始宠爱没有什么身份地位的河内国僧人道镜，因而引起了藤原仲麻吕的嫉妒。公元764年，藤原仲麻吕开始起兵叛乱，叛军没多久便被善于兵法的吉备真备率大军平定。这个吉备真备就是第八次随遣唐使赴大唐帝国留学了18年的留学生，随后吉备真备被提升为右大臣兼中卫大将，成为日本政坛极有影响力的人物。藤原仲麻吕的叛乱被平定后，孝谦女天皇再次登上皇位，并更改年号为"称德天皇"。重新执政的称德天皇，将原本就没有实权的淳仁天皇流放到淡路岛，然后更加宠爱僧人道镜，佛教干涉政治开始占据上风。不过，称德天皇与僧人道镜的暧昧关系，此时已超出了佛教政治的范围，他们的淫乱不亚于大唐帝国武则天与僧人冯小宝的乱伦。受宠的僧人道镜居然被任命为太政大臣禅师，还授予了法王称号，并不知羞耻地接受百官朝贺。虽然僧人道镜已高官厚禄，但他并没有满足于至高无上的官位和法号，反而觊觎称德天皇的皇位。因为称德天皇本身无嗣，于是道镜便图谋让称德天皇把皇位让给不是天皇家族的人。道镜的企图引起了藤原家族为代表的贵族势力的强烈反对，他们极力地主张扶持天智天皇的子嗣继位。

公元770年8月，称德天皇病逝，僧人道镜随之被赶下台流放到下野国（栃木县）。由此，藤原家族的藤原百川获得了朝政大权，拥立皇家子嗣光仁天皇执政。这场佛教政治与贵族势力的斗争虽然结束了，但是并没有影响日本向大唐帝国学习不断"唐化"的进程。

"唐化"中的辉煌成果

公元777年,光仁天皇委任小野石根为第十四次遣唐使节,率四艘大船赴大唐帝国。两年后的779年,又委任布势清直为第十五次遣唐使节,率两艘大船赴大唐帝国。

公元804年,又委任藤原葛野麻吕为第十六次遣唐使节,率四艘大船赴大唐帝国学习。可见光仁天皇登基后,是如何迫切地学习大唐帝国。在他执政的十一年间,几乎是连续不断地派遣唐使赴大唐帝国学习,把日本全面"唐化"推向了高潮。

在日本辉煌的奈良时期,短短的七十多年间共组建派遣了九次遣唐使,其中七次成行,两次没有成行。这是日本派遣唐使最多的一个时代,占日本派遣唐使总数的一半。虽然因宫廷矛盾有两次组建好了的团队没有成行,但没有影响日本以后向大唐帝国学习的基本国策。

日本史学家说,这个时代是引人注目的唐风盛行时代,是促进日本高度文明发展的时代。此时的日本无论是佛教、律令政治,还是以儒学为基础的文学艺术,都是按照大唐帝国的模式照搬照套。日本在"唐化"的过程中,最直观的改革便是礼仪和服饰。天皇下令朝纲礼仪以及地方的礼仪礼节都要行跪拜礼,国民的服饰无论男女都要着唐朝服装。直至现在,就连日本所谓的民族服装"和服",也不过是从大唐王朝的服装演变过来的,如果日本向联合国科教文组织申请物质文化遗产,就应该注明是中国唐王朝服饰的翻版。其实,这只不过是日本在"大化革新"以前倭人着汉王朝服装的延续,甚至在礼仪礼节和饮食文化上也是汉王朝的翻版。筷子是中国人发明传播给日本的。但令人遗憾的是,中国人却习以为常不当回事,日本人却成立了"筷子"节大力弘扬饮食文化。日本的医学也是在中国的医学基础上发展起来的,饮茶文化是奈良时期由中国引入日本的,而且作为天皇的奢侈品用于招待大臣和僧侣的。应该说日本在学习引进、消化吸收中华文明的过程中,有些地方则是亦步亦趋,照葫芦画瓢的。

华夏文明促进了日本奈良时代的文化发展,当时日本精通汉文并能够用汉字书写的人虽然很普遍，但是这些人都被视为是有教养、有素质的文化人。日本记载气候变化、山川、植物、动物，以及地名的由来和古老传说的《风土记》，都是用汉字汉文书写的。要知道《风土记》不是一个人专著的，它是由日本各个地区众多的文化人收集撰写而成书的。由此可见，汉字、汉文在日本广泛运用的程度，从中也可以看出中华文明对日本的深远历史影响。

此时日本的书法从皇家到平民百姓完全按照中国的风格临摹书写，其中对中国晋朝书法家王羲之的作品极为崇拜，竞相模仿，风靡一时。现在日本收藏的王羲之书写的《乐毅论》，就是当时圣武天皇爱不释手的珍宝。唐初的书法家欧阳询的作品，在当时也深刻影响着日本的书法爱好者，并相应出现了一些书法家。

日本在向大唐帝国学习的过程中，还得到了意想不到的效果。当时辽阔繁荣的大唐帝国与中亚、西亚、南亚，甚至欧洲有着密切的往来。首都长安居住着许多国家的留学生、僧人、传教士以及众多的商人，熙熙攘攘的长安城已超过了一百年前伊斯兰教创始地麦加的繁荣，长安是当时世界上最繁华的都市。日本的遣唐使通过长安这个开放的窗口，间接或直接地了解了世界，并在"唐化"了的日本文化中掺杂了零星的波斯文明。在奈良东大寺正仓院封藏的御用珍品中，在诸多奈良时期的文物中，许多都是从大唐帝国运来的珍藏品。这些珍贵的历史文物每展示一次，都极为惊人地震撼着观光的学者。另外，东大寺正仓院内还零星地珍藏了希腊、罗马时期的珍贵文物，这些珍贵的文物大都是从长安购买回来的。

十七　继续"唐化"的平安京

公元781年4月,天智天皇的三世孙桓武天皇继位。为了摒弃佛教政治,更好地实行律令政治,削弱名门贵族大伴氏等人的势力。784年,恒武天皇将都城迁移到长冈京,然后旨令在山城国(今京都市西郊)建造新的都城"平安京"。由此,日本不仅开创了一个新的里程碑,而且在"唐化"的过程中,由量变达到了质的飞跃。

政教分离的律令政治

公元794年,耗时十年的都城还没有竣工,桓武天皇便匆匆忙忙地搬了进去。新的都城平安京,是日本大王时期中国人移居的集聚地,这里的养蚕和丝织品极为发达,是一处经贸极为繁荣的地域。该都城是在中国移民的援助下,完全按照大唐帝国长安城的模式建造,不过要比奈良大得多,几乎与大唐帝国的长安城媲美。据说平安京的太极殿、丰乐殿等主体建筑物,完全是按照大唐王朝宫廷的模式,用的是绿色的琉璃瓦和红色的圆木立柱,极尽其奢华,彰显靓丽之风采。

这个时期,除了迁都建造新的都城外,

桓武天皇

那就是桓武天皇对当时日本社会中佛教政治留下的弊端，以及律令制度的不足进行了深化与量化的改革，从而促进了社会的进步与发展。如果不摒弃佛教政治，或者不对佛教政治进行改革，确定律令政治的地位，日本学习大唐帝国所创造的奈良辉煌就有可能走向衰落。在这个历史时期的重要关头，桓武天皇通过迁都的决心，对佛教政治实施了改革。起初，桓武天皇的改革并不是急于求成，而是温和的方式，他将佛教与政治分开，使政治脱离佛教理念，用儒家的治国思想奠定律令政治的基础。改革中，桓武天皇首先下令取消了僧侣参与政治的行为，禁止政府擅自决定他人出家为僧，禁止私建寺院，禁止向寺院捐献田宅，禁止寺院买卖田宅园地，禁止寺院用房宅做抵押向贫苦民众放高利贷。这些禁令，不仅有效地消除了佛教政治造成的不良影响，还净化了佛教徒的理论与意念。不仅如此，桓武天皇还在京都及国内其他地域，按照唐王朝的模式将寺院建在青山绿水风景优雅的地方。为了巩固这些革新成果，桓武天皇还在佛教界极力地推崇提倡新的宗派。从大唐帝国学习归来的最澄法师和空海法师所创立的天台宗和真言宗，便成为日本极为倡导的新佛教理念，从而弥补了因限制佛教政治所造成的思想混乱。

在摆脱了佛教政治的束缚后，桓武天皇开始对以前律令制度不适应社会发展的地方进行改革，制定实施严格的律令制度。同时还制定了十六项条例，作为考核离任官吏的依据和标准，督促官吏励精图治，较好地限制了官吏的违法行为。

为了重新明确农业管理与租税，将班田制每隔六年颁授一次，改为每十二年颁授一次，并对租税进行改革减免，以便减轻民众的负担。为了清除地方政府官员徇私舞弊的行为，朝廷可以直接为农民提供贷款。

奈良时代大和民族虽然征服了虾夷部族，但是在光仁天皇时期归顺的虾夷部族却掀起了大规模的叛乱，他们攻取了多贺城，致使政府军遭受了惨败。究其失败的原因，就是征兵制给民众造成了负担，导致军队没有战斗力。面对惨败的事实，桓武天皇废除了义务兵役制实行募兵制，重视提高士兵的社会地位和待遇，直接从官吏贵族中募兵，从而增强了部队的战斗力。公元789年、794年、801年，桓武天皇曾三次派遣征东大军，攻取了虾夷叛军的大本营胆泽，收复了失去的土地，并向日本列岛北部拓展了80多公里的疆域。

由于"大化革新"时期,为了军事的需要设立了诸多的警戒关卡。这些关卡妨碍了交通,影响了农业生产和民众的生活,桓武天皇继任后下令将其废除,从而方便了民众的生活,促进了国民经济的发展。

桓武天皇在位期间,还废除了良民与贱民通婚的禁令,规定良民与贱民通婚所生子女一律定为良民。这在等级社会极为严重的日本,应该是一个重大的变革,尤其是天皇主导下的变革。这就充分说明了,桓武天皇不仅是一位伟大的政治家,还是一位开明的能够为平民着想的天皇。

桓武天皇时期的改革,为其后来继任的平城、嵯峨、仁明、清和、宇多、直至醍醐等十位天皇所延续,并取得了平安时代前期150余年的辉煌。这一时期,他们将律令制度更加量化细化,进入律令"格式"阶段。嵯峨天皇于公元820年编纂了《弘仁格》10卷、《弘仁式》40卷。接着清和天皇于869年编纂完成了《贞观格》12卷,871年编纂完成了《贞观式》20卷。醍醐天皇又于907年编纂完成了《延喜格》12卷,927年编纂完成了《延喜式》50卷。这些律令的"格"与"式"的编纂,反映了日本封建社会繁杂的规章制度日趋完善,也是当今了解日本历史政治制度最好的文献资料。值得注重的是,这些律令的"格"与"式",彰显了大唐帝国政治制度的影响。嵯峨天皇为了进一步唐化,不仅将朝议和官服都改成了大唐帝国完全一样的模式,而且还模仿大唐帝国宫殿各个门庭的名称,将天皇宫廷中的门庭都改用具有儒家文化内涵的名字并挂了匾额。

"唐化"中的质变

这一时期由于受大唐帝国史学的影响,日本的历史文献继《日本书纪》后又有了新的篇章。公元797年,日本编纂了《续日本纪》,840年,编纂了《日本后纪》,869年,编纂了《续日本后纪》,879年,编纂了《日本文德天皇实录》,901年,又修定了《日本三代实录》。由此,日本从远古时期开始直至887年的光孝天皇末年,有了更完整详细的历史。这些历史书籍运用汉字成功的编纂，标志着日本在学习大唐帝国中迈出了更新的步伐。若不是潜心的"唐化"，日本不会取得历史文学如此辉煌的成果。

当然，此时的中华文明在日本得到了更好地融合与贯通。这一时期，日本的官僚贵族开始设立弘学院、劝学院、奖学院等贵族子弟学府，以及当时著名的空海法师建立的专招平民百姓入学的综艺私人学校，对国民普及文化教育取到了令人瞩目的成果。这些学校都是以简明的儒家学说为主要课程，其他便是历史、写作、律令等等。这些学校在官吏录用学生的论文考试中，极为重视作文的水平。嵯峨天皇为了促进汉文化的学习，将正七位官职以下的文章博士提升为从五位的官职，从而极大地促进了汉文化的学习与提高。在当时，写好文章便是学者入仕发展的捷径。宫廷参议著名诗人小野篁，经常与大宰府鸿胪馆唐代诗人沈道固以诗为友相互唱和，在当时颇有影响力。还有官至右大臣的菅原道真以诗歌和文章见长，他编撰的《三代实录》《类聚国史》以及诗文集《菅家文草》，对日本文学的发展产生了深远的影响。佛教的空海法师和他的弟子真济编纂出版的《遍照发挥性灵集》，嵯峨天皇时期出版的《凌云集》和《文化秀丽集》，以及淳和天皇时期出版的《经国集》，都是这一时期重要的汉诗文集。在这些诗歌文集中，收录了当时天皇的诗文佳作。尤其是嵯峨天皇亲笔写的汉诗文，对日本社会影响颇深。当时，著名的汉学家滋野贞主编撰的一千卷《密府略》，藤原佐世编撰的汉集总目录，即《日本国现在书目》达1579部，1600卷。这些大部头书籍的编撰，见证了当时日本汉文学水平之高，"唐化"演变之深是空前的。要知道，大唐帝国无论是在史学散文，还是吟诗赋词都是中国历史上的一个辉煌时代。如果没有大唐帝国文明的影响，日本将在落后的意识形态中不知还要摸索几百年。应该说，日本在学习汉文化的速度和精度上也是惊人的，有些人的著作和文章，甚至能够与唐王朝汉族名人的文章并驾齐驱。当时日本人写的文章，被唐王朝收录编撰在《唐文粹》和《文苑英华》中。这些文章如果不注明作者的姓名，是很难分辨出是日本人撰写的。

当时日本的天文学、历学，都是在大唐文化的影响下发展起来的。虽然有着浓厚的迷信色彩，但中国阴阳八卦的思想却极为流行。尤其是日本的医学《大同类聚方》100卷和《金兰芳》及《治疮记》，都是在中国医学的影响下成为日本医学经典的。不仅如此，当时日本的雕刻与绘画也都显露着唐王朝的艺术痕迹，空海法师不仅是当时研究唐王朝书法的大家，并奠定了日本书法的基础。其真迹"三十帖策子"和"风信帖"以及"灌顶历名"等等，都是日本书法界珍藏的墨宝。空海法师、嵯峨天皇、橘逸势的书法被荣称为"三笔"。在当时日本贵族中，书法已成为普遍练习比拟的艺术品。说起了书法，必定要说纸张。中国发明的造纸术，已在7世纪引进到日本，此时已得到了广泛的使用。

这一时期，日本似乎比中国周边其他藩属国更沉湎陶醉于华夏文明，他们在汲取中华文化的同时，能够结合日本的实际得以充分地利用。所谓的日本文字，其实就是汉文字的简化。不过其简化的精明，显示出日本人的聪明和智慧。他们在这一时期学习汉字汉文化时，日本文字的"假名"便产生了。日本文字是由"片假名"和"平假名"组成的，片假名是汉字简化了的偏旁，用极为简单的笔画表示表音文字；平假名则不同，它是将汉字草书加以简化的表音文字。其演变的过程，大概是文化精英们在学习运用汉文字时，为了方便才自然创造出来的。初期形成的日本文字，是一个音代替好几个字体，大概经过了一个漫长的过程，才形成了今天这样固定的日本文字。假名文字的产生，成为日本当时和歌即诗文发展的动力。宇多天皇时期，用假名写的和歌开始兴盛起来。醍醐天皇时期，将《万叶集》以后的和歌编撰成20卷的《古今集》，也就是说《古今集》是用日本文字编撰成书的。这一时期的日本散文《竹取物语》《伊势物语》《土佐日记》等，都具有初期日文的特征。当时只有女人用假名写文章，这些作品登不了大雅之堂，只在民间流传。汉文是主流文体，国家行文都是用汉字汉文书写。如果没有日本女人的倡导，就不会有日本假名文字的成功发展。在这一点上，日本女人要比男人更伟大。日本虽然较晚地使用汉字，但他们却巧妙地将汉字变成了日本文字，可见日本人的聪颖和智慧。因而他们要比朝鲜人聪明得多，朝鲜人曾是日本人学习汉语的老师。不过，直到15世纪，朝鲜人才创造了本民族的标音文字即"谚文"。

纵观9世纪直至10世纪上半期，日本几乎是连续不断地铸造钱币，足以说明当时日本经济发展达到了相应的高水平，也充分地说明了桓武天皇律令政治完善的成果。日本史书对这一时期的经济发展，给予了很高的评价。他们以执政33年，辉煌的醍醐天皇为佐证，称赞"英明的醍醐天皇励精图治，可与中国的尧帝和舜帝相比拟。

这一时期，在强化律令政治的同时，仍然加强与大唐帝国的联系。公元838年，仁明天皇执政时期，派藤原常嗣为第十七次遣唐使节，率领651人的庞大队伍，分乘四艘大船奔赴大唐帝国学习。当时唐王朝虽然因经历了"安史之乱"国势衰落，但对日本来说唐王朝仍然是政治、经济、军事、文化的强大帝国，仍然是日本吸取精神文明的源泉。

公元894年，宇多天皇执政时期，准备委派菅原道真为第十八次遣唐使节赴大唐帝国，可是在临行前，菅原道真建议宇多天皇取消了此次计划。其理由是大唐帝国已经衰败，没有必要再劳民伤财派遣唐使。事实也正是如此，十二年后唐王朝便覆灭了。另外一个重要原因，菅原道真没有直接说，此时日本朝廷外戚干政，贵族权臣时常左右天皇的权力，造成社会倒退的庄园经济已开始形成，朝廷皇室已无力承担遣唐使的经费。对此宇多天皇心照不宣，自然就同意了菅原道真的建议，取消了此次已准备好了的遣唐使的计划。另外，东北亚的民间贸易已十分活跃，也是遣唐使停止的一个重要原因。当时朝鲜半岛的新罗王国，中国东北东南部的渤海王国（今黑龙江宁安及俄罗斯滨海一带），早在圣武天皇时期就已经与日本开通了海上贸易，而且具有了相当规模的贸易往来。

此时唐朝的商人张有信、李延孝经常往来于大唐帝国与日本之间从事贸易活动。新罗王国的张宝高以半岛南部的莞岛为基地，不断地与日本、唐王朝进行海上贸易，并获得了巨大利益，尤其是唐朝的商船到达日本的九州后，由于商品物美价廉具有名牌效应，大宰府便迅速报告京都宫廷，宫廷和贵族首先交换购买，然后则由地方贵族购买，所剩无几的商品再让平民百姓购买或交换。这些活跃在民间的贸易活动，也是日本遣唐使停止的一个重要原因。

遣唐使是日本社会变革的催化剂。日本自从公元630年至公元894年的260余年间，共派遣唐使十八次，其中仅有三次未能成行。在航海技术落后的古代，派遣唐使是需要勇气和担当海上风险责任的。虽然有的船只被台风摧毁造成了重大伤亡，但是他们仍然不畏艰险继续派遣唐使，可见日本学习大唐帝国的目的之迫切，阵容之庞大，时间之长久，是当时中国周边国家绝无仅有的。日本人就是靠着这种勤奋学习、善于模仿、百折不挠的精神，摆脱了氏族奴隶社会的束缚，大踏步地完成了"唐化"过程，迈入了封建社会，一跃成为当时东亚的强国。

十八　贵族政治与庄园武士

　　日本学习大唐帝国促进了社会发展与进步之后，便开始逐渐地腐化堕落。其主要原因是朝廷皇室形成了外戚干政的贵族政治，以及地方形成了庄园经济和武士阶层。这一时期朝廷皇室出现的贵族政治，最具有代表性的势力范围便是藤原家族，该家族在"大化革新"中为朝廷皇室立下了汗马功劳，在天皇的恩宠下一直是朝廷的世袭命官重臣。

　　早在9世纪上半期，藤原家族的藤原东嗣便将女儿送入宫中嫁给了天皇，从此藤原家族的藤原冬嗣，便成为了外戚插手皇家内部事务的罪魁祸首。随后，藤原东嗣的儿子藤原良房同他父亲一样，也将女儿送入宫中。不久，天皇家族出现了皇子争太子的内讧，藤原良房便利用外戚的特殊身份，将政敌伴氏和橘氏两大集团排挤出朝廷流放到外地，然后将亲外甥道康亲王立为太子。不久，年仅23岁的道康亲王登基成为文德天皇。

　　这期间，藤原良房利用所拥有的权势，让天皇任命自己为太政大臣，然后又胁迫天皇册封了出生九个月的亲外孙惟仁亲王为皇太子。八年后，文德天皇突然猝死，年仅九岁的惟仁太子即位为清河天皇，于是藤原良房便以天皇外祖父和太政大臣的身份独揽朝纲。藤原良房死后，清河天皇不再设太政大臣，试图取消外戚干政的弊病收回权利。可是，具有强势的藤原良房的儿子藤原基经竟胁迫清河天皇退位，另立年仅九岁的太子为阳成天皇。八年后，藤原基经又轻易地废除了阳成天皇，拥立时康亲王为光孝天皇。已经55岁的光孝天皇感恩不尽，立即宣称藤原基经具有"万政领航，入辅朕躬，出总百官"的权力。可是仅仅过了三年，藤原基经又另立了宇多天皇。宇多天皇即位后，仍然惧怕藤原家族的势力，公开宣称"万机巨细，百官总己，皆关白于太政大臣"。这就是日本皇室飞扬跋扈的贵族专权政治，即日本历史上所说的"摄关政治",在天皇年幼时辅佐的大臣或外戚称为"摄政"。天皇成年后,继续辅佐他的人便称为"关白"。本来"关白"只是"禀报"的职能,但久而久之,便成为了特殊身份的官职。

如果说贵族政治只是篡夺了皇权,那么朝廷大贵族和地方土豪劣绅兼并土地,却给日本社会造成了动乱和退步。由于当时日本大力的鼓励垦荒,并在开垦的土地上建筑庄园,这些私人庄园的不断增加,致使朝廷的大贵族和佛教的大寺院开始以买卖和强权的方式兼并地方的土地归为己有。那些原来属于农民向天皇赋税的土地,也被地方的大地主和贵族兼并了。由此,日本从大唐帝国舶来的具有公平分配性质的"班田制"开始逐渐被废止。"班田制"的丧失,意味着国民已不再得到国家"公有制"权力的保护,天皇授受的土地也可以自由买卖,公地公民制变成了私地私民制。过去农民赖以生存的"口分田"也落入了富人贵族手中,这些土豪劣绅得到了土地后,便寻找各种借口要求朝廷免除庄园的赋税,甚至争取到不输不入的特权,不让皇家的检田使和征税使进入庄园收税。

不仅如此,相关的律令制度也等同于虚设,宫廷皇室的权力开始衰落。当时掌握朝廷大权的藤原家族,曾在十九个国(省)中拥有20多个大庄园。著名的奈良东大寺,在二十三个国(省)中都拥有大庄园。石清水八幡宫神社,在六个国(省)里拥有34个大庄园。伊贺国(省)所辖的四个郡十七个乡中,已有三分之二变成了寺院和贵族豪门的大庄园。纪伊国(省)所管辖的七个郡里,有六个郡的土地几乎变成了豪门贵族及寺院的大庄园。这些大贵族和大寺院成为巧取豪夺不断兼并土地的庄园主后,致使宫廷皇室的税收锐减,导致国力衰退。

由于大庄园主不断地兼并土地,贫苦农民失去了赖以生存的土地后,有的贫困潦倒成了奴隶,有的便被贵族和庄园主收留起来,成为看护庄园的武装力量。起初,这些武装起来的农民以从事农业为生,后来有的逐步演变成以习武为主,致力于保护土豪劣绅的庄园经济。当时的寺院和神社为了既得利益,也把僧人和神职人员武装起来,成为保护庄园经济的"僧兵"。久而久之,土豪劣绅豢养的武装力量和寺院的"僧兵",便对国家行政机构的国司、郡司的权力造成了威胁。于是地方的朝廷命官也开始组织私人武装,以便保护他们的权力和利益不受侵犯。如此形形色色的私人武装，便构成了日本特有的武士阶层。他们不仅瓦解了中央集权制，而且还左右着国家的政治形势，从而使天皇丧失了统治地方豪族的能力，最终导致贵族与贵族之间，寺院神社与政府之间，朝廷大贵族与天皇之间错综复杂的利益矛盾。

公元 930 年 9 月，八岁的朱雀天皇继位。这位出生在朝廷藤原家族中的天皇，从小体弱多病，执政十六年，一生无所作为，朝廷大权始终操纵在太政大臣藤原忠平和右大臣藤原仲原手中。在朱雀天皇的承平年间，日本伊预国（今爱媛县）的三等官总兵藤原纯友成为地方土豪劣绅的首领，他们因兼并土地与政府发生了冲突，于是便聚集了庄园武士分乘千余艘船只，发动了声势浩大的遍及西海十二个小国，包括今九州地区的叛乱。藤原纯友率领叛乱人员袭击政府机关夺取财物，甚至攻入大宰府进行抢劫，一时间惊动了全国。这就是日本史上著名的"承平之乱"，此次叛乱虽然声势浩大，但还是被天皇指挥下的政府军镇压了。

公元 939 年，朱雀天皇天庆年间，属于桓武天皇三世孙的高望王，后赐姓为"平"，其孙子平将门是一位英武高大、颇有政治抱负弓箭不离手的武士，因为与其他官僚贵族争夺庄园兼并土地发生了武装冲突。同年 11 月，平将门率领庄园武士占领了千叶县北部和茨城县南部地区，并以此为中心建立起都城，还相应地成立了政府机构任命了百官，从而另立中央自称为新的天皇。此次叛乱声势浩大，致使天皇和朝廷大贵族十分恐慌，单凭朝廷军队已无法将其平定。

公元 940 年 2 月，朝廷任命参议藤原忠文为征东大将军，并采取以敌制敌的战略，招安平将门以往的宿敌平贞盛和藤原秀乡等地方贵族势力，将平将门率领的叛乱势力剿灭。这就是日本历史上因庄园经济造成的"天庆之乱"。此时正是中国五代十国时期，分裂的中华帝国被日本无礼蔑视。江浙一带富饶美丽的吴越国，主动地向日本提出建立双边贸易，却意外地遭到了摄政的太政大臣藤原忠平的拒绝。不过，藤原忠平下了一道命令，只允许中国商船到日本民间贸易，严禁日本商船到中国经商。在他看来，以前日本的遣唐使是有求于中国，而现在他们用不着乞求中国，所以要坐享其成地等待中国"朝拜"。

日本《皇朝类苑》中还记载，中国五代十国时期的吴越王让商人钱俶带给天皇的书信，愿意出五百两黄金购买缺失的"天召宗经义注疏"方面的卷本，此事在日本宫廷引发了一番对吴越小国的讥笑。这种夜郎自大的心态，反映出了当时日本不求上进的一种普遍的社会现象，或许这也是当时日本主动与中国断绝官方经贸关系的重要原因。

不过，中华文明还是受到日本的青睐。当时中国商人带给日本的历书，使朝廷贵族欣喜若狂，天皇旨令太宰府专人抄录。从此日本每年也具有了24节气，同中国一样分别将立春、立夏、立秋、立冬作为春夏秋冬四个季节的开始，并将春分、夏至、秋分、冬至分别作为春夏秋冬季节的中端。

"承平之乱"和"天庆之乱"，虽然没有波及全国便被镇压了，但是豪强贵族之间因庄园经济引发的矛盾斗争仍然存在。由此，日本武士阶层开始登上社会变革的前台。庄园武士的出现，不仅是日本庄园经济的产物，也是贵族政治的遗产。武士原本是失去了土地的贫民，后来那些落草为寇的海盗和衰落的贵族子弟也演变成了武士。他们组成武士集团，企图追回失落的辉煌。日本武士源自于中国春秋战国时期的土豪劣绅和贵族官僚豢养的客卿侍卫，

早期武士

其优秀者不乏是"风萧萧兮易水寒,壮士一去兮不复返"的肝胆侠义勇士。起初的武士,是没有田宅资产庄园的。没有后顾之忧的牵挂,追求的是骑术和使用的武器以及具有勇猛的战斗能力,其作用只是保护土豪劣绅的利益。后来形成了武士阶层,便成为了影响社会发展的不可忽视的力量,他们英勇无畏的本质和正义感,左右了日本的历史发展。佩刀是武士的必备,象征着武士坚忍不拔的品质,而随风飘落下的樱花,则象征着为君效命而短暂无悔的人生。处于底层的武士生活都很艰苦,他们节俭勤奋,刚毅果断,蔑视骄奢淫逸的生活,崇拜积极向上的人生斗志。遗憾的是,武士们的良好人格和品质,往往被土豪劣绅和官僚贵族所利用,而成为他们的牺牲品。

武士在日本历史发展的长河中,并不都是铮铮铁骨、肝胆侠义、誓死如归的勇士。对于有些武士恃强凌弱才是他们的本性。当发生械斗威胁到自己的生命时,有些武士便会背信弃义,临阵脱逃。有的武士也是势利小人,主子奖赏恩宠便会忠诚勇猛,反之便会卖身求荣,出卖主子成为新贵的宠儿。那些胸怀壮志成就大业的武士往往会自成体系,建立起独立的幕府王国,操纵天皇控制国家。

承平和天庆之乱,虽然还不足以改变日本的社会结构,但是朝廷形成的贵族政治在庄园经济的催化下,仍然左右着朝廷皇室,并改变着以天皇为中心的中央集权制。公元996年,藤原家族的藤原道长成为左大臣后,此时的贵族政治更加猖獗。藤原道长的一生曾有四个天皇是他的女婿,三个天皇是他的外孙。藤原道长摄政30余年,朝廷所有的官位职务,基本上被藤原家族所占有,其他贵族势力即便是得到了几个职位的任免,那也都是在藤原道长的恩宠下得到的,国家行政机构包括法庭甚至军事部门都被藤原道长掌控。藤原道长曾自负地说:"此世即我世,如月满无缺。"可见其权力在当时已达到了登峰造极的地步。这种外戚独揽朝纲的贵族政治,以及因庄园经济形成的武士阶层,是影响天皇权力改变社会结构的重要因素。这一时期,代表日本贵族政治走向鼎盛的藤原道长,篡夺朝廷大权,架空皇室,奢侈腐化,骄奢淫逸。虽然当时奢靡之风盛行,但是,反映当时社会现状的文学作品,却出现了空前的辉煌。著名的古典长篇小说《源氏物语》的问世,便是其代表作之一。这是一部描写当时贵族生活的写实小说,也是一部追求高境界的理想主义小说。作者紫式部是一位有着独特文化功底的杰出女性，她出身于贵族，曾在朝廷当过女官侍候一条天皇，有着丰富的宫廷生活阅历。其著作《源氏物语》不仅篇幅波澜壮阔，而且描写得细腻、敏锐、深刻，且具有很高的文学艺术价值。小说中描写的公子哥虽然生活奢侈堕落，但内心却充满了苦恼和悲哀。该书五十四卷，不仅开启了日本长篇小说之先河，而且一面世便登上了日本小说的巅峰。换言之，《源氏物语》奠定了日本长篇小说发展的基础。由此，日本不再亦步亦趋地模仿大唐帝国的文学作品，而是有了自己独特的文学艺术。这就是日本人的聪明之处，学习华夏文明从而达到升华，创造出具有日本特色的文学名著。

另外在这一时期，日本达官贵人随手记录的日记，平铺直叙、感情细腻也具有较高的文学价值。其代表作《枕草子》是一位叫清少纳言的女子所著，该著作虽然在结构和篇幅上不能与《源氏物语》相比，但其洞察力和卓越的表现手法，却开辟了与《源氏物语》不同的意境。与此同时，还有一位叫和泉式部的女子创作的"和歌"，与《枕草子》和《源氏物语》，被称为日本文学黄金时代的三大优秀杰作。

由此，我们可以毋庸置疑地说，日本女人创造了日本古代文学艺术。当时日本有文化的妇女大都出身于中下层贵族家庭，她们虽然具有较高的汉文化素养，但进不了后宫没有荣升的条件和机会。她们无社会地位，甚至成为一夫多妻制的牺牲品。在日本文字发展的初期，她们以登不上大雅之堂的"片假名"文字与他人吟诗赋词，比兴"和歌"。后来不可思议地创作出独领风骚的文学巨著，从而推动了日本文字"平假名"和"片假名"的运用与发展。最终导致日本官方放弃以汉字为主流文体的公文写作，民间的文学家也因而放弃了用汉字写作的历史。也就是说，汉字逐渐地从日本社会的大雅之堂退居下来。不过，日本的文字中参杂着大量的汉字，至今仍然使人感到日本文明难以离开中国而脱胎换骨。

由于假名文字的应用，当时日本"世尊寺"派的书法极为盛行。虽然该书法彰显了大和民族的特色，但是日本的书法艺术无论怎样的变化，都跳不出汉字独特艺术下的光环。

藤原道长时期，日本的建筑在长期模仿汉唐建筑艺术风格后，具有了一些日本特点的建筑风格，当时藤原道长建造的法成寺，便具有一定的代表性，可惜法成寺已不复存在。所幸的是，其子藤原赖通建造的阿弥陀堂还保留至今。该建筑作为历史遗产告诉我们，当时日本的建筑、绘画、雕刻等方面的工艺，是在汉唐建筑艺术的基础上才具有了自己的特点和艺术风格。如果非要找出日本建筑的特点，那就需要经过精心的观察比较后，才能够品味出日本独有的元素。

十九　世俗佛教与太上皇

贵族政治时代，地主豪门多了，土地兼并多了，大庄园主获得了更多的财物，人们开始追求安逸享乐的生活。受庄园经济的影响，佛教也出现了违背佛教理念的现象。有些僧侣认为，世界到了佛教的"末法时期"，开始逐渐走向末日，破戒和不遵守戒律的僧人逐渐增多。宗教信仰流于形式表面化，寺院开始世俗化。丧失了土地的农民和破落地主流落寺院，土豪和贵族也纷纷坠入佛门，甚至当时的豪门贵族及天皇也出家成了法皇，整个日本社会出现了一片衰败的景象。

佛教的理念，在这一时期彻底倒退了，尤其是寺院为了维护他们所拥有的庄园利益，直接动用武装起来的僧兵向政府示威游行，以便达到他们所诉求的目的。僧兵风起云涌参与他们经济利益的斗争必定会造成佛法衰亡，佛法衰亡将导致朝廷王法的灭亡。这种由佛教理念引发的乱象，在佛教的历史上堪称奇葩。

当时出家的贵族包括天皇并不受戒，他们不是真正地皈依了佛门，而是为了逃避失去权力的迷茫与空虚。有的在佛门中运用世俗的权利，随心所欲地尽情享乐。不仅如此，有些大贵族和天皇还极尽奢侈，大兴土木建造寺院，装修华丽的阿弥陀堂。仅天皇所造的佛像就有5400余尊，可见当时佛门的奢侈超出了世俗的享乐意识。他们在金光闪闪的佛像前点燃香火朗诵经文，在钟磬和木鱼的伴奏下与其说是信仰佛教，倒不如说是为了享受别墅一样的生活。来源于印度的佛教，在印度似乎没有出现佛教徒示威斗狠的现象。从中国传入日本的佛教，在中国南北朝时期虽然也有兴佛与废佛现象，但从来没有出现过佛法末日之说，更没有寺院佛门如此奢华之腐败。

世俗佛教在日本泛滥成灾，使一些具有正义感的高僧非常厌恶那种奢侈淫逸的生活，开始向往中国的佛教圣地。据《扶桑略记》中记载，公元928年，日本著名的兴福寺高僧宽建为了摆脱世俗佛教的影响，相约宽辅、澄觉、超会等僧人，乘中国民间商船登陆中国。当时中国已是五代十国纷争时期，他们在宽建的带领下拜访了五台山佛门圣地，并在中国寺院内交流诗歌书法。宽建死后，宽辅和澄觉在中国被分别授予弘顺大师和资化大师的称号，超会则一直留在中国成为著名的大师。

公元983年，圆融天皇时期，中国已进入北宋王朝。日本高僧奝然率六名弟子乘坐北宋王朝的商船到达了浙江，在台州官员的陪同下登上天台山拜访了国清寺，在扬州又拜访了鉴真大师曾经主持过的龙兴寺。然后北上洛阳观看了巧夺天工声势浩大的龙门石窟，并在洛阳巧遇了55年前来中国的著名大师超会，异国他乡的会见使他们感慨万千。当时超会已85岁高龄，由于长期在中国生活已经不能熟练地用日语与奝然交谈，只能靠汉语交流他们到中国后的经历和感慨。

奝然与超会大师分别后，便到北宋都城汴梁（开封）朝拜了大宋王朝的皇帝，向宋太宗赵炅敬献了日本编撰的《职员令》和记述日本历代统治者年号的《王年代纪》以及铜器等工艺品，宋太宗赵炅则赐予奝然紫衣并授予他为法济大师。奝然在中国得到了最高礼遇，他不仅参拜了京城汴梁大小寺院，还登上五台山叩拜了文殊菩萨。

公元986年，在中国生活了三年的奝然大师，将宋王朝印制的千余卷《大藏经》带回了日本，此事在日本佛教界引起了轰动并传为佳话。第二年，为了感谢大宋王朝的恩赐，奝然派弟子嘉因专程到汴梁朝拜宋太宗赵炅，在上表中称"伤麟入梦，不忘汉祖之恩"，并表示"纵粉百年之身，何报一日之惠"。同时献上了佛经、水晶念珠、琥珀、金砚、屏风等物品。

1004年，宋真宗赵恒召见了日本高僧寂昭并授予元道大师称号。从此元道大师长期留在中国，后在杭州吴门寺圆寂。宋神宗时期，赵顼还召见过日本高僧成寻，并授予成寻为善慧大师。此后善慧大师一直居住中国，在他71岁时圆寂于汴梁（开封）的开宝寺。

1072年，白河天皇继位。1086年，白河天皇为了彻底摆脱藤原家族的政治影响，将皇位让给年仅八岁的堀河天皇，自己则称"上皇"。所谓的上皇如同中国的"太上皇",但是又不同于中国无权无势的太上皇。上皇的目的是为了抛开外戚摄政的束缚,立在天皇之外谋求独立的权力,达到掣肘贵族摄政治理国家的目的。于是,日本朝廷便出现了一个奇特的政治制度,那就是以上皇的名义成立了"上皇院",即实施日本历史上特有的院政。所谓的院政,就等于在朝廷另立了一个政府机构,该机构由上皇派心腹贵族担任官员,以便重新掌握权力控制朝廷。然而这种一个天空出现两个太阳的做法,只是为了争权夺利。他们没有从国家兴衰存亡的现实中,深刻认识庄园经济和武士阶层的实质危害。也就是说,换汤不换药的宫廷变革,解决不了当时社会出现的尖锐复杂的矛盾。

确切地说,随着律令制度的松弛,天皇已没有了任何的权力,只是朝廷皇室的一个牌位而已,何能号令天下。当时新建的院政不仅没有阻止庄园贵族兼并土地的行为,也没有削弱宫廷藤原家族的影响。此时人与人维持的社会关系,不再靠政府机构和法律制度,而是靠家族与家族之间,个人与个人之间的私人关系。

天皇大权旁落,律令制度完全废止,导致社会无政府主义盛行。当时的尾张、近江、丹波(今京都府和兵库县)及但马(今兵库县北部)等地区的民众不再接受当地政府的管辖,他们与佛教徒一起游行示威,反抗庄园主增收的年贡,实质上就是失去了土地的农民与大寺院及贵族之间的斗争。在斗争中,这些失去了土地的平民百姓又被不同的贵族所利用,组成了不同贵族势力范围的武士团,成为大贵族们的武装力量。一时间,日本社会已成为豪门贵族争夺土地的舞台,尤其是一些寺院,一方面为了压制庄园民众的反抗,另一方面则对抗贵族阶层的巧取豪夺,同时还要向政府示威"强诉"以此维护寺院的利益。一些土豪劣绅为了更好地保护自己的既得利益,纷纷在朝廷找靠山建立利益关系以便狐假虎威。这种腐败的社会风气,从而加深了大贵族与天皇之间的利益斗争。

虽然当时日本经济已经衰退,但是经济繁荣的中国大宋王朝的绫罗丝绸、农副业产品、香料、瓷器、药材、茶叶,以及鹦鹉、孔雀、水牛、绵羊等物资和珍禽家畜源源不断地运往日本,不仅满足了日本贵族放荡奢侈糜烂的生活需求,还维系了日本社会的稳定。

二十　操纵皇室权力的武士

近卫天皇时期，武士阶层不仅遍布社会，而且还聚集在朝廷皇室担任侍从护卫。他们经常出入皇室和贵族之间并时常参与政治，是贵族与皇室之间权力斗争所倚重的力量。随着武士阶层越来越多地掌握朝廷皇室的权力，他们便逐渐地将自己神秘化，扮演着合法化的正义形象，蔑视朝廷腐朽的势力，憎恨利欲熏心的铜臭商人，并借助皇室贵族的势力狐假虎威，成为不可一世的影响朝廷权力的新生贵族。

1155年，年仅十七岁的近卫天皇病逝，他的父亲鸟羽法皇和他的兄长崇德上皇，为了争夺皇位引发了你死我活的斗争。鸟羽法皇主张小皇子雅仁亲王继位，而兄长崇德上皇则希望自己重新复位，或者让自己的儿子重仁亲王登基。当年崇德上皇即位了十八年便在鸟羽法皇的逼迫下，将皇位让给了弟弟近卫天皇，致使崇德上皇心怀不满伺机篡位。在这场错综复杂的朝廷内讧中，摄政的太政大臣藤原忠通支持鸟羽法皇的主张，而左大臣藤原赖长则支持崇德上皇。经过一番明争暗斗，雅仁亲王登上了皇位，即后白河天皇。

1156年7月，鸟羽法皇病逝，崇德上皇勾结左大臣藤原赖长，并聚集武士企图夺回皇位。结果政变的消息被后白河天皇得知，后白河天皇和太政大臣藤原忠通先下手为强，率领武士门将源义朝和平清盛乘风纵火，将崇德上皇的驻地白和殿团团围住。一时间大火弥漫，杀声四起，左大臣藤原赖长被乱箭射死，崇德上皇奋力杀出重围，跑到仁和寺剃发为僧，后来被流放郁郁寡欢凄惨而终。这就是日本历史上著名的"保元之乱"。

在这场宫廷斗争中，后白河天皇虽然取得了胜利，但没有摆布好为宫廷斗争立下汗马功劳的两个门将武士平清盛和源义朝。平清盛是8世纪著名桓武天皇的后裔，因此受到后白河天皇的厚爱，从此平步青云得到了天皇的重用，其势力范围不断地膨胀。然而出生于地方豪强的源义朝则遭到了冷落，从而引发了源义朝对天皇的不满。

1158年8月，后白河天皇将皇位让给了年仅十五岁的太子，即二条天皇。1159年12月，平清盛在朝拜熊野神宫的时候，源义朝趁机举兵囚禁了二条天皇，即日本历史上的"平治之乱"。平清盛得知后，迅速返回京都平定了叛乱。源义朝兵败后携子逃往东国，途中在尾张国滞留时被诛杀。其子源赖朝年仅十三岁，在平清盛继母的说情下免遭一死，被流放到了伊豆。后来这位大难不死的源赖朝，不仅推翻了平清盛的大贵族势力为家族报了仇，而且还在日本另立中央，首创了"镰仓幕府"，影响了日本社会发展几百年。源义朝的另一个儿子源义经由于未满周岁也幸免一死，被他人送到鞍马寺抚养，后来成为镰仓幕府的重要人物。

在这场惊心动魄的宫廷斗争中，我们体会到日本的宫廷政变不像中国那样斩草除根，嗜杀成性剿灭九族。当然日本宫廷中为了争夺利益，不择手段地排斥政敌打压异己，长时间削弱皇权架空天皇，甚至在政变中另立天皇也是非常残酷无情的。在日本的历史中，朝廷大贵族的权势再强大，也不敢推翻天皇制，取消天皇的遗传基因取而代之当天皇，只能是在皇亲国戚中，或者自家的血缘中扶植一个傀儡充当天皇。然而中国几千年的封建社会，无论是宫廷政变还是起义谋反，目的只有一个，那就是"皇帝轮流做，明年到我家"。

"平治之乱"后，以平清盛为代表的武士势力在朝廷更加得势。不久平清盛当上了太政大臣，然后拥立妻妹与后白河天皇生的儿子继位，即高仓天皇，并取代藤原家族势力掌握了京都大权。当时平氏家族中在朝廷有16人担任公卿，30余人为贵族。平清盛还将自己的女儿送入宫廷成为高仓天皇的中宫，生下了皇子言仁亲王，也就是后来三岁继位的安德天皇。历史又周而复始，平氏家族的势力也如同当

平清盛

年藤原家族的势力一样成为"辅佐"天皇的摄政王。

掌握了朝廷大权的平清盛，虽然是武士出身，但是面对东亚灿烂的中华文明，断然地废除了不准日本商船去宋王朝贸易的禁令，也就是废除了日本主动放弃了二百余年的半锁国式政策。为了扩大中日交往，太政大臣平清盛还专门在他的庄园接见了宋王朝的商人，并积极地倡导双边贸易。随后果断地开放了濑户内海，允许宋王朝的船只驶入日本腹地，依靠摄津的大轮田泊兵库港码头（今神户市）经商。

由于中国指南针的发明和造船技术的提高，中日往来不仅增强了安全系数，还扩大了经贸数额，缩短了航行的时间。当时两国官方各自拥有一只庞大的商船队伍，往返于中国大陆与日本列岛之间。其路线大都是宋王朝开辟的航线，主要是浙江的明州（宁波）港口，经过东海、黄海，然后到达日本沿海诸港口。为了贸易往来方便，平清盛还允许中国商人在日本港口建造房屋宅院以便通商。不仅如此，日本还在沿海建造了专门接待中国人的宾馆。另外，日本商船到中国海岸无论是出现了海难，还是遇到了麻烦都曾得到过宋王朝的帮助和救济。据《宋史·日本传》中记载，日本商船因遭受台风的摧毁暂时回不了国，宋朝官员不仅指派人员帮助修船还救济他们。当时的临安府（杭州）有时会出现很多日本难民，这些难民完全依靠宋王朝发放的钱粮度日。

福建泉州考古发掘的宋朝商船和随船出土的瓷器、手工业制品以及儒香、檀香、沉香及龙脑香，足以说明当时中日两国连绵不断地繁华贸易。该船船舱设计独特先进，整个大船共有13个密封的舱位，成排的隔舱板设计，既可以增加船舷的支撑力，又能够增加船侧位的抗压能力，还可以及时排除舱位漏水减少沉船的危险。由此可见，宋王朝的造船技术在当时已处于世界领先地位，并彰显了远洋航行的能力。

据日本《平氏物语》记载，主张开放政策的太政大臣平清盛，在对外贸易中也获得了巨大的利益，他所拥有的财产富可敌国。当时中国扬州的金银首饰，荆州的珠宝，吴郡的绫罗绸缎以及宋王朝的奇珍异宝，其府上应有尽有。不仅如此，平清盛在当时已拥有五百多个庄园，还获取了三十多个知行国的税收，可见平氏家族已成为控制朝廷的大贵族。其他官僚土豪之所以能够挥霍奢侈，都是与宋王朝经贸往来的结果。

由于宋王朝发明了活字印刷及印刷术的广泛运用，华夏文明又跃上了一个崭新的台阶。一些典籍、文学作品得到了重印发行，并广泛地影响着大宋王朝的社会生活。那些新版的史书、诗文、肖像画以及《大藏经》《太平御览》等佛家经典运到日本后，深受日本各界人士的喜爱。另外，自8世纪中国的茶叶传入日本，成为朝廷贵族招待贵客的上品后，至此宋王朝的饮茶文化才登上了列岛并风靡日本。

平清盛专权时期，日本出现了贵族文化与平民文化交融的现象，历史故事、长幅画卷、民间音乐都比较流行。此时日本已不再用汉字书写公文和历史文献，开始用假名文字，即日本文字书写公文及历史。由此，日本完全应用汉字的历史结束了。这期间，具有代表性的历史文学作品《大镜》和《荣华物语》的面世，说明日本文字在当时社会已极为盛行。日本之所以能够"山寨"了汉字，并能够广泛地普及和应用，充分体现了日本人的模仿和变通能力。

二十一　衰亡的平氏家族

1177年，高仓天皇时期，由于平氏家族长期霸权朝廷，使皇室和其他官僚贵族极为反感，从而引发了宫廷官僚贵族与平清盛家族的利益斗争。上皇近臣藤原成亲与僧人俊宽、藤原西光在京都郊外的鹿谷山庄聚会密谋政变，史称"鹿谷之谋"。结果计划泄露，被太政大臣平清盛逮捕关押。

1179年，后白河法皇也因密谋反对平清盛遭到了软禁。面对一波又一波的反抗势力，平清盛感到权力岌岌可危，于是便派出300多个少年密探监视京都内的反抗势力。一时间密探遍布京城，恐怖高压的政策不仅难以平定朝廷中的不满，反而促使反抗势力形成了联合同盟。

1180年，以源赖政为首的官僚贵族联合南都北岭寺院的僧侣，推举后白河法皇的皇子以仁王起兵讨伐平清盛，结果因组织不慎，反被太政大臣平清盛剿灭。但是以仁亲王发出的讨伐平清盛的檄文已广泛传开，令平清盛深感权力朝不保夕，于是便谋求迁都。同年6月，平清盛携带新拥立的年仅3岁的外孙安德天皇迁都福原（今神户市兵库区一带）。虽然平清盛迁都脱离了是非之地，但是解决不了平氏家族与朝廷贵族的矛盾斗争。此时，源氏家族的反叛势力已风起云涌。

同年8月，因"平治之乱"被流放到伊豆的源赖朝，便乘机在伊豆举兵复仇。此时的源赖朝三十三岁，完全不同于二十年前被流放时的少年形象。他身材魁梧，足智多谋，在武士阶层中很有威信。不久，源赖朝虽然在伊豆的韭山打败了判官山木兼隆，但是却在相模（神奈川县）石桥山的激战中，被平氏家族的大庭景亲率领大军击败。于是，源赖朝只好率领残兵败将退守到安房。尽管如此，关东地区的大大小小的武士集团却纷纷投靠源赖朝，使源氏势力迅速扩大，成为朝廷太政大臣平清盛的劲敌。不久，源赖朝占领了相模的镰仓，与平清盛的政府军形成对垒。

同年 10 月，源赖朝与平氏家族平维盛的大军在富士川会战，结果源赖朝大获全胜。平清盛在福原听到富士川战败的消息十分恐慌，为了挽回败局，平清盛率军返回京都，愚蠢地焚毁了兴福寺和东大寺。此时源赖朝的堂弟源义仲率领大军，已从本州中部的北陆道围攻京都，其他各地的武士也纷纷起兵夺取平氏家族的庄园。一时间，不可一世的平氏家族摇摇欲坠。

1181 年 2 月，平清盛在内外交困中病死京都。至此，以平清盛为代表的贵族势力逐渐退出了历史舞台。

1183 年 8 月，源义仲率大军攻克京都，残余的平氏家族便带着安德天皇逃到了西国。源义仲则在京都拥立了后鸟羽天皇。至此，日本出现了东西两个天皇。源义仲是一位缺乏政治头脑的武士，他认为软禁了新的天皇，就可以在京都作威作福，号令天下，成为挟天子令诸侯的一代枭雄。此时的京都由于战乱和灾荒粮食短缺，而源义仲的部队纪律松弛，抢男霸女劫掠扰民的现象不断发生，致使官僚贵族和京都百姓极为不满。由此，后白河法皇与后鸟羽天皇密谋，请源赖朝进京对抗源义仲，以便鹬蚌相争渔翁得利。然而源赖朝没有按照后鸟羽天皇的要求率兵前往，只是派同父异母的弟弟源义经率军西征。此人就是当年在"平治之乱"中不满周岁，被寺院抱养免遭一死的源义经。如此安排后，源赖朝继续留在镰仓巩固根据地指挥统一战争。

1184 年 1 月，年仅二十岁的源义经率大军一路西征，在京都围攻企图称王的源义仲，并在近江的粟津将源义仲击杀。虽然天皇没有达到渔翁得利的目的，但是却平定了源义仲的不义之师。此时年轻有为已控制京都的源义经，并没有滞留京都贪图享乐，而是在后鸟羽天皇的旨令下追缴残余的平氏家族。于是，源义经便名正言顺地率领大军征伐平清盛家族的残余势力。在经过摄津一谷和赞岐屋岛（香川县北部海上岛屿）的两次会战中，平氏家族的残余势力受到了重创。

1185 年 3 月，源义经指挥水军在长门的坛浦，即下关海峡将平清盛的残余势力全部剿灭。平清盛的夫人拥抱着年仅八岁的安德天皇和象征着天皇神位的传世之宝铜镜、勾玉及宝剑投海身亡。据说因勾玉和铜镜装在箱子里漂浮后被人捞起，宝剑则沉于大海一去而不复返。自此之后，天皇登基典礼时，便缺少了一件神器宝剑。

二十二　主宰日本的镰仓幕府

源赖朝

源赖朝在富士川战役中，重创了平清盛的政府军后，并没有率大军围攻京都，而是在军事要地镰仓建立起临时驻守的大本营"幕府"。这个专为军事目的而设的大本营，成为后来主宰日本的镰仓幕府。换言之，从源赖朝开始，日本进入了军人"武家政治"的时代。以后的天皇基本上都退到了幕后，包括明治天皇也没有实权，成为靠边站的神道牌位与摆设，或者是成为了实用主义者的挡箭牌。

源赖朝的武家政治

镰仓幕府中的大将军源赖朝，既有政治上的深谋远虑，又有平定天下的军事韬略。相比之下，其同父异母的弟弟源义经却相形见绌。源义经在讨伐平定了源义仲和平氏家族后，得到了后鸟羽天皇的宠爱，并封官加爵留在了天皇身边乐不思蜀。源义经的所作所为引起了源赖朝的不满，认为源义经不经过镰仓幕府的认可，居然接受天皇的封爵就是对他的背叛。此时后白河上皇企图在他们之间制造矛盾，让源义经攻打源赖朝以便掌握失去的权威。面对镰仓幕府源赖朝的不满和后白河上皇的图谋，政治上不够成熟的源义经，既不敢回到镰仓幕府，又不敢留在京都天皇的身边成为后白河上皇阴谋的牺牲品。经过权衡利弊，源义经不得不带着少数亲信随从，潜逃到奥州大豪族藤原秀衡的门下以求庇护。

在这场政治斗争中，本来就对源义经有所提防的源赖朝感到时机已到，于是便派幕僚他的岳父北条时政前往京都拜见天皇。北条时政的到来，使后白河上皇弄巧成拙的阴谋不攻自破。朝廷皇室自感理亏尴尬无奈，不得不旨令逮捕源义经。源赖朝这种挟天子令诸侯的做法，倒像是中国东汉末年的曹操。由此可见，源赖朝在当时日本是一位名副其实的政治家，即使是拥有显赫战功同父异母的弟弟，也不能饶恕其背叛行为，何况是一般的属下。这件事的处理，使他的幕僚们看到了源赖朝的雄才大略，认为他不仅是统一日本的英雄，而且还是一位能够操纵皇室权威的枭雄。

掌控了朝廷皇室后，源赖朝便以追捕源义经以及其他残余势力为借口，迫使后白河上皇承认镰仓幕府所设的三大机构并诏令天下，即统帅军事力量的"侍所"，处理行政事务的"公文所"，以及具有司法权力的"问注所"。

不仅如此，源赖朝还逼迫后白河上皇承认镰仓幕府所设的"守护"和"地头"等军事和行政机构。所谓的"守护"，就是维护镰仓幕府统治的警察机构。起初的守护，只是负责追捕叛逆分子，具有军事上的指挥权，后来又赋予了执法职能，担任地方治安工作和警备任务。不过在重要职位的安排上，都是由源赖朝的家人和亲信担任。所谓的"地头"，就是直接管理土地和庄园的官员，一般情况下都是由地方有威望的人担任。他们必须忠诚于镰仓幕府才能够得到相应的报酬。其具体任务便是管理土地、收取租税、筹集军粮等等，是镰仓幕府维护政权的基础。总之，源赖朝通过后白河上皇院政的旨令，将镰仓幕府的所作所为合法化，然后便名正言顺地号令天下了。

都是武士出身，都干出了一番事业，但源赖朝的幕府政治却与平清盛的武士势力有着本质的区别。源赖朝以他非凡的统帅能力和高超的政治手腕，拥有众多军事力量的领主及武士阶层，建立起独立的幕府统治机构。二十年前的平清盛则不然，他只不过是靠天皇的信任和家族的影响力，篡夺了朝廷大权而已。在长达十年的征战中，源赖朝的部队得到了充分地锻炼，并具有了所向披靡的战斗力。当时源赖朝的军事机构已遍布日本每个省和郡乡，不仅对平清盛的残余势力进行清剿，而且还威慑镇压了新的反叛势力。尤其是京都的守卫，也换上了源赖朝的亲信担任，这就完全地掌控了全国的警备大权。

与此同时，源赖朝还重用了皇室朝廷中亲近镰仓幕府的公卿大臣。担任朝廷右大臣的九条兼实被推举为摄政，同时将在京都担任下级官吏的大江广元、三善康信、中原亲能等人委以重任。这些经验丰富才华横溢的基层官吏得到了源赖朝的重用后，便死心塌地为镰仓幕府效力。源赖朝不仅控制了国家的政治权力，还获得了许多土地管理权和税收权。

虽然源赖朝的镰仓幕府另立了中央，但是他仍然尊重京都天皇，尤其是上皇院政的权利和利益。也就是说对待朝廷皇室，源赖朝的镰仓幕府与以往朝廷的贵族政治没有本质上的区别，他们都是拥权做大将朝廷皇室置之一边。有所不同的是，镰仓幕府所得到的利益只不过是从平清盛家族没收来的领地和权利，以及从反叛分子手里夺来的庄园。然而贵族政治则不同，他们凌驾于天皇之上狐假虎威大鱼吃小鱼。虽然源赖朝控制了天皇，但并没有废除天皇和皇室的院政。

1189年，手握重兵的源赖朝命令奥州的藤原泰衡除掉他所窝藏的叛逆源义经，不久又找借口捕杀了藤原泰衡。至此，反对平氏家族引发的十年战乱就此结束。

1190年，所有的反叛势力都被镰仓幕府平定后，源赖朝才到京都拜见上皇和天皇。此时天皇任命他为权大纳言右近卫大将，但源赖朝并不满足天皇赐予他的职权。1192年，后白河上皇死去。源赖朝由"关东御分国"的知行国，当上了渴望已久的征夷大将军，从而得到了他梦寐以求的天朝天皇赋予的最高军事指挥权。

如果说天皇的律令制和勾心斗角篡权的官僚贵族是一元化政治，那么镰仓幕府即保留了天皇的权力和利益又独立地另立了中央，就是当时日本社会不可否认的二元政治。这是源赖朝独创的政治体系，也是日本历史所具有的特点，贵族也好，武士也罢。他们无论是篡夺了天皇的权力或者是另立了天皇，还是建立起幕府都不能推翻神圣的天皇制。不仅不能推翻天皇制，还要充分地利用天皇，以天皇的名义使自己得到更多的利益并将其合法化，以便维护手中的权力。

幕府动乱与承久政变

从表面上看，镰仓幕府所奉行的二元政治，源赖朝拥有一人之下万人之上的权威，但实质上握有重兵的源赖朝其权力超过了天皇。天皇的权力只不过是宫廷皇室的圈子内，而源赖朝的权力则是号令天下。只要是镰仓幕府需要，天皇便会乖乖地听从源赖朝的指挥。不需要时，天皇似乎还能够行使其御内的权限。不过，源赖朝的二元政治潜伏着天皇重新执政的机会。从古至今，衡量政治家的业绩不是他的职称地位，而是能够平天下得以治国，使民众安居乐业。毫无疑问，源赖朝做到了这一点。

1199年，年仅53岁的源赖朝突然不幸病逝，致使镰仓幕府出现了权力真空，他的岳父北条时政拥有实权。他运用手中的权力，通过执权体制，并借助女儿北条政子（源赖朝之妻）篡夺了权力。不过，掌握了镰仓幕府大权的北条时政与儿子北条义时，遭到了源赖朝的部下比企能员、田义盛等幕府官僚和源氏家族的抵制。此时的北条时政，不仅要打压源赖朝的遗留重臣，还要采取两面派的手法支持源赖朝的嫡亲。在这场幕府流血的冲突中，追随源赖朝的重臣几乎都被北条时政镇压。

1203年，北条时政为了缓和幕府中的尖锐矛盾，让源赖朝的次子源实朝任第三代大将军。源实朝上任后为了巩固权力，一方面加强了与天皇的联系，另一方面则暗中阻止北条家族与朝廷的接触，从而引起了北条时政和北条义时父子俩的不满。

1219年，北条义时唆使源赖朝的孙子源公晓谋杀了第三代大将军源实朝。随后，北条义时又以谋杀大将军的罪名将源公晓置于死地。经过此番的争权夺利，最终北条家族掌握了镰仓幕府的大权。

北条时政

在镰仓幕府的内讧中，后鸟羽天皇将皇位让给了儿子，即土御门天皇，自己成为了上皇。为了重振朝廷皇室的权威，后鸟羽上皇又将皇权交给了三子守成亲王，即顺德天皇。这期间，由于镰仓幕府的内讧及地方武士集团的叛乱，幕府的势力已被削弱。于是，崇尚武力的后鸟羽上皇认为，这是平定镰仓幕府的大好时机。为了不露声色，退一步进两步，他一面拒绝镰仓幕府让皇子担任大将军的建议，一面秘密组织南都北岭的僧兵和皇家领地及庄园中武士，准备举兵讨伐镰仓幕府。后鸟羽上皇在做了充分的准备之后，便寻找借口要求镰仓幕府取消对他的爱妾龟菊庄园的控制。握有幕府大权的北条义时洞察了形势，不仅拒绝了后鸟羽上皇的要求，还确立了具有源赖朝的血统，年仅两岁的贵族之子担当大将军。这就等于可以继续篡夺源赖朝家族的大权，进而继续控制天皇，号令镰仓幕府。

1221年4月，后鸟羽上皇与顺德天皇密谋剿灭镰仓幕府，便向全国发布了讨伐北条义时的旨令。后鸟羽上皇单纯地认为，只要他的讨伐令一旦发出，皇家势力和某些武士集团便会积极响应，届时天皇的大军便会轻而易举推翻镰仓幕府。遗憾的是，后鸟羽上皇想得太过天真了，他的院政大臣也同他一样错误估计了形势。北条义时虽然没有像源赖朝那样出身权贵，但他的家族也是伊豆当地著名的小领主，是靠自己的力量建立起武装然后投靠镰仓幕府的。在源赖朝死后二十余年的幕府内讧中，北条义时积累了丰富的宫廷斗争经验和指挥部队的军事才能，而且已经牢固地掌控了镰仓幕府的大权。

当北条义时得知后鸟羽上皇旨令讨伐他时，他并没有在镰仓幕府坐以待毙，而是同源赖朝的遗孀自己的亲姐姐北条政子商议，决定先发制人，派大军进攻京都。由此可见，北条义时政治上的洞察力，军事上的雄才大略也是可圈可点的。当时除了南都北岭的僧兵和极少数听从天皇指挥的武士集团外，后鸟羽上皇再也没有可调动的防御力量，其他地方也没有出现响应天皇旨令的势力。当北条义时的儿子泰时率领的20万幕府大军，兵分三路从东海、东山、北路一直杀向京都时，不堪一击的僧兵和忠于天皇的武士们即被消灭，这就是日本历史上所说的"承久之乱"。

此次政变结束后，镰仓幕府将后鸟羽上皇和顺德天皇流放到隐岐岛，同时废黜了年仅四岁的仲恭天皇，然后重新立茂仁王为天皇，即后堀河天皇。随后北条义时在京城设立了监督天皇及贵族的"探题"机构，并由北条泰时担任大臣，从此皇位的继承人必须由镰仓幕府的认可方能继位。不仅如此，北条义时还将皇室的 3000 多处庄园，以及忠于天皇的贵族、武士、僧侣们的领地收为己有，此时的天皇完全变成了无任何实权的傀儡。当年源赖朝的镰仓幕府与朝廷皇室还保留着彼此尊重的二元政治，那么北条义时的镰仓幕府却抛开了朝廷皇室，成为独霸天下的一元政治。

1224 年，不可一世的北条义时死后，他的儿子北条泰时执掌了幕府大权。青出于蓝而胜于蓝的泰时，一上任便任命了十几个有政治实力的亲信为"评定众"，帮助他执掌大权。1232 年，为了进一步巩固对镰仓幕府的统治，在泰时的主张下又搞了一部《御成败式目》法典。这是泰时执政期间的著名政绩，该法典在思想上具有先进性，在人与神的关系上阐述得十分精辟。他认为"神由人的虔诚而敬畏，人由神的恩德而走运"这种神与人的利益关系互补双赢的理念得到了人们的认可，尤其为新兴的武家政治的崛起奠定了思想基础。

法典要求信徒必须崇拜佛教，禁止寺院贪图钱财，并重申幕府官员的职责权限，对其领地庄园的继承和转让以及民事和刑事的诉讼，都做了明确的法律规定。法典还郑重宣布，女子同男子一样具有对领地的继承权，没有儿子的妇女可以让养子继承领地。妻妾即使离婚不再嫁人，只要是没有犯罪，丈夫不得收回其财物和领地。这在以前皇家的律令政治中是没有的，不能不说该条款具有民主的先进性。

律令政治虽然是从中国舶来的，但是在中国的封建意识中，女人不仅没有地位更谈不上继承权。仅从此法典中看，日本主张的男女平等要比中国进步几百年。《御成败式目》虽然是维护镰仓幕府执政的法律，但是天皇手下的朝廷已经丧失了执政能力，所以该法典也就成为了当时全日本的执法依据。换言之，镰仓幕府所建立的政治体系，得到了广大民众的认可。

二十三　镰仓幕府的中国元素

镰仓幕府时期，正是中国南宋王朝的前期。此时大宋王朝盛行的禅宗佛教和程朱理学，对镰仓幕府的执政理念产生了深远的影响。由于日本受贵族政治及庄园经济的影响，其佛教开始颓废并世俗化，这就促使当时日本一些正直的佛教徒，开始更新并寻找创立新的佛教理念。于是，日本佛教界便出现了真宗、净土宗、禅宗、日莲宗等一些新教派。

盛行的新教派为日本社会注入了新的活力，这其中最有影响力的便是从中国南宋王朝传入的禅宗。禅宗始创于中国南北朝时期的菩提达摩，后来这种坐禅修行的方式得到了佛教界的广泛认可并传承。唐王朝时期禅宗就传入了日本，但未能得到日本佛教界的广泛认可。据史料记载，平安京时代末期与镰仓幕府初期，日本著名的寺院有80多位大师前往南宋王朝取经，其中最为著名的僧侣荣西就是其中的一员。荣西学满归国后，不仅大力传播禅宗教义，还根据禅宗教义的佛法理念著述了《兴禅护国论》。荣西所主张的禅宗教义，有利于镰仓幕府的二元政治发展，因而得到了镰仓幕府的赞赏与认可，并在佛教界确定了禅宗的主导地位。

镰仓幕府为了弘扬禅宗教义，大力支持荣西大师并在京都建造了永平寺和建仁寺。不仅如此，在中国有着广泛影响和声望的禅宗大师蓝溪道隆到达日本后，幕府和荣西大师为了弘扬禅宗教义，为篮溪道隆单独建立了禅宗寺庙，并将蓝溪道隆尊为日本禅宗派的祖师爷。从此，禅宗在日本得到了广泛认可与传播。当时镰仓幕府中的幕僚及社会上的一些武士都热心于禅宗教义，有的甚至削发坐禅。由于镰仓幕府的支持，禅宗教义得以迅速发展与推广，幕府也因此而掌控了宗教的领导权。

随着禅宗教义的传入，宋王朝时期的程朱理学也传到了日本。程朱理学是北宋理学家程颢和程颐及南宋理学家朱熹哲学思想的合称。程颢和程颐合著的《河南程氏遗书》中认为："理无处不在，不生不灭，是世界的本源，是社会生活的准则。"程颢和程颐主张"去人欲，存天理"的人性论，并将其哲学观点系统化。朱熹继承发

永平寺

扬了程颢和程颐的哲学思想，认为太极是宇宙的本体，包含了理和气。太极的"理"综合了万物所有的理，是超越时空至善至美的"理"。朱熹认为人性有"天命之性"和"气质之性"，"天命之性"来源于太极之理，是善的本源，具有绝对性；"气质之性"则有清浊之分和善恶之别，应用到儒学"三纲五常"中便是理的流行，即"去人欲，存天理"自觉地遵守封建道德。程朱理学将儒家的社会意识，民族伦理道德，以及个人的信仰和理念系统化，从而为抑制皇权尊重民权提供了理论依据。

由于程朱理学受到大宋王朝和日本镰仓幕府的推崇，标志着程朱理学已发展到了炉火纯青的成熟阶段。镰仓幕府尊重天皇制的二元政治，以及日本有史以来天皇家族制不可改变的意志与程朱理学的哲学思想相吻合，是程朱理学得以在日本安家落户的主要因素。日本经过贵族官僚的庄园经济，导致律令政治衰亡皇权旁落的现实，以儒家思想形成的意识形态也随之出现了真空。换言之，信仰危机时需要新的政治理念取而代之，恰巧程朱理学的引进，恰好填补了日本意识形态领域的空白。当时日本的禅僧在程朱理学方面造诣很深，为日本普及程朱理学起到了教授的作用。

程朱理学自宋王朝至清王朝，是历代统治者倡导的主导思想，是规范人们日常言行和是非尺度的精神食粮。程朱理学促进了人们的意识思维，使人们知书达礼，陶冶了情操，维护了社会稳定，并推动了社会的发展与进步。镰仓幕府的武家政治之所以能够在日本延续几百年，这其中程朱理学的积极影响作用不能小觑。

由于受程朱理学的影响，当时日本的天台宗座主（总管长）慈圆撰写的历史著作《愚管抄》，就是以程朱理学的思想观念看待日本历史演变的，并从程朱理学的立场评论阐述了日本的历史。此书也是日本第一部用哲学思想阐述历史的著作，它奠定了日本唯心主义史学的基础，在日本史学的历史上有着深远的影响。

镰仓幕府时期，具有新兴思想的武家"和歌"也充满了活力，其中的代表作《新古今集》中的流利歌词和巧妙构思，不仅继承发展了《古今集》的歌风，而且还体现了镰仓幕府时代的特征。当时代表皇室贵族文学的《古事谈》《古今著闻集》《水镜》《今镜》等作品，都不如新兴的武家战争小说《保元物语》《平家物语》《源平盛衰记》，后者更具有艺术境界和先进的国民性，尤其是《平家物语》描写的市井生活，是日本文学作品涉猎底层的奠基作。此时的绘画也具有国民的美术性，其中《平治会战绘卷》和《鉴真和尚东征绘传》都是当时的优秀代表作。由于受大宋王朝苍劲书法的影响，日本开始盛行"宋风"，从而成就了"青莲院流"即"御家流"的风格。

镰仓幕府时期的建筑风格除了沿袭以前的风格外，在大型建筑上开始引进宋代插肘木和七组斗拱的"天竺"风格。为了保障大型建筑的质量和风格，幕府还专门从宋王朝招揽工人到日本施工。另外，还有禅宗伽蓝从宋代引进的唐式风格。这种风格主要体现在寺庙的三门、佛殿、法堂以及方丈都位于一条直线上，其左右则建筑的是钟楼和藏经楼。

日本陶瓷经营商加藤四郎，也是在镰仓幕府时期奔赴南宋王朝的。他在南宋王朝历时多年学习制陶工艺，回国后在山甲郡濑户村建立起日本第一座瓷器烧制窑。从此日本有了自己的瓷器工艺厂，加藤四郎也就成为日本陶瓷制造业的鼻祖，现在濑户还为加藤四郎树立了纪念碑。

据史记载，11世纪后期至13世纪，镰仓幕府与大宋王朝的民间贸易十分火热。其主要表现在大宋王朝的铜钱已成为日本的硬通货币，基本上充斥了日本市场，在日本列岛广泛地使用。由此可见，日本对中华文明的依赖程度之大。由于大量的铜钱流落到日本，南宋王朝便出现了"钱荒"的现象，朝廷不得不下令限制铜钱外流。

当时南宋的陶瓷、丝绸、茶叶、砂糖、香料、药品等轻工业品源源不断地运往日本，即使在南宋王朝灭亡后的元王朝时期，镰仓幕府与元王朝的民间贸易仍然十分频繁。中国的经卷、书籍、茶具、绘画等等，仍然是日本的上品。

中国宋王朝在中国历史上虽然是一个地盘比较小的王朝，但是其繁荣的经济已走在世界的前列。据史料记载，当时都城汴梁（开封）居住着约有26万户，170万人口，是当时世界最大的城市。各国商贾云集，其繁荣的景象如同现在的国际大都市。著名的《清明上河图》就足以说明宋王朝的繁荣与辉煌，所以说镰仓幕府无论在意识形态，还是在经贸往来上都受到了宋王朝的影响，这是一个不争的事实。

虽然宋王朝的商品经济极为发达，但最终还是被北方的少数民族政权所吞并。其主要原因就是，发达的商品经济导致了社会的奢侈和腐败。正像后人评价的那样，宋王朝是经济上的巨人，政治上的矮子，军事上的懦夫。

另外，历史还告诉我们，宋王朝以前的中国正史记载，都把日本的历史放在了《蛮夷传》中，也就是说宋王朝以前的中国，都把日本列岛看成是蛮荒不发达的原始地带，即使他们已经是一个比较强大的国家，但中国的正史中也从来不予以承认。那么怎么会在中国的正史中出现《宋史·日本传》呢？其原因是宋朝的历史是由元王朝撰写的，元王朝的蒙古人本身就是中国以前正史中的"蛮夷"，所以蒙古人不允许在撰写宋史时出现矮化周边称呼的现象。由此，在元王朝的政治意识影响下，中国的正史中不再称日本为"蛮夷"。

二十四　击败忽必烈的进攻

1259年，蒙古帝国迫使朝鲜半岛的高丽王朝投降后，便与日本隔海相望。此时的南宋王朝还没有被蒙古帝国吞并，也就是说忽必烈还没有建立元王朝。不过，此时的蒙古帝国已将日本纳入征服的视野中。1264年，忽必烈为了吞并南宋王朝，将都城迁到大都（北京），史称元元年。此时，熟知忽必烈战略意图的大臣赵邛上书说，日本自汉唐以来久通中国，可以派遣使臣与其通好。于是，元王朝与日本展开了攻防的战争。

"文水之役"台风溃敌

1266年，忽必烈派遣兵部侍郎郎赫德和礼部侍郎殷弘出使日本。当使臣登上巨济岛后，因风大浪急未能出海，便放弃了赴日的行程。随后，忽必烈旨令郎赫德将国书送给半岛高丽王国，让高丽国王派使臣送至日本。

1268年正月，高丽使臣薛皋将忽必烈的国书送到日本的大宰府（九州福冈），使臣接到国书便迅速送往镰仓幕府。握有镰仓幕府实权的北条时宗将国书转送给京都龟山天皇，随后便开始积极备战。此时，北条时宗虽然年仅18岁，但却是一位足智多谋，具有雄才大略的人物。在他掌握实权期间，废除了多人参

北条时宗

政的"评议众"制度，成为大权独揽的强硬派。由于他极力主张抗战，为阻止元军的进攻起到了决定性作用。同年5月，龟山天皇便以忽必烈的国书"言辞无理，不能接受"为由予以退回。忽必烈在得知日本拒绝臣服通好的国书后，便再次令使臣郎赫德出使日本。

1269年初，郎赫德在高丽使臣的陪同下到达了对马岛，日本守军仍然拒绝使臣登陆。郎赫德在万般无奈束手无策的情况下，将日本守岛的两位士卒强行虏获回国。忽必烈为了让日本臣服，热情地招待了日本士卒，并派人陪同参观了都城（北京）。然后让两名士卒带元书一封回国。镰仓幕府和天皇见到元书以后，不屑一顾地置之不理。

1271年（文永8年）12月，忽必烈不见日本的回信十分恼火，于是派赵良弼为信使率20余人赴日本。翌年，忽必烈改国号为大元。此时忽必烈才决心用武力征服日本，随后特派忽麻林和王国昌率一支元军驻扎在信使的出发地金州，以此为赵良弼助威。赵良弼到达博多湾西部的今津港，次日便与大宰府守护藤原经资会见。会见中，藤原经资拒绝了赵良弼见天皇的要求，只是将国书迅速转交镰仓幕府。此次国书虽然很温和，但是在金州驻守的元军却对日本起到了威慑的作用。镰仓幕府令大宰府守护将赵良弼送至对马岛，并派一位普通官员率十几人前往大元帝国。忽必烈得知日本使臣到达京都后，却效仿日本天皇拒绝会见元朝使臣的做法，也借口拒绝会见日本使臣。这种互相妄自尊大的虚荣使双方加深了误解，尤其是北条时宗年轻气盛，目空一切以及桀骜不驯的性格，必定会导致两国的对立和战争。

1273年3月，使臣赵良弼再次登上对马岛至大宰府要求面见天皇。幕府再一次拒绝了使臣赵良弼的要求，并将赵良弼逐出日本。这种拒绝，对于横扫欧亚大陆的蒙古大汗而言简直是一种屈辱，忽必烈绝不会让一个区区的岛国如此无理。换言之，忽必烈未与日本交战便出现了轻敌的思想。

1274年8月，元帝国在没有征服南宋王朝的情况下，便派征东元帅忻都，右帅洪茶丘和左副帅刘复亨率领3.2万人，分乘900余艘大小战舰进攻日本。同年10月3日，元朝大军从高丽王国的合埔（今韩国镇海湾马山埔）出发。10月5日，元军登上对马岛将日本守军歼灭。10月14日，元军登陆壹岐岛，日守军左卫门尉平经高率部迎战元军，结果会战不利退守城内，经过一夜的激战后元军破城。10月16日，元朝大军进攻至肥前沿海岛屿及西北沿海一带。此时大宰府守护藤原经资才接到对马岛失守的战报，他一边派人报告镰仓幕府，一边积极部署防御。此时元军并没有在肥前登陆，而是把主力转向了博多湾。10月19日，元军进攻博多湾将日守军击溃，由于地形不熟没有乘胜追击迅速展开作战，而是于当晚退守在舰船上准备次日进攻大宰府。10月20日清晨，一部元军从博多湾西部百道源滨海一带登陆。愚蠢的日守军指挥藤原景资，在元军登陆站稳脚跟后才下令与元军厮杀，这种战术与元军一接触便横尸遍野，于是，元朝大军便迅速地推进到了鹿原。另一部元军则攻入百道源的赤坂，日军的后续部队拼死争夺赤坂，元军被迫放弃赤坂向鹿原方向靠拢。鹿原和鸟饲一带的元军继续登陆扩大滩头阵地，日本北九州的武士军团也纷纷投入战场与元军激战。此时，从博多湾东部箱崎登陆的元军占领了岸边的松林，从背后袭击百道源的日军。日军在元军的强势攻击下被迫向大宰府撤退，博多湾箱崎等地先后被元军占领。

虽然元军取得了胜利，但左副帅刘复亨在混战中重伤，部队损失惨重。此时日军的骑兵不断增援，主帅忻都搞不清日军有多少后备力量，不敢贸然纵深作战，便将部队撤到船上准备翌日再战。然而天有不测风云，就在当天晚上博多湾出现了罕见的台风。在台风的袭击下，停泊在海上的元军舰船互相碰撞掀翻海底，落入海水中的元军在黑暗中惊恐万状，无法相救死伤过半，剩下的残兵败将狼狈不堪地撤回朝鲜半岛。次日清晨日军列阵准备元军进攻，然而密探报告元军已被台风卷走。日军大喜过望，认为是天降"神风"将元军袭没。此战正是后宇多天皇文水十一年，故此日本称这次战役为"文水之役"。

"弘安之役"击败元军

"文水之役"后，镰仓幕府吸取了经验教训，北条时宗重整了军备，加强了防守。在博多湾沿岸建起了石坝，该坝东起箱崎、西至今津，高六尺，宽一丈，延绵二十余公里。

元军撤回半岛后，本应该吸取进攻日本的经验教训以便再战。然而主帅忻都却隐瞒了因台风惨败的事实，并谎报日军受到了重创会臣服大元帝国。忽必烈轻信了忻都的奏折，不仅没有追究忻都的责任，反而再派礼部侍郎杜世忠出使日本。不幸的是，残忍暴虐的北条时宗既不接受国书，也不考虑战略后果，便下令将杜世忠一行30余人斩首，只将高丽王国的船员放回。

1279年，南宋灭亡，元王朝统一了中国，忽必烈这才腾出手来注重日本。此时南宋降将范文虎奏请忽必烈，允许以个人的名义致信日本说服其投降。同年8月，使臣周福到日本后又被镰仓幕府斩杀。至此，靠信使征服日本的战略完全失败。于是，忽必烈决心派大军第二次东征日本。

1280年，元王朝将俘获的南宋10万降兵，3500艘战舰组成江南军，该军由范文虎统帅准备从庆元（浙江宁波）跨海东征日本。另外，将忻都统领的1.2万蒙古军，高丽王国金方庆统领的2.5万高丽军，新招募的洪茶丘统领的3000东北兵，共计4万余人，战舰900余艘，组成东路军准备从半岛渡海登陆征服日本。

1281年，忽必烈任命阿剌罕为两路大军总指挥。同年5月3日，元朝东路大军攻克了对马岛和大明浦。5月26日，攻克壹岐岛。在攻克壹岐岛后，本应该按照预先计划与范文虎的江南大军汇合再进攻日本。然而忻都为了夺得战功求战心切，竟然放弃与江南水路大军会师的计划，擅自率东路大军进攻博多湾大宰府。此时，守卫博多湾石坝阵地的日军总指挥仍然是藤原经资。忻都率领的元军主力驶入博多湾后才发现，滩头筑有石坝难以攻取，后经侦查发现，志贺岛和能古岛防御薄弱，便准备由此强攻。6月6日，元军还没有进攻，日军便在夜幕的掩护下，派两艘小艇偷袭元军的舰队，致使元军未战便乱了阵脚。6月7日清晨，洪茶丘率先占领了志贺岛，准备在海水退潮时通过海滩直接攻取博多湾。为了争夺博多湾的滩头阵地志贺岛，日军与元军展开了激战。经过三天鏖战，元军损失1000余人丢掉了志贺岛。此时元军后勤供应不足，士兵水土不服并染上了疾病，使3000余人丧失了战斗力。事已至此，忻都才决定撤离志贺岛退回壹岐岛，准备与范文虎率的江南大军会师。

在这期间，统领两路大军的主帅阿剌罕病死，忽必烈重新任命了阿塔海为两路大军主帅，并根据博多湾难以攻取的事实改变计划，要求两路大军在平户岛会师，攻取鹰岛后再全力进攻日本。6月18日，由于范文虎派出了先遣队，江南大军不宜久等，在阿塔海未到任的情况下，范文虎便命令江南大军出征。换言之，元朝的两路大军，在没有会师前便失去了统帅。

江南大军与东路大军在平户岛会师后，由于军中缺少统帅，各路主帅矛盾重重，迟疑不决，从而贻误了进攻的战机。7月27日，元军向鹰岛（长崎县松浦市）集结，途中遭到了日军舰队的袭击，经过一昼夜的激战日军撤退。此时正是台风季节，天空阴云密布台风呼啸而来。潮水汹涌，狂涛拍岸，裂石崩山。元军缺乏远洋常识，见到如此惊涛骇浪的台风不知所措。缺乏统帅的元军在海上迟疑漂泊了一天，最终各舰队摇荡无阻，任由台风肆虐，舰船瞬间被台风掀翻，士卒落水溺亡过半。江南军主帅范文虎抱一块船板幸免遇难，随后被部属张僖救起。张僖向范文虎建议，江南大军尚有一半存活，已无退路，应强行登陆以战求生。然而范文虎不听劝告，收集残兵败将班师回国。此时，忻都的东路大军也无心恋战撤回朝鲜，遗留在各岛上的3万余元军，除少数被俘虏外全部战死。这就是日本史称的"弘安之役"。

胜败论短长

忽必烈两次对日战争，失败的原因纵然很多，但主要有以下三点。

首先，轻敌妄动。其表现是长期的陆战思想贯穿于海战中。成吉思汗纵横欧亚建立起蒙古大帝国，没有经过一次海战，海战不仅是元军的弱点，也是元王朝惨败的起点。忽必烈占领了朝鲜半岛后，也深知元军海战的弱点，面对日本望洋兴叹。他曾试图以"上兵伐谋"的战略，促使日本屈服，但是经过三番五次的派使臣至国书，不能起到威胁恫吓的作用，便轻率地出兵攻打岛国日本，这本身就包含了怒而伐兵，不知己、不知彼的大忌。两次海战进攻日本，都惨败在狂暴肆虐的台风上，显然不识海战是失败的主要原因。

其次，指挥失利。主帅忻都在率元军第一次攻打日本博多湾时，在已经占领了滩头阵地后，不及时扩大战果攻取大宰府，反而顾虑重重，退守海上驻守舰船留取后路，结果被狂风大浪吞噬，不战败归。忻都率残兵败将回到半岛后，不仅不总结经验教训，还隐瞒了失败的原因。第二次攻打日本时，忻都在没有与江南大军会师之前，便急于建功主动进攻，以致被日军分割剿杀，各个击破。另外，两路大军没有统帅，虽然避其锋芒改变计划能够在平户岛会师，但因缺乏统帅，迟疑不决，行动缓慢，最终还是被台风肆虐损失惨重，战败而归，尤其是拥有10万大军的主帅范文虎，眼高手低，懦弱无能，贪生怕死，最终将主力葬送。

三是，战略失误。攻取南宋王朝的同时攻取日本，是战略上的重大失误。况且，孤悬海上的日本已是东亚强国，其地理位置又易守难攻，岂有不败之理？元军第二次对日战争，仍然是在征服东南半岛的同时进攻日本，这种同时对多国用兵的战略，虽然彰显了大元帝国的强势，但却难免遭遇失败。

日本能够抵抗元军的入侵取得胜利，主要因素有三点。

一、具有战胜元军的决心。如果不是新生的具有强大政治、军事、经济力量的镰仓幕府，天皇的贵族政治是不会战胜元军的。握有镰仓幕府实权的北条时宗，其雄才大略和抗战决心，是动员日本武装力量战胜元军的主要因素，况且两次阻击元军进攻，都是积极防御主动出击，尤其是那条高六尺，宽一丈，延绵二十余公里的防御大坝，从心理上铸造起了日本坚定胜利的壁垒。

二、得天独厚的天时和地理因素。日本列岛漫长的海岸线岛礁遍布易守难攻，尤其是西边靠朝鲜半岛中国大陆一侧，悬崖峭壁，山高路险是防守的天然屏障。西太平洋上的巨大台风成为抗击元军入侵的"神风"，元军两次进攻都是在台风的袭击下伤亡惨重，最终大败而归。

三、战术灵活机动，是取胜的关键。第一次抗击元军时，武士骑兵轮番冲击元军，致使元军不明敌情，不敢登陆驻守。第二次抗击元军时，小型舰队不断地骚扰元军的舰队，打得赢就打，打不赢就跑的战术，致使元军慌乱无主，贻误战机，最终遭遇台风袭击，损失惨重而失败。

关于元王朝与日本交战的历史影响，虽然战争已过去了1700余年，但其历史影响仍然值得今人深思。日本在两次与元军大战之前，后宇多天皇每次都设祭坛亲自祭拜，以求天照大神保佑。恰巧元军两次进攻都被台风袭击惨败，这在日本历史上引起了强烈的反响。日本认为这是天照大神保佑了他们，"神风"是不可战胜的日本灵魂。二战期间，日军为了袭击美国舰队，企图挽回不可逆转的败局，组建了勇于自杀的"神风特别攻击队"。这个神风特别攻击队的寓意深刻，其目的就是影射元王朝进攻日本被台风袭击惨败的历史。具有讽刺意味的是，神风特别攻击队不仅没有挽救日本在二战中的失败，反而却遭到了原子弹的打击。不过，神风特别攻击队在大和民族的心目中，至今依然阴魂不散。日本竟然向联合国教科文组织申请"神风特别攻击队为非物质文化遗产"。由此，"神风"在日本的历史影响可想而知。

另外，日本吞并朝鲜半岛侵占大陆的野心，也因元军的战败而增长。自7世纪中叶，日军在朝鲜半岛白江口战败后，六百余年没有发动对朝鲜半岛的侵略战争。然而在阻止元军进攻后却沾沾自喜起来，认为横跨欧亚的蒙古帝国都败在了他们的手下，日本还会有对手吗？这种思想，在第二次世界大战前的日本军国主义分子心目中，表现得尤为突出。事实也正如此，"弘安之役"后，日本就开始觊觎朝鲜半岛，直至三百余年后的中国明王朝末期，丰臣秀吉发动了大规模的侵略战争，几乎占领了朝鲜半岛。如果不是明朝大军将其击退，日本企图吞并朝鲜半岛，侵占大陆的野心还会更加嚣张。

二十五　镰仓幕府灭亡

随着元军的失败，镰仓幕府也开始衰落。1284年，在阻止元军进攻中起到了决定性作用的北条时宗英年早逝，时年33岁。此时镰仓幕府握有实权的北条家族，面临着复杂的内部权力斗争和社会矛盾。

镰仓幕府维持统治的根基是"御恩奉公制"。幕府将土地封给地方大大小小的武士集团（御家人），承认并保护武士对领地的所有权，是为"御恩（恩赏）"。而接受"恩赏"的御家人则向幕府效忠，对幕府上交年贡，提供劳力，提供武装军队等义务，是为"奉公"。幕府从源赖朝时代起，不断击败各种敌对势力，并在内斗中铲除了大批武士和豪族。幕府将每次获胜后获得的大量无主领土用来"恩赏"御家人，以此争取了众多武士对幕府"奉公"。然而，这种制度在抗元战争后，因社会矛盾突显开始瓦解。

1285年，北条家族平定了安达氏的叛乱。1293年，为了维护幕府的权利，北条家族把平定安达氏有功的平赖纲父子诛杀。不仅如此，那些维护幕府统治的"御家人"因战功得不到应有的奖赏，便不断地侵占公有土地，蚕食庄园，拒绝向领主缴纳赋税，从而加剧了领主及土地管理者（地头）对农民的盘剥。另外，更多的"御家人"因战争负担过重而穷困潦倒，他们为了生存，将自己微薄的土地出卖或者典当，成为无业游民或奴隶。一些农民被迫铤而走险，成为强盗。那些私占领地，拒绝"奉公"纳税的武士建立了属于自己的武士庄园。除了这些武士外，很多平民和商人在抗元战争中大发战争财，他们利用手中的财富资源控制压榨陷入财政危机的御家人，建立了属于自己的封建庄园，大量进入武士阶层，形成"百姓名主"的全新武士集团。镰仓幕府将这些不受幕府"御恩奉公制"控制，破坏幕府统治的集团称为"恶党"。这些"恶党"与领主的矛盾，破坏了镰仓幕府赖以生存的经济基础，造成了社会混乱。

后醍醐天皇

1297年，为了缓解社会矛盾，镰仓幕府决定，让在对元军作战中立下战功的"御家人"，把卖出的土地再无偿地收归自己，并取消了这些"御家人"所欠的债务，同时还宣布取消由债权所引发的一切诉讼。这似乎是对参与战争的"御家人"，实施的一种奖赏和"德政"，但这种极端性质的政策，必定要引发广泛的社会矛盾。不到一年，镰仓幕府便宣布将这项政策收回，不再给"御家人"特殊待遇。如此反复无常的政令，使北条家族失去了威信并引起公愤。此时主宰日本的镰仓幕府，具体来说握有实权的北条家族已呈现出衰败的迹象。

1318年2月，后醍醐天皇即位。执政的后醍醐天皇立志革除弊政，宣布废除皇家的院政，恢复天皇的新政。从此幼年即位的天皇由贵族摄政的时代结束了，同时太上皇的院政也随之废除。后醍醐天皇实施的整顿改革，自认为加强了朝廷皇室的权力，天皇可以直接号令天下了。于是，后醍醐天皇便派亲信大臣日野资朝到地方秘密联系武士集团，准备消灭镰仓幕府的武装力量。

1324年，后醍醐天皇感到时机成熟，便令集聚在京都的武士们，清除镰仓幕府派驻在京都六波罗处监督朝廷的"探提"，结果行动计划泄露，忠诚于天皇的京都武士被镰仓幕府斩杀。日野资朝被流放到左渡岛，这就是日本历史上的"正中之变"。此次行动虽然失败，但是后醍醐天皇并没有罢休，又秘密派人与法胜寺、醍醐寺联系，让他们动员全国的神社和寺院起兵推翻镰仓幕府，尤其是第一皇子尊云法亲王和第三皇子尊澄法亲王，相继以天台座主的身份召集笼络了众多门徒。随后，后醍醐天皇则亲自以视察延历寺、日吉社、春日神社、兴福寺、东大寺等寺院为名，号令门徒支持天皇。

1331年，镰仓幕府得知天皇的行动后，便让监督天皇驻守京城六波罗的部队围攻京都。后醍醐天皇不知所措，慌忙地逃到山城笠置寺躲起来。随后镰仓幕府的大军包围了笠置寺，后醍醐天皇被俘获流放到了隐岐岛。镰仓幕府平定了此次政变后，便让皇太子量仁亲王继位。至此，后醍醐天皇企图消灭镰仓幕府的计划完全付之东流。这就是日本历史上著名的"元弘之变"。

后醍醐天皇虽然被流放到隐岐岛，但仍然与外界取得联系，企图伺机东山再起。第一皇子尊云法亲王躲过幕府的追杀后，便潜入熊野和吉野一带笼络武士招兵买马，并暗中频发天皇的旨令。据守在河内的武士楠木正成在天皇被流放后，便率部属在河内金刚山筑城守卫，并宣布忠于朝廷皇室，推翻镰仓幕府的统治。于是，金刚山便成为镰仓幕府围攻打击的重点。在两军对峙期间，不堪忍受镰仓幕府压迫的民众，以及全国各地响应天皇的武士集团揭竿而起，纷纷加入攻打镰仓幕府的行动中。

1333年，在隐岐岛流放的后醍醐天皇被伯耆（今鸟取县西部）的武士营救。此时反对镰仓幕府的势力日益强大，北条家族处在四面楚歌之中。为了打破困境，镰仓幕府派祖辈世袭的将领足利高氏率大军出征。这位反复无常的势力小人，在他没有出征前就意识到，执政的北条家族已经摇摇欲坠，镰仓幕府将会被后醍醐天皇的正义之师所剿灭。所以出师不久，足利高氏便宣布背叛镰仓幕府，听从天皇的指挥。

同年5月7日，足利高氏与播磨起兵的赤松则村会师，一起攻打监督天皇驻守京都六波罗的幕府军。六波罗的幕府军在足利高氏和赤松则村的两面夹击下全军覆没。与此同时，上野的新田义贞率领的东国武士军团开始进攻镰仓。5月22日，镰仓幕府被攻陷，北条家族成员大部分自杀，其他人则归顺了天皇。自此，主宰日本一个半世纪的镰仓幕府终归覆灭。

二十六　室町幕府与南北朝

1334年，后醍醐天皇回到京都，改年号为建武，然后开始了一系列的改革，日本史学家称这一时期为"建武中兴"。所谓的建武中兴，不过是给后醍醐天皇戴了一顶桂冠而已。后醍醐天皇时期，不仅没有使日本"中兴"，反而又出现了武家政治的室町幕府，朝廷皇室也分裂成了南北朝。

足利高氏的室町幕府

如果说后醍醐天皇有所作为的话，那就是在他执政期间消灭了镰仓幕府，废除了三百余年的贵族摄政（关白），以及太上皇的院政。至于其他方面的改革，只不过是整顿了朝纲，恢复了一些旧制，重申了一些规定而已。关于他建立的地方行政机构，也只是保留了过去的国司和镰仓幕府时期的"守护"。在政治上他主张文武并用，无论是皇家贵族还是镰仓幕府遗留下来的降将，都可以担任国司和"守护"的重要职务。表面上看天皇包容大度，但实际上却为自己留下了动乱的危机。另外，后醍醐天皇在战后不能够论功行赏，任意没收武士的领地，陶醉于皇室贵族的庄园经济，尤其是横征暴敛，征收重税滥发货币，劳民伤财地大兴土木建筑宫殿，从而引发了民众的强烈不满。他所开创的"建武中兴"不到一年便出现了败相。当时的京都极为混乱，假传圣旨随意抓人，盗贼横行，民不聊生。

当时社会存在的问题和引发的矛盾，被镰仓幕府的降将足利高氏洞察并利用。他当时已成为后醍醐天皇的宠臣，赐名为足利尊氏，这在当时已是很高的荣誉,因为他名字中的"尊"字只有皇家贵族专用。不仅如此,天皇还授予足利尊氏兼任两个守护的要职,地跨十三个国(省),并享有管辖许多土地的特权。拥有重兵的足利尊氏并不感恩天皇,反而觊觎征夷大将军的权力。然而天皇却将这一职务授予第一皇子尊云法亲王(护良亲王),从而引发了足利尊氏的不满,便与尊云法亲王形成了对立矛盾。

1335年7月,北条家族的残余势力纷纷起兵,抢夺他们失去的土地和庄园,并进攻老根据地镰仓。不久,驻守镰仓的尊云法亲王被杀,足利直义则弃城逃走。此时足利尊氏认为时机已经成熟,便请求天皇赐其以征夷大将军的身份讨伐镰仓。在没有得到后醍醐天皇认可的情况下,足利尊氏便率领大军收复了镰仓。此时他的弟弟足利直义也返回了镰仓,兄弟二人在镰仓向朝廷发出了檄文,以清君侧的名义,企图讨伐握有军权的新田义贞。

足利高氏

1336年1月,足利尊氏率大军进攻京都,天皇便派新田义贞率军御敌。两军在竹下对阵交战,结果新田义贞兵败逃亡。天皇则以巡幸叡山为名,将京都拱手让给足利尊氏。不久,新田义贞又联合楠木正成,并得到了奥州北畠显家军的支持,三家联军一起收复了京都。战败后的足利尊氏逃到九州,得到了当地豪强贵族的支持,并以此广招武士形成了强大的军事力量。同年5月,足利尊氏的大军在凑川(神户)消灭了楠木正成,其他忠于天皇的部队也相继战败,于是,足利尊氏便率大军攻入京都,后醍醐天皇万般无奈,再次逃出京都巡行叡山。

1336年8月,足利尊氏占领了京都后,在京都内的室町驻守,并拥立持明院丰仁亲王为光明天皇。同年11月,足利尊氏效仿镰仓幕府的《贞永式目》,制定了《建武式目》十七条。也就是说,足利尊氏按照以前镰仓幕府的法律制度，在京都室町建立起自己独立的军事政权，拥有自己独特的统治机构并自称大将军。同时任命追随他多年，战功赫赫的高师直为大将军的"执事"。可能有人疑问，足利尊氏为什么不把幕府建立在镰仓，却建立在了京都的室町？其主要原因是后醍醐天皇已经离开了京都，足利尊氏必须靠近新拥立的天皇，才能在政治上站稳脚跟。换言之，镰仓已不适应足利尊氏的武家政治，室町幕府只能靠近朝廷皇室才能够"挟天子，令诸侯"。为了表面上尊重天皇，笃信佛教的足利尊氏，在京都修建了专为天皇祈祷的天龙寺。

南北朝及统一

后醍醐天皇离开京都后便潜伏于吉野（奈良县南部的山区），组建了新的朝廷自称是正统的天皇。这就是日本历史上所说的南朝（吉野朝），以此与足利尊氏掌控的光明天皇，即北朝（京都朝）形成了对立。由此，日本便形成了南北两个朝廷皇室对峙的局面。

南朝的后醍醐天皇自认为是正统，但并没有得到社会的广泛认可，忠于他的尊良亲王在金崎城保卫战中，被足利尊氏的大军攻陷后自杀。1337年3月，恒良亲王被捕。1338年初，新田义贞则在越前藤岛战死。同年5月，陆奥的北畠显家在与泉石津交战时失败身亡。受到如此重创的后醍醐天皇，很难恢复元气形成统一，但是意志坚强的后醍醐天皇，企图再次发兵统一全国。于是，便旨令义良和宗良与北畠亲房及其儿子显信进军东国，以此扭转败局，企图东山再起。然而，讨伐大军从伊势大凑出发后还没有投入战斗，便遇到了暴风雨强台风，这些名正言顺的政府军，被台风冲击得七零八落，四处逃蹿，迅速瓦解。

1339年8月，后醍醐天皇在绝望中染病身亡。应该说后醍醐天皇是一位矢志不渝、越挫越勇的天皇。为了日本的统一，为了消除武家政治恢复天皇应有的中央集权，不屈不挠地奋斗了一生。但后醍醐天皇缺乏睿智，不能够以强硬的手段掣肘足利尊氏，彻底地清除镰仓幕府的残余势力，导致天下再次大乱。总之，缺乏掌控国家能力的后醍醐天皇是一位悲剧式的人物。不过，后醍醐天皇所编撰的《建武年中行事》和《日中行事》两部著作，为维持皇家统治提供了思想依据，并具有深远的历史意义。

后醍醐天皇去世后，年仅12岁的太子义良亲王继位，即后村上天皇。当时南朝的北畠亲房握有实权掌控着局势，北畠亲房企图保住东部的势力但却连连失利。随着小田城和大宝城的陷落，后村上天皇只能固守天险要地吉野，并通过伊势和纪州与外界的水军联系，维持着南北对立的局面。

此时的北朝，足利尊氏为了稳固政权，运用娴熟的政治手腕，有时和朝廷妥协，有时严控天皇，并利用各种势力矛盾，周旋于南北朝之间，逐步增强自己的实力。

1350年，由于足利直义和幕府执事高师直对朝廷的态度不一致，致使两家产生了尖锐的矛盾。为了安抚执事高师直，足利尊氏令足利直义出家，实质是将足利直义软禁了起来。同年2月，足利直义趁足利尊氏出征之际，竟然逃出寺院率众背叛了北朝投奔了南朝。

1351年，足利直义率南朝大军打败了高师直。这次战争不仅仅是打败了高师直，实质上也是打败了北朝。处于尴尬难堪地步的足利尊氏便与弟弟足利直义和解并达成协议，以流放幕府执事高师直为条件结束了战争。不久，足利直义派人将高师直暗杀。1352年，足利直义也不幸身亡。奇怪的是，足利直义死的那天，正是高师直被暗杀的祭日！蹊跷死去的足利直义是他杀还是自杀？已成为日本历史之谜。

足利直义投奔南朝，打败了北朝高师直这件事，引起了足利尊氏的高度重视。为了能够对抗南朝，就要进一步地拉拢各地的守护和武士，赏赐其好处听从室町幕府的指挥。于是，足利尊氏决定把近江、尾张、美浓三国（省）领主的土地收回，一半作为兵粮用地分给武士。随后，足利尊氏又进一步宣布，除了朝廷用地和大贵族的世袭领地及寺社等土地之外，其他人的土地都要分出一半赐给武士。这种所谓的"半济法"使守护和武士得到了好处，从而增强了室町幕府的军事实力。

1355年3月，南朝任命宗良亲王为征夷大将军进攻室町幕府。由于足利尊氏实施了"半济法"的土地政策，兵强马壮极有战斗力。在两年的战争中，足利尊氏不仅没有失败，最后还赢得了胜利。

1358年，足利尊氏病逝。这位制造了日本分裂的罪魁祸首，在日本历史上被史学家痛骂为死有余辜，遗臭万年。足利尊氏死后，其子足利义诠继任幕府第二代大将军。在足利义诠继位期间，不断地利用守护之间的势力相互兼并，不仅巩固了足利家族的地位，还为室町幕府控制朝廷皇室打下了坚实的基础。

1368年，年仅10岁的足利义满继任幕府第三代大将军。也就是这一年，中国的明王朝建立。明太祖朱元璋把中国周边的小国列为不征之国，日本也被列入其内，统称为藩属国。不征伐日本还有一个重要原因，那就是因为元王朝与日本中断了交往，当时日本沿海的贫民和流离失所的武士，因战乱失去了赖以生存的海上贸易，便成群结队到中国东部沿海抢劫，成为凶残的海盗倭寇，致使中国东部沿海动荡不安。于是，明王朝便派特使赴日本希望建立起双边关系，联手消除海盗倭寇。当明朝使臣登上日本南朝管辖的九州博多湾进入太宰府递上国书时，太宰府的怀良亲王还以为元王朝又派使臣进犯，欲杀之。使臣赵秩沉着应对说："我大明天子神圣文武，非蒙古比，我亦非蒙古使者后。能兵，兵我。"怀良亲王这才恍然大悟，同意与明王朝建立贸易关系。从此，明王朝与日本的南朝通商交好，经贸往来不断。

1372年，南朝的怀良亲王派僧人祖来为使节赴明王朝，同时还将倭寇掠到日本的70余名中国人还给明王朝。此事使明太祖朱元璋龙颜大悦，当使节祖来回国时，朱元璋派僧人祖阐和克勤等八人陪同赴日。临行前，朱元璋要求使臣"尔僧使远方，毋得多生事。入为佛弟子，出为我朝使。珍重浦泉经，勿失君臣义……行上必端方，勿失经之理，入国有斋时，斋毕还施礼"[①]。使臣祖阐一行到达日本后，不仅受到南朝的热烈欢迎，还受到了北朝足利义满的盛情款待。此后，明王朝与日本的南朝及北朝都保持着较好的贸易往来。

明洪武年间，朱元璋一面与日本南北朝联手消除倭寇的隐患，一面积极建立海防措施，防御倭寇的侵扰。明军在沿海地区共建立了54个卫，99个千户所，353个巡检司，海防兵力达30余万人，战船3000余艘。这些军事防御

---

① 伊藤松．邻交征书[M]．日本国书刊行会，1975年．

设施，有效地阻止了倭寇的侵扰，使中国东部沿海趋于稳定。

足利义满继任后，在执事细川赖之的辅佐下，足利家族的统治机构日益完善。1379年，足利义满平定了斯波和京极家族的叛变，并阻止了幕府中关东势力要求迁往镰仓的主张，致使室町幕府的政权更加稳固。

1388年，足利义满巡视了富士山一带的小国，并借此加强了控制。翌年，足利义满登上京都以南的高野山，朝拜了真言宗的大庙，同时又拜见了内海地区中部的严岛神社。其目的就是为了加强宗教信仰，统一意志，震慑反叛势力。

1390年，足利义满消灭了美农和尾张的军阀土岐康之，也就是幕府所说的"守护"。1391年，又成功地剿灭了日本中部的军阀山名氏清。当时日本共有66个守护国，山名氏清就拥有11个，平定了山名氏清后，其他的军阀不攻自破。

1392年，足利义满呼吁南北统一。时任南朝的后龟山天皇接受了足利义满的建议，率南朝百官赴京都北朝，将象征天皇权力的神器勾玉和铜镜转交给后小松天皇。至此，日本历史上形成的南北朝对立的局面，经过半个多世纪的分裂后，最终完成了统一。

给室町幕府的建立者足利尊氏作出"乱世之奸雄"的结论，应该说是恰如其分。给征夷大将军足利义满作出"治世之豪杰"的结论也不为过誉。换言之，足利家族即是日本分裂的始作俑者，同时又是日本统一的"功臣"。

二十七　影响室町幕府的明王朝

日本南北朝的统一，不仅说明室町幕府已登上了权力的高峰，而且历史还应该记上其辉煌的业绩。然而，时任大将军的足利义满却沉迷于佛教政治中，玩弄权术，靠朝贡贸易维持苟延残喘的幕府，从而谋求更高的虚荣和地位，致使室町幕府逐渐走向衰落。中国东部沿海也因此造成倭寇猖獗的局面，日本亦由此进入了大分裂、大动乱的时代。

寺院与朝贡贸易

1394 年 12 月，足利义满功成名就后，便故作姿态将大将军的职务让给了年仅九岁的儿子足利义持，而他却又接受了天皇赐予的内大臣和左大臣的称号。这种表面上弃权实质上揽权的行为，并没有得到人们内心的诚服和拥戴。为了掩人耳目，足利义满便宣布出家为僧，取法号为道义。这种把佛教和政治系于一身的做法，难以在治国安邦上有所作为，也成就不了什么治国大业。

应该说，足利义满是一位笃信临济宗的佛教徒。他虽然在京都修建了相国寺并建造了极为奢华的七重塔，但是他还模仿中国宋王朝的官寺，在京都创建了天龙、相国、建仁、东福、万寿等"五山官寺"，同时还命名建长、圆觉、寿福、净智、净妙五寺为镰仓五山官寺。这些寺庙的命名建造，除了念佛诵经处理政事外，还用来接待明王朝的使臣，如相国寺就是用来处理外交事务的场所。

当时有的寺院僧侣，已基本放弃了佛教的宗旨，有的寺院大师还成为了出使明王朝的专职外交官。除此之外，他们还在官寺中阅读儒学和唐诗宋词并吟诗赋词。足利义满对儒学的倡导，在寺庙中形成了一个独特的汉学氛围，即当时日本盛行的"五山文学"。僧侣中的中岩圆月、雪村友梅、绝海中津等都是当时著名的文学家，并在日本文学界享有盛名。因受中国明王朝印刷术的影响，这一时期日本官寺印刷出版的"五山版"书籍，不仅在日本印刷史上具有划时代的意义，还推动普及了日本的印刷业。

另外，中国的水墨丹青始于魏晋南北朝，发展于五代十国、宋王朝时期。这种独特的中国艺术随禅宗进入日本镰仓幕府后，在室町幕府相国寺僧侣如拙的临摹学习下，已成为独特的山水艺术作品，至今仍在日本画坛享有盛名。

如果说，足利义满出家是为了佛教，倒不如说以笃信佛教为名，更多地干预了政治。1397年，操纵幕府大权的足利义满在京都郊外的北山扩建了"金阁寺"。该寺是按照唐朝模式建筑的三层阁楼，完全是佛寺与官邸结合的产物，是日本历代豪华寺院杰作的代表，也是日本建筑史上的典范。它耸立在青山绿水之间，以极其奢华为标志，不仅反映出日本佛教具有政教合一的味道，同时还反映出与中国佛教理念上的差

金阁寺

异。足利义满就在这栋别墅金阁寺里接待天皇和公卿以及使臣，沉湎于声色犬马，纸醉金迷中。不过，此时他为了推动幕府与明王朝的朝贡贸易，复苏日本经济还是做出了一定的贡献。

1401年，足利义满派商人肥岗，近臣僧人祖阿为正副使节赴大明王朝，向明成祖朱棣呈交了国书。随后，朱棣不仅派使节带若干物品送肥岗一行回国，还在回复的国书中称足利义满为"日本国王源道义"，并赐于刻有日本国王字样的方印及盛行的明代服装。当时朝鲜半岛的李氏王朝与日本都以穿明代服装而自豪，宫廷大臣的官服基本上与明王朝的服饰相同。他们以具有中

国的服饰为荣，尤其在某些场面上，互相攀比彰显身份。此次中日交往，明成祖朱棣在国书中对足利义满的称呼则耐人寻味恰到好处。朱棣的国书即没有贬低日本天皇，还提高了足利义满的身份地位。这封含有政治意义的书信，使足利义满欣然地接受了"日本国王"的称号。足利义满感到明成帝是一位政治上的知己，他既不是天皇，又不是幕府大将军，却封他为日本国王，不仅道明了他所主张的执政理念，还恰如其分地点明了他所处的政治地位。于是，足利义满在他回复的国书中，便欣然命笔亲自签署了"日本国王臣源"的字样。此事自古以来，日本史学家始终耿耿于怀，尤其是署名的"臣"字，不但矮化了日本，还丢尽了脸。

1406 年，日本与明王朝签订了《永乐勘合贸易协定》，即实质上的朝贡协议。在《明史·日本传》中记载："永乐初，诏日本十年一贡，人止二百，船只两艘，不得携军器，违者以寇论。"如此看这个所谓的贸易协定，却是明王朝单方面制定的朝贡要求和措施。为什么会如此签约，因为当时倭寇横行于中国东部沿海不得已而为之。从政治层面上讲，朝贡是矮化了日本，但与大明王朝相比，漂泊在大洋上的岛国日本，为了获得更大的经济利益，改变穷国的面貌，只能向大明王朝纳贡称臣。否则，闭关锁国是没有出路的。

当年日本与元王朝断交后，经济衰退，社会动荡不安。日本与明王朝建立起外交关系后，促进了两国间的经济与文化上的交流。无论是天皇的朝廷贵族还是室町幕府的大将军与幕僚，他们都想在与大明王朝的贸易往来中获得利益，从而满足其奢侈淫逸的生活。在朝贡贸易的同时，也促动了广泛的民间贸易，致使幕府衰落的经济与文化，在明王朝的作用下又重新复兴起来。

日本以朝贡的名义，把自己的产品献给大明皇帝，得到的却是几倍甚至是数十倍的赐予。这种不等价的贸易，无论冠以什么样的名称，日本都会感到赚了便宜。朝贡贸易主要是靠商人承办，每条船必须向室町幕府上交 4000 贯铜钱方能出海，可见室町幕府坐享其成从中牟取的暴利。

朝贡贸易绝不是像规定的那样死搬教条，而是每次往来的人员、船只及物资都在不断增加，甚至往返的次数也比较频繁。《明史·日本传》中记载："宣德初，审定要约，人毋过三百，舟毋过三艘。而倭人贪利，贡物外所携私物增十倍。"无法统计日本在朝贡贸易中获得了多少利益，足利义满死的前一年，在送还被倭寇抓获的明王朝的人员时，明成祖朱棣曾经一次赐给足利义满铜钱高达两万余贯。

衰败的室町幕府

足利义满把大将军的位置让给儿子足利义持之后的十几年中，不仅继续把持着幕府和朝廷的大权，还韬光养晦地隐藏着更大的权利欲望。1408年5月，足利义满企图让他的小儿子"幼君"，做贞成亲王的养子，然后再迫使后小松天皇将皇位让给"幼君"。自己不仅能够名正言顺地当上太上皇，其儿子"幼君"也就轻而易举地篡夺了皇权成为天皇。此次偷梁换柱的阴谋正在紧锣密鼓运作时，利欲熏心的足利义满突然患急症死去。足利义满死后，儿子足利义持才真正掌握了实权。在他掌权的第一天便十分明智地取消了后小松天皇的"禅让"仪式，同时还取消了朝廷授给足利义满的"太上皇"称号。

另外，足利义持还认为，他父亲的朝贡贸易有辱日本国格，便下达了"禁海令"，停止对明王朝的朝贡贸易。足利义持的"闭关锁国"政策，致使日本经济一片萧条，倭寇又在中国东部沿海登陆大肆抢劫杀戮。

1413年，倭寇3000余人登陆后抢劫了昌国卫（浙江象山东南）沿海地域的大量财物。1418年，倭寇百余艘舰船7000余人，将金山卫（上海金山东南）地区的财物劫掠一空。面对倭寇的入侵，明成祖朱棣旨令东南沿海要加强防范，严厉打击倭寇抢劫杀戮的行为。

1419年，倭寇2000余人从辽东登陆烧杀掠夺无恶不作。时任辽东总兵的刘荣在望海埚（大连东北）设伏斩杀倭寇1000余人，俘虏百余人。倭寇在受到重创后，不再贸然侵犯辽东。

自从足利义持中断了朝贡贸易后，朝廷贵族包括室町幕府怨声载道，守护宗族阶层开始出现叛乱。在山城（京都东南部）、大和、近江等地被称为"马借"的商人，闯入京都要求政府将他们的借债一笔勾销。一时间，动乱一波未平一波又起。

1428年，在青黄不接的季节，日本的饥荒迅速蔓延。近江的商人举行了起义，他们袭击摧毁了神社、寺院、酒坊以及房屋和仓库。起义的浪潮已波及到了畿内一带，无数的刁民盗贼肆意抢劫。这次动乱在历史上被称为"土一揆"事件。所谓的"土一揆"，后来成为泛指土民起义的简称。

　　1429年，足利义教继任大将军后，社会仍然继续动荡不安。同年播磨发生了民众与武士的斗争，无数的起义民众击败了赤松满佑的军队和武士。

　　1432年，大和也发生了僧侣起义，要求免除所有寺院领地的年贡。在这些动乱中，室町幕府一筹莫展，只有重新恢复对明王朝的朝贡贸易，才能够解决燃眉之急。

　　1434年，足利义教向大明王朝派出了朝贡贸易船。从此一发不可收，每年都要派出朝贡贸易船队到大明王朝，以便获取数倍的恩赐。在这些朝贡贸易中，室町幕府每次派出的人员、船只都远远超过了两国规定的数量。这对恢复日本经济，促进社会稳定起到了积极有效的作用。随后日本国内不仅趋于稳定，倭寇侵扰中国沿海的现象也在减少。

　　由于对大明王朝的朝贡贸易取得了有效的成果，室町幕府的经济得到了好转并巩固了政权，从而增强了平定动乱的能力。1439年，足利义教成功地将关东的管领反叛足利持氏的势力消灭，解除了十几年来关东反叛势力对室町幕府的威胁。关东管领家族的反叛势力被消灭后，关东守护大名们的势力，以及他们在九州、西国、菊池、少贰等地那些抵制室町幕府的反叛势力，也都得到了有效遏制。

　　后来，因为大明王朝的国都迁到了北京，防务的重点北移至蒙古，致使沿海防务松弛薄弱。此时倭寇又嚣张起来，经常侵犯中国东部沿海。

　　1439年，明英宗朱祁镇时期。倭寇入侵浙江桃渚（临海东）和大嵩千户所（宁波东南）地域，他们烧杀抢掠惨无人道，甚至水煮婴儿饮酒取乐。1442年，倭寇2000余人侵犯爵溪（象山东）。第二年，又侵犯了海宁卫（海盐）。此时的倭寇肆意侵犯，一方面说明了日本的朝贡贸易只能增加不能减少，另一方面则告诉大明王朝，东部沿海的防务绝不能因为迁都而松懈。

　　1449年4月，足利义政即位后，面对捉襟见肘的经济，加强了朝贡贸易。不仅如此，为了尽快改变贫困落后的面貌，室町幕府还向大明王朝直接要钱，以便补充幕府的困境。

1454年，日本《善邻国宝记》中记载："永乐年间，多给铜钱，近无此举，故公库孛然，何以利民，钦带周急。"说得多么可怜，还翻以前的旧账，好像不给不行，一副小弟求大哥的泼皮嘴脸。至于明世宗朱厚熜给了他们多少钱，虽然没有找到历史记载，但肯定会超过以前的赐予。

1464年，骄奢淫逸的大将军足利义政，极尽奢华，待在征东山山庄，过着逃避现实、闲情逸致的奢侈生活，无意中在中国茶文化的基础上创造了日本的茶道。中国人认为喝一杯清茶象征着内心世界的协调，喝的是中庸之道。日本人则把茶文化与宗教、哲学、伦理和美学联系起来，成为一门综合性的文化艺术活动。

且不说足利义政创造了什么，面对室町幕府已无法控制的权利斗争，本身无嗣的足利义政，不得不"禅让"权力时，却一筹莫展无计可施。于是，幕府管领细川胜元支持足利义政的弟弟足利义寻继任大将军。当足利义寻正准备离开寺庙还俗就任大将军时，结果足利义政突然喜得一子，取名足利义尚。为此守护山名持丰则提出由足利义尚继位。从而引发了幕府内部的权力斗争，社会也因此更加动荡不安。

1467年，细川胜元率领16.15万东军，与山名持丰率领的11.6万西军在京都内展开了激战。此时的京都包括宫廷、幕府、寺院等上万座建筑，以及财富宝藏因战乱全部化为灰烬。战火很快在全国蔓延，各派别阶层风起云涌，互相抵制残杀，致使田园荒废，民不聊生。这就是日本历史上著名的"应仁之乱"。

尽管如此，由于京都战乱的双方势均力敌，各派谁也没有战胜谁的可能。正当双方互相对峙时，细川胜元和山名持丰便相继病逝。随后两派相互妥协退让，以足利义政出家为条件，由足利义尚继位为目的，才结束了这场幕府内部的斗争。虽然幕府内部的权力斗争结束了，但是造成全国动乱的局面仍在继续。由此，开启了日本历史上所说的战国时代。

1473年，年仅9岁的足利义尚即位。1475年，为了维护动荡不安的政权，室町幕府专门派使节向明王朝要钱。明宪宗朱见深也许是为了稳定海防，竟然大力施舍赐给铜钱五万枚。明王朝的资助虽然能解燃眉之急，但是毫无建树的室町幕府却难以平定动乱，解决尖锐的社会矛盾。

1480年，足利义尚的母亲日野富子为了中饱私囊，以修内宅为借口在京都设立关卡征收过路钱，同时还在桑名到日永参拜神宫的大道上设立了60余处关卡牟取暴利。此事引发了民众的暴动，愤恨的群众捣毁了关卡，并与北大和（奈良县）地区的民众遥相呼应，焚毁了兴福寺的十三层塔，一致要求室町幕府实行德政。从此，横征暴敛为非作歹的室町幕府彻底失去了民心。

1483年，足利义尚在内外交困中，再次派使臣向大明皇帝朱见深要钱。他在国书中写道："抑弊邑久承焚荡之余，铜钱扫地而尽，官库空虚，何以利民，今差使入朝，所求在此耳。圣恩广大，愿得壹拾万贯。"[①] 且不说明王朝又送给室町幕府多少钱，给了多少物资。大将军足利义尚在书中的言辞，绝对不像一个主权国王的求助，倒像是一位市井无赖乞丐的乞讨。此时的日本面对大明王朝还有什么尊严可说？还有什么孤傲可显示？就连天皇神圣的形象都被足利义尚输光当尽了！

在镰仓幕府时期，宋王朝的钱币已充斥日本市场成为硬通货。不过当时物质比较丰富，在普遍的交易中都是以物易物。然而室町幕府所用的货币90%都是明王朝赠送的钱，这些铜钱主要是明太祖洪武元年、明成祖永乐六年、明宣宗宣德八年铸造的。后来日本市场出现了假币，室町幕府多次发布"选钱令"，以便保障货币正常流通。由此可见，繁荣强大的明王朝是当时日本经济发展的动力。换言之，没有明王朝的鼎力相助，室町幕府早就寿终正寝了。

---

① 杨考臣. 中日关系史纲[M]. 上海：上海外语教育出版社，1987：61.

二十八　战国割据及明朝抗倭

"应仁之乱"开启了日本的战国时代，足利义尚除了靠朝贡贸易获取利润，维持室町幕府苟延残喘的政权，对动乱割据的日本无能为力。1485年，畠山政长同畠山义就为争夺地盘，双方大军在山城对峙，并切断了交通，设立关卡占领了寺院和神社的领地。此事引起了当地平民的不满，组织起来的平民要求撤销关卡恢复交通，归还寺院和神社。在强大的农民起义队伍面前，对峙的畠山政长和畠山义就的军队不得不撤离山城国。于是，山城国被起义的平民控制，并选举产生了自己的组织机构，成为独霸一方的势力范围。

为了改变幕府的困境，足利义尚宣称近江（今滋贺县）佐佐木高赖的土地属于非法领地，并将其收回归室町幕府所有。1487年，足利义尚亲率大军征伐近江，结果在钩里与佐佐木高赖决战时，未分胜负便对峙起来。

1488年，加贺的佛教徒13万人，推翻了守护富坚政亲，拥立富坚太高为守护。这支强大的佛教势力脱离幕府和朝廷的管辖，已成为独霸一方的地方势力，并影响全国遍及其他地区。

1489年3月，在外征伐与佐佐木高赖对峙的足利义尚，因部属保存实力各自为战不听从指挥，最后在与佐佐木高赖决战中不幸阵亡。足利义尚死后，室町幕府后继任的大将军毫无建树，都是没有实权的牌位，被权臣细川家族任意摆布，历经坎坷颠沛流离。

1500年10月，后柏原天皇继位。此时的室町幕府和朝廷皇室已无法控制地方的割据势力，甚至是泥菩萨过江自身难保。1502年，天皇准备举行登基大典。因没有钱，便下令管领细川政元捐献。细川政元托词说："即使举行大典，没有教养的人也不会尊重天皇。即使不举行大典，忠于你的人照样把你当做天皇。"细川政元这种蛮横直白的拒绝，道明了幕府和朝廷的困苦及诏令无人听从的现实。后来继位的后奈良天皇。不仅没有钱举行即位仪式,甚至连每年冬天举办的第一场赏雪宴会,也只能是有会无宴草草收场。这一时期,地方各国(省)、郡(县)的守护大名,都已经独立于幕府和朝廷之外,成为独霸一方的地方军阀。这里所说的"大名",指的是地方拥有土地较多和势力较大的领主,他们在日本战国纷争未形成以前,都是室町幕府任命的守护,并受幕府体制的直接管辖。进入战国时期后,这些土地拥有者的守护大名多数来自于世袭,有的来自于守护大名的家臣,有的家臣凭借权术和武力杀死领主,篡夺了"守护大名"的权力,然后跻身于战国群雄之中。其他便是农民起义的首领和土豪劣绅形成的军阀割据势力。

当时的守护大名,也就是军阀封建割据势力,已将日本切割成了若干块,并各自为政互相征战。当时越后(富山县)守护大名上杉氏的家臣长尾为景就杀死了主人,篡夺了守护大名的权力,自称是关东管领,统辖越后和关东北部地区。在甲斐(山梨)地区,守护大名武田信虎和儿子武田晴信,不仅独霸了甲斐地域,还统辖了南信州和骏河及远江一带。

在东海地域,也就是日本沿太平洋的中部地区和关东地域,三河国(爱知县东部)的松平乡小领主出身的松平广忠和儿子松平家康,已成为三河国的霸主;东海地域尾张国(爱知县西部)的小领主出身的织田信秀和儿子织田信长,成为该地域独霸一方的军阀;东海地域的美浓国(今岐阜县),山城商人出身的斋藤道三组织起商人和农民夺取了守护大名的权力,成为独霸一方的军阀。

在近畿地域,也就是京都一带。因该地域商业比较发达,各小领主的势力都彼此不差上下。有的商人和手工业者便占领町镇,号称所谓的"自治",有的村庄也建立起土围子拒绝外部势力干预。虽然该地域没有守护大名,但都抛开了室町幕府的控制,成为土豪劣绅的"土围子"或"自治町"。

在北陆地域,也就是本州中部面向日本海的福井、石川、富山、新潟等四县。由寺院武士建立起的农民自治组织,成为声势浩大的农民自治王国,甚至加贺国中的农民自治组织,也成了他们干预管辖的领地。

在中国(播磨、备前、美作)地域的守护大名赤松氏,其大权被家臣浦上氏篡夺,浦上氏篡权后又被自己的家臣宇喜多氏暗杀。这种篡夺守护大名权力的行为，在战国时期（称为"下克上"时代）极为普遍。统管周房、长门、丰前三地的守护大名大内义隆，也被家臣陶隆房叛变虐杀。不久，陶隆房又被安艺国（今广岛县西部）的小领主毛利元就吞并。

在四国地域，统领淡陆、阿波、赞岐等地的守护大名细川氏，被家臣三好氏篡夺了权力，然后三好氏反复出兵畿内争夺地盘。此时土佐的小领主长曾我部氏迅速崛起，连续吞并周边的小领主70余家。后来，长曾我部式将守护大名一条氏赶走，基本上征服了四国地域。

在九州地域，丰前和筑前的大名大内氏，丰后和筑后的守护大名大友氏，以及肥前的守护大名少式氏，他们之间彼此不断地相互争夺，互相残杀。后来，守护大名少式氏的部属龙造寺氏反叛占有了肥前。此时的丰后和筑后的守护大名大友氏消灭了大内氏，兼并了丰前和筑前地区，然后又消灭了肥后的守护菊池氏。只有统领萨摩和大隅的岛津氏拥兵自重，不仅没有人侵犯，反而还跃跃欲试企图征服九州。

日本战国群雄割据的乱象，既无道义可言，又无廉耻之分，互相征战残杀的局面，构成了日本历史上最混乱的大分裂时代。混乱的社会人人自危，有的领主守护自家规定："男人如不在家，女人必须加强防备。不熟悉的人即使是亲属，也不准进入家门。"有的家法中还规定："即使是夫妻同在一处，也不要片刻忘记带上刀剑。"

这就是日本大分裂时期的社会现状，因而引发了成群结队的日本海盗肆无忌惮、更加凶残地侵扰中国东部沿海，对中国历史产生了深远的影响。这些被中国称为倭寇的日本人对中国东部沿海的侵扰，虽然不是室町幕府朝廷皇室的主张，但却是守护大名封建割据势力纵容的结果。他们舰船齐备，盘踞岛屿，人多势众，前所未有地侵犯中国东部沿海。

为了获取朝贡贸易的更大利益，日本使臣甚至贿赂明王朝的船舶官吏，从而引发了日本贡使之间的殴斗，当时的明都指挥刘锦和千户张镋就在殴斗中被人暗杀。自此，倭寇海盗更加嚣张，并与沿海不法豪绅、刁民、奸商勾结，肆意侵扰浙江和福建沿海。

1547年，面对东部沿海混乱的社会形势，明王朝令右副御史朱纨为浙江巡抚并兼任浙闽海防提督，统一指挥浙江和福建地区的抗倭战争。朱纨上任后征调战船,封锁海疆,严惩勾结倭寇海盗的内贼。翌年4月,朱纨派遣都指挥卢镗清剿了双屿岛(浙江舟山东南)倭寇的巢穴,斩杀倭寇数百人。朱纨严惩内奸力抗倭寇的行为,切断了官僚奸商私通倭寇获取利益的渠道。因而引起了奸商、不法豪绅、官僚们的不满,他们联合在朝廷任职的闽浙籍的大臣诬陷朱纨,致使朱纨罢职忧愤自杀,卢镗也被关进了大牢,从而造成明军海防松弛,倭寇海盗更加猖獗。他们勾结盘踞双屿岛的草寇王直、徐海反复侵扰舟山、象山、台州、宁波、温州等地,致使该地域民不聊生,社会治安极为混乱。

1552年,为了平定倭寇的侵扰,明廷令都御史王忬任浙江和福建等沿海诸府提督,王忬上任后释放了卢镗。翌年3月,王忬派遣参将俞大猷和汤克宽率战舰夜袭普陀山,斩杀倭寇海盗数百人。此时,双屿岛的倭寇集中了百余艘船只侵扰浙东、苏北和山东沿海,俞大猷和汤克宽率部分别击杀入侵的倭寇海盗千余人。

1554年5月,为了统筹剿除倭寇海盗,明廷令南京兵部尚书张经为南京、山东、浙江、福建、广东、广西总督。张经上任后,令副总兵俞大猷、参将汤克宽和卢镗率水陆大军剿灭了王江泾(浙江嘉兴北)地域的倭寇1900余人。在此大捷面前,奸臣严嵩派往督查海防军务的工部侍郎赵文华却与张经争功,指责张经指挥抗倭不利,甚至诬陷张经"养寇不战",致使张经被朝廷斩首,蒙冤九泉。

1556年2月,明廷令浙江巡抚胡宗宪为兵部右侍郎,总督浙江、南直隶、福建军务。胡宗宪上任后实行剿杀安抚的双轨政策,很快击杀了与倭寇联手的首领徐海,并诱降了另一位首领王直。当倭寇侵扰台州、温州、岑港(舟山西)、柯梅(舟山北)时,俞大猷和参将戚继光率军进剿,迫使倭寇海盗逃至福建海域。

1559年,由于剿倭兵力不足,时任浙江都司佥事、旋进参将的戚继光。在得到朝廷的允许后,在浙江义乌招募了矿工和农民4000余人,组建了"戚家军"。经过多年的抗击倭寇海盗,戚继光总结了一套"鸳鸯阵"战术。即十二人为一队,配备了盾、枪、叉、棍、刀等长短兵器,交战时根据倭寇的队形变换而变换,从而达到消灭倭寇的目的。

1561年4月，戚家军在台州九战九捷，击败倭寇海盗万余人。同年9月，浙江总兵卢镗和参将牛天锡分别在宁波和温州与倭寇海盗交战，歼敌1400余人，基本上剿灭了浙江地域的倭寇海盗。此时，盘踞在横屿岛（福建宁德东）、牛田（福清东南）、林墩（莆田南）的倭寇海盗互相策应，烧杀掠夺极为残忍。第二年，戚继光奉命率领戚家军进入福建，一举捣毁了横屿岛倭寇海盗的老巢，剿灭倭寇2600余人，平定了牛田、林墩

戚继光

1563年，明廷令右佥都御□□□□□□军提督兼巡抚，俞大猷为总兵，戚继光为副总兵，并调广东□□□□□□同年4月，三路大军水陆并进，中间突破，左右夹击，一举□□□□□□莆田东南）的倭寇海盗，斩杀倭贼2200余人，救出被掳获的□□□□□□0余人，并乘胜追击收复了兴化。同年冬天，倭寇海盗万余众□□□□□□任福建总兵的戚继光率戚家军大败倭寇海盗。翌年6月，俞大□□□□□□、潮州剿灭倭寇海盗2万余人，并迫使海盗首领吴平率众投降□□□□□□

不久，吴平再次起兵叛□□□□□□戚继光以重兵将盗贼吴平剿灭，明王朝抗击倭寇海盗的战争取□□□□

二十九　织田信长的半壁江山

1543年，在日本军阀土豪劣绅相互纷争的时候，葡萄牙殖民者从侵占的中国澳门出发驾船北上，不幸在海上遇到了风浪，漂泊到日本大隅海峡南部的种子岛。岛上的领主种子岛时尧从葡萄牙人手中换取了两支火器枪，随后他们模仿火器枪制造了日本式的"种子岛火铳"。此事堪称是日本军事史上的一次革命。拥有了先进武器的守护大名（军阀），摇身一变成为火器枪的劲旅，从而加快了日本的统一战争。1549年，葡萄牙开始与日本守护大名，即割据军阀建立起经贸关系。无独有偶，此时衰败的室町幕府与明王朝也自然结束了朝贡贸易。同年8月，西班牙传教士方济各·沙勿略乘中国船到达日本。这位耶稣会的创立者，曾被罗马教皇赐予圣人称号的传教士，开始在鹿儿岛传播基督教。从此，基督教在日本立足并演绎着成败与兴衰。

崛起的黑马

在战国众多军阀割据势力中，东海地域尾张国（爱知县西部）的织田信秀是一位有实力的小领主，但比起那些守护大名军阀还是相差甚远。不过，他儿子织田信长却是一位崛起的黑马。织田信长在三十余年的征战中，基本上平定了日本战国时期的守护大名，即封建军阀割据的局面，成为影响日本历史进程最著名的英雄。

出生于尾张国那古野城（名古屋）的织田信长英俊潇洒，被人们称为美男子。他身高1.70米，声音高亢，不饮酒，善于武术。从不拘泥于身份，喜欢与平民交往。从小放荡无羁，不拘一格，敢想敢干，曾被人嘲笑为"尾张的大傻瓜"。织田信长独特的性格和聪慧睿智广为人知。当年他父亲织田信秀与清洲城的守护大名织田信友不和，少年时期的织田信长竟然带人到清洲城放火，从而加深了织田信秀与织田信友之间的矛盾。

1548年，在私塾老师平手政秀的撮合下，年仅15岁的织田信长与美浓国守护大名斋藤道三的长女结为政治姻缘。翌年，织田信长在正德寺与岳父斋藤道三会面。经过此次会面，斋藤道三慧眼识珠，认为自己的子孙中，没有一个能够与织田信长的雄才大略相比。于是便做出了一个决定，将自己的领地美浓国作为女儿的嫁妆送给了女婿织田信长。斋藤道三的决定，令儿子斋藤义龙极为不满，从而引发了父子之间的矛盾，甚至不惜骨肉相残。

织田信长

1551年，沉湎于酒色中的织田信秀中风死亡，织田信长世袭继位。此时家臣林秀贞和柴田胜家等人企图废除不受管束的织田信长，立其弟织田信行为家族领主。这种废长立幼的做法，就是为了满足其私利，达到操纵掌控织田家族的目的。这种无事生非的小人伎俩，引发了织田家族兄弟之间的尖锐矛盾。

1556年4月，织田信长的妻兄斋藤义龙派人谋杀隐居的父亲斋藤道三。在此十万火急之时，斋藤道三派人向女婿织田信长求救，结果为时已晚，斋藤道三被儿子手下的小牧元太杀死。织田信长失去了岳父后，弟弟织田信行认为此时是攻打兄长织田信长的好时机。同年8月，兄弟两人交战，结果织田信行不堪一击，战败后退居守末盛城坚守，织田信长随即将城包围，在城即将攻破时母亲土田御前出面干预，织田信长只好赦免了弟弟织田信行及柴田胜家等随从。第二年，柴田胜家背叛了织田信行向织田信长告密，织田信行再次谋反。为了消除后患，织田信长便派亲信河尻秀隆将织田信行暗杀。除掉了同胞兄弟后，只是稳定了家族中的内讧，家族中的其他反对势力仍然存在。曾经支持织田信行谋反的清洲城守护大名织田信友，企图与尾张国的守护大名斯波义统密谋暗杀织田信长，结果斯波义统向织田信长告密，致使织田信友大为恼火，于是织田信友趁斯波义统游猎之际将其暗杀。随从斯波义银走投无路，便带着家族成员投奔了织田信长。不久，织田信长以谋反罪清除了织田信友的势力。从此，织田信长统一了尾张国，成为日本独霸一方的军阀。

这期间，远江国（静冈县）的守护大名今川义元势力比较强大。他首先将近邻三河国（爱知县东部）的领主德川家康征服，然后又与关东地区的守护大名武田信玄和北条氏康结为同盟。1560年，今川义元以进京觐见幕府大将军为名，率大军2.5万人入侵尾张国连破数镇。这种假途伐虢的谋略使织田信长措手不及，仅率领3000人马仓促迎敌。同年6月12日，今川义元的大军在桶狭间（爱知县碧海郡）驻守，织田信长趁着夜色暴风骤雨之时，突袭了今川义元的大军。混乱中今川义元阵亡，其部属迅速逃命溃散。

桶狭间战役后，今川家族一蹶不振。织田信长为了进攻美浓国的斋藤家族，便将征服的今川义元的辖地送给少年好友德川家康，同时两人结盟约定，织田信长向西发展，德川家康向东发展。这是一次决定日本命运的战略同盟，也是一次为日本统一奠定了政治与军事基础的结盟。

1561年，织田信长的妻兄，当年谋杀了亲生父亲成为美浓地域领主的斋藤义龙突然死去，其子斋藤龙兴继任家督霸主，由此斋藤家族开始分裂衰败。面对斋藤家族的衰败，织田信长为了能够消灭斋藤家族夺取美浓地域，便将妹妹阿市嫁给北近江地域的领主浅井长政，并结下同盟牵制斋藤龙兴。1567年，织田信长与斋藤龙兴在伊势长岛会战，结果斋藤龙兴大败，美浓地域便成为织田信长的辖地。随后，织田信长将美浓国的首府稻叶山城，按照中国周文王以岐山"君临天下"的意念，更名为岐阜。至此，织田信长不仅道明了统一天下的鸿鹄之志，而且还体现了他对中国文化的敬仰以及对其深邃内涵的运用。

浴血奋战　威震日本

　　1568年，为了出师有名，占领政治制高点。织田信长断然进军京都拜见正亲町天皇。随后以清君侧的名义，废除了室町幕府第十四代大将军足利义荣，拥立足利义昭为十五代大将军，以便控制幕府号令天下。同时让天皇诏令天下拆除以前庄园主到处设的关卡，清除路障，并致力于修路架桥，恢复农业生产。

　　1569年1月，京都的贵族三好三人众趁织田信长率主力回美浓之际，便组织人员反叛。织田信长得知后，便迅速返回京都杀了个回马枪，很快便将叛军平定。从此，织田信长控制了京都和近畿地域，随后，他又亲率大军战败了伊势的领主北畠具教。不久，织田信长又派大军逼死了北畠具教的嫡男北畠具房，然后将北畠具教擒获斩杀。从此，伊势地域成为织田信长的辖区。

　　织田信长为了征服越前地区的守护大名朝仓义景，联合盟友德川家康向越前进军。织田和德川的联军攻城略地进攻到金崎时，北近江的守护大名浅井长政突然撕毁盟约，背叛了织田信长率军袭击其背后，致使织田和德川的联军大败退回了京都。

　　1570年6月，织田信长再次联合德川家康进攻浅井长政和朝仓义景的联军。经过姊川激战，浅井和朝仓的联军惨败。同年8月，织田信长率大军征伐摄津的三好三人众，由于石山本愿寺的僧侣增援三好三人众，结果两军对峙不分胜败。此间，浅井长政和朝仓义景及延历寺组成的联军3万余人进攻近江坂本，守卫近江坂本的织田信治不幸战死。同年9月23日，织田信长迅速返回近江，浅井长政、朝仓义景在比叡山布阵抵抗，两军在志贺僵持不下。

　　1571年9月，织田信长在攻打浅井长政的盟友比叡山延历寺时，有意纵火焚毁了日本佛教天台宗的创始地延历寺，从而引发了佛教界的怨恨，称他为"第六天魔王"，此事对织田信长褒贬不一，据史料记载，织田信长曾表示"人生一度得生，焉有长生不灭者"。他不崇拜佛教，也不禁止佛教，主张政教统一，自己就是万物中的神。如此，织田信长焚毁天台宗的延历寺击杀僧侣就不足为怪了。他曾在自己建筑的安土城内，竖立"梵山大石"，称为"御神体"，让人们崇拜他。织田信长强调现实，认为健康、长寿、财富是人生最重要的。织田信长是一位思想豁达包容的军阀，当耶稣会向他讲解世界是圆形球体，送给他地球仪、地图、钟表等物品时他都笑纳，并表示耶稣会讲的有道理，应该按照西方的理念修改历法。基督教传教士将一位黑人介绍给织田信长，织田信长便欣然收其为随从，并取名为"弥介"。由于织田信长对基督教的认可，基督教才得以在日本广泛传播。当时织田信长统辖的地域中，已建有大大小小的教堂200余所，传教士75人，信徒15万之众。

1572年8月，朝仓义景的武将前波吉继、富田长繁、户田与次都纷纷向织田信长投降。同年10月，织田信长拥立的幕府大将军足利义昭反叛，密约甲斐地区的军阀武田信玄，率3万大军进攻织田信长的辖地东美浓，并同时宣布进攻德川家康的领地。不久，武田信玄占领了东美浓大半地域，德川家康的辖地远江、三河诸城相继陷落。

1573年2月，武田信玄进攻三河的野田城，大将军足利义昭令三好义继、松永久秀前往助阵，织田信长再次陷入东西夹击中，就在织田信长生死存亡的关键时刻。同年4月，武田信玄突然暴病身亡，致使军中士气大伤。7月，经过休整的织田信长一举击败了大将军足利义昭，并将其逐出京都。至此，室町幕府正式退出历史舞台。8月，织田信长率3万精兵于刀根坂击败了朝仓义景，转而消灭了小谷城的浅井长政父子。9月，织田信长的3万精兵攻取了长岛周边的诸多地域。11月，织田信长令佐久间辖区的信盛为大将出征河内，致使河内国的守护大名三好义继自杀，其家族彻底败亡。12月26日，大和地域的军阀久秀献出多闻山城，向织田信长投降。

越前地域虽然已成为织田信长的辖地，但土豪劣绅组织的武士和民众联合本愿寺门徒举行叛乱。甲斐（山梨县）地域的军阀武田信玄死后，其四子武田胜赖也开始起兵攻打东美浓，并攻克了东美浓的明智城。织田信长为了避免与武田信赖正面交战，主动撤退到岐阜。然后又重新亮出底牌，让正亲町天皇任命他为从三位参议。由此，织田信长在其他地域守护大名和军阀割据势力面前，已完全成为天皇认可的统一力量，一些小的领主便开始靠近织田信长。

1574年7月，织田信长率3万大军从水上和陆地包围了伊势长岛，切断了越前土豪劣绅组织的武士和民众起义军的补给线。同年8月，织田信长攻克了大鸟居城。9月29日，长岛城本愿寺的门徒投降。织田信长乘胜攻克了中江城和屋长岛城，将城内2万多民众起义军斩尽杀绝。

1575年5月，织田信长与德川家康组成联军3.8万人，同武田胜赖1.5万人决战于长筱城。织田信长和德川家康的联军以栅栏阻击武田胜赖的骑兵，以火枪配合射杀，打败了武田胜赖的强大骑兵。同年8月，织田信长又斩杀了越前加贺的民众起义军1.2万人，从此平定了关东地带。

为了控制近畿地域，以便统一全国。1576年，织田信长在琵琶湖畔开始建筑安土城。安土城中宏伟的七层建筑物"天守阁"是按照中国传统文化理念建造的，屋顶和壁画都是采用佛教、道教、儒家的理念构思绘画的。不久，他把安土城打造成一座具有勃勃生机的商业

安土城旧址

城市。该城重新丈量分配土地，并免除杂役、杂税，减免各种地租，同时还统一货币允许商人自由贸易。织田信长在安土城的经济政策，对他的统一大业起到了积极的推动作用，他曾不拘一格地同平民百姓，一起在安土城内参加大规模的相扑比赛，甚至参加游泳、马术、狩猎比赛。同年5月，织田信长率大军轻而易举地消灭了石山本愿寺的石山军1.5万人。

1577年，大和地域的领主松永久秀和越后国的领主上杉谦信起兵反叛。同年10月，织田信长派织田信忠为大将，击败了松永久秀。1578年3月，酗酒成性的上杉谦信突然暴病死去。因为没有子嗣，养子上杉景胜继位，织田信长便趁机攻下上杉的领地能登和加贺。1580年，织田信长率大军再次征服了地处大阪的本愿寺。此时，织田信长已统一了大半个日本。

1582年2月1日，甲斐（山梨县）地域的军阀武田家族的外戚木曾义昌投奔了织田信长。因为木曾义昌的投诚，织田信长完全掌握了武田胜赖的军

事部署。2月3日,织田信长迅速派出10万大军,分四路向在甲斐(山梨县)地域的武田胜赖进军。一路上攻城掠地,势不可挡,武田胜赖没有组织反攻便溃败而逃。3月11日,武田胜赖败退到甲斐地域的东部,被织田信长的大军包围歼灭。至此,武田家族势力被彻底消灭。

这期间,织田信长的家臣明智光秀曾按照织田信长的意图,将自己属下斋藤利三的妹妹嫁给长宗我部元亲,以便通过和谈的方式征服四国,然而织田信长却改变了主意,准备派兵攻打四国的军阀长宗我部元亲。此事引起了家臣明智光秀的不满,认为织田信长出尔反尔,深感失信羞辱,从此埋下了仇恨的伏笔。

1582年夏,织田信长派大将羽柴秀吉(丰臣秀吉)进攻备中(冈山县)地域的高松城,羽柴秀吉攻城不利,处于对峙状态中。同年5月29日,织田信长前往京都准备率军增援羽柴秀吉。6月2日,织田信长在京都夜宿本能寺时,遭到蓄谋已久的家臣明智光秀率部围攻,织田信长重伤后自杀身亡。与此同时,织田信长的长子织田信忠也被围杀于妙觉寺。于是明智光秀入主安土城,企图控制织田信长打下的半壁江山。

三十 丰臣秀吉统一日本

1536年2月，丰臣秀吉出生于尾张国中村（名古屋）的一个农民家庭中，原名叫藤吉郎。幼年丧父，与继父不和的藤吉郎离家出走成为流浪儿。由于自幼生活艰苦，营养不良，身材矮小，酷似猿，被人们戏称为"猴子"。不过，藤吉郎天生聪慧，流浪中曾用中国明王朝永乐时期的钱币做生意，以便获取更多的利润维持生活。当年藤吉郎在远江国（静冈县）一位武士家当佣人时，因工作刻苦勤奋曾被主人松下嘉兵卫重用为出纳管理员，后来遭人诽谤被解雇，即使这样，藤吉

丰臣秀吉

郎发迹后，仍派人找到松下嘉兵卫赐予他3.1万担领地，并册封为领主。这期间，他还认识了土豪出身的蜂须贺正胜，此人后来成为丰臣秀吉的重要将领。

1554年，22岁的藤吉郎回到尾张，投靠了织田信长成为家臣，更名为木下藤吉郎。起初为仆役，后来为武士。因在桶狭间（爱知县碧海郡）的会战中表现英勇，织田信长将浅野长胜的养女宁宁许配给他，这位宁宁后来成为木下藤吉郎的贤内助，帮助他完成了统一大业。

1566年，织田信长在进攻美浓国斋藤家族失利后，便令木下藤吉郎在墨俣河冲积平原的三角洲上修筑墨俣城。在朋友蜂须贺正胜的帮助下，木下藤吉郎一夜之间便修筑了墨俣城，并依此城为桥头堡进攻美浓国。不久，木下藤吉郎又以"三顾之礼"收服了美浓国的三员战将，为配合织田信长消灭斋藤龙兴夺取美浓国立下了首功。

1570年，织田信长与朝仓义景及浅井长政交战时，因遭突袭撤退，木下

藤吉郎负责断后，成功地保护了织田信长和德川家康，事后木下藤吉郎被拥立为将军。1573年，织田信长击败了浅井长政，木下藤吉郎因战功卓著被封为近江国滨城领主。此时，木下藤吉郎便将织田信长的大将丹羽长秀名字中的"羽"字和柴田胜家名字中的"柴"字合在一起，更名为羽柴秀吉。

1582年6月，羽柴秀吉率3万大军进军备中（本州西部），攻打毛利氏的高松城。该城四周沼泽，易守难攻，是备中的战略要地，为了夺取高松城，羽柴秀吉采取水攻的战术，在城的周围筑起一道堤坝，向坝内灌水企图淹没高松城。在十万火急之时，毛利元就的次子吉川元春率1.5万大军前往救援。为了尽快攻克高松城，羽柴秀吉向织田信长请求增兵援助。此时，织田信长已在本能寺事变中被谋杀，杀害织田信长的家臣明智光秀密书一封送往高松城，企图密告毛利家织田信长已死，要其固守城池。不想信使被羽柴秀吉捉获，羽柴秀吉立即决定隐瞒消息，规劝守城的城主清水宗治交出高松城。清水宗治表示只要不屠城，自己可以自杀，将城让出。

同年6月4日下午，高松城领主清水宗治在两军交接投降的仪式上切腹自杀，羽柴秀吉夺取高松城后便立即撤军迅速赶往京都。6月13日，羽柴秀吉在山城的山崎打败了叛臣明智光秀。明智光秀在逃往近江坂本城的途中，遭到了小栗栖村的村民伏击，身负重伤，在绝望中自杀身亡。

在日本历史上，羽柴秀吉是一位具有军事奇才的政治家。他不同于织田信长对人严厉刻薄，杀伐失度，而是宽厚待人，力避乱杀无辜，这在日本战国时期的武将中是难能可贵的。他用兵向来是机智神速，出其不意，在智破高松城后仅用了八天的时间便迅速果断地围剿追杀了叛将明智光秀，不仅为明主织田信长报了仇，还高瞻远瞩地把自己置身于接班人的位置上，号令全军，一统天下。

织田信长不幸死去，导致织田家族的权力失控。在拥立谁为继承人的问题上发生了分歧，以羽柴秀吉、丹羽长秀、池田恒兴为主的一派，拥立织田信长尚在襁褓中的长孙（小名三法师）为继承人，其理由是三法师是织田信长的嫡孙。以织田信长的重臣柴田胜家为首的一派，企图拥立织田信长的三子织田信孝为继承人。

1583年，两派决裂。羽柴秀吉与柴田胜家决战于贱岳，最终羽柴秀吉包围了北之庄城赢得了胜利，柴田胜家与夫人阿市自焚而亡。不久，织田信孝被迫自杀。同年，羽柴秀吉在石山本愿寺的旧址上建立了大阪城。据史料记载，壮观华丽的大阪城胜过织田信长建的安土城。至今大德寺的唐门和西本愿寺的飞云阁还保留着羽柴秀吉当年的建筑风格，楼阁上镶嵌着珐琅，庭园中栽种建造了各种奇树怪石，涂金的琉璃瓦上雕饰着龙虎。有些日本史学家认为可与中国秦王朝的阿房宫和前汉的未央宫媲美，这种攀比恐怕是有些过分的自夸。不过，羽柴秀吉在大阪城所彰显的奢华是对自己至高无上权利的一种炫耀。他在华丽的宫殿内，用着黄金铸造的茶具，虽然是一种过分的奢侈，但代表了当时茶道的艺术风格，是中日茶道可区分探讨的民间文化艺术。

1584年，德川家康兼并了今川和武田的旧领地后，势力逐渐强大起来。于是，织田信长的次子织田信雄便联合德川家康攻打羽柴秀吉。由于双方势均力敌，便对峙于小牧山下。经过羽柴秀吉强大的政治攻势，织田信雄不得不屈服，德川家康也无可奈何撤了军。

西本愿寺

1585年，羽柴秀吉派其弟秀长和小早川隆景攻打四国，收服了长宗我部氏。随后，又派重兵围剿越中国的佐佐成政迫使其投降。决战决胜的羽柴秀吉，很快成为了日本家喻户晓能征善战的将军。

1586年9月，正亲町天皇任命羽柴秀吉为太政大臣，并赐姓"丰臣"。由此，羽柴秀吉更名为"丰臣秀吉"。这是日本继藤原、源、平、橘等四大姓氏之后的第五大姓。不过，"丰臣"姓氏只传了两代就绝嗣了。同年，丰臣秀吉将其妹旭姬嫁给德川家康为正室，母亲大政所则陪妹妹前往居住。这种政治联姻，使德川家康暂时地臣服于丰臣秀吉。

1587年，丰臣秀吉派弟弟丰臣秀长南征九州，征伐大军将守护大名岛津义久包围迫使其投降。九州平定后，岛津义久的辖区大部分被分封给了各诸侯领主，只把萨摩和大隅留给岛津义久作为领地。当时在博多坐镇的丰臣秀吉，节外生枝发生了一件令他不愉快的事情。他让当地笃信天主教的领主有马氏找几个美女陪睡，结果所找的女人都是虔诚的天主教信徒，她们遵照贞操重于一切的教规，拒绝了丰臣秀吉的要求。这件意外的事情，使丰臣秀吉敏锐地感到基督教在九州的广泛传播有违日本的神道，于是，丰臣秀吉颁布了《禁教令》，几乎把基督教徒全部驱逐出境。不过，他很明智没有禁止葡萄牙人在日本经商。那些西方的汗衫、线衣、纽扣、天鹅绒、印花布、玻璃、长颈瓶、糖豆、蛋糕、香烟以及油画等等，还是经常由葡萄牙进口到日本。应该说，基督教在日本没有得到广泛的传播，丰臣秀吉的《禁教令》起到了重要的作用。

1590年，丰臣秀吉号令天下，亲率30万大军出征关东地区包围了小田原城。城破后北条氏政和弟弟北条氏照切腹自杀，北条氏直被流放到高野山。与此同时，又平定了本州北部奥羽地域的守护大名伊达正宗。至此，丰臣秀吉完成了日本的统一大业。

这里所说的统一大业，指的是正亲町天皇以前日本所拥有的疆域。在此之前北海道还不属于日本，是虾夷人的居住地。1593年，后阳成天皇时期，丰臣秀吉派使臣进入北海道，收服了松前氏家族，并封松田庆广为北海道的领主。从此，北海道才正式成为日本领土。

丰臣秀吉不仅在军事上彰显了他统一日本的雄才大略，而且在治理国家上也创下了丰功伟绩。在还没有统一日本前，他便颁布了"刀狩令"，收缴农民、僧侣、武士手中的武器，然后用这些武器筑造了东山大佛，致使战后的日本很快趋于稳定。由于日本战国时期，没有统一的里程计算标准，丰臣秀吉号令全国实行统一的里程，同时还修筑了都市围墙，以便确定市区的范围，并积极鼓励私有贸易，免除各种杂税。为了统一货币，他主张铸造了大小不同的金币，并用银和铜铸造了天正通宝和文禄通宝。为了有效地利用自然资源，有些矿产直接纳入皇家所有。为了使农民能够获得土地，彻底废除了庄园制，重新丈量土地，恢复以前的班田律令制。同时还缩减了庄、乡、保、里等行政机构，统一为国、郡、村三级行政机构。

三十一　丰臣秀吉入侵朝鲜

在东北亚，人们虽然对日本历史不甚了解，但是对丰臣秀吉这个名字却不陌生。这是缘于丰臣秀吉统一日本后，便对朝鲜半岛发动了全面战争。丰臣秀吉的对朝战争，其狂妄野心在日本是空前的。在入侵朝鲜半岛之前，首先派特使企图说服琉球王国成为日本的附属国，在遭到了琉球国王的严词拒绝后，又派信使到菲律宾马尼拉威胁西班牙总督，自不量力地要求菲律宾归属日本。丰臣秀吉企图征服东南亚的战略构想，都在入侵朝鲜战争的失败中，成为了不切合实际的梦幻泡影。

朝鲜陷落　明军收复

1591年，深谙孙子兵法"上兵伐谋"战略的丰臣秀吉，派使臣宗义智通说服朝鲜李氏王国，允许日军借道朝鲜半岛攻打明王朝。这种"假途伐虢"一箭双雕的战略，既能够轻而易举侵占朝鲜半岛，又能够直接进军明帝国。不过，作为中国藩属国的朝鲜国王李昖，毅然决然地拒绝了丰臣秀吉的无埋要求。

1592年4月，丰臣秀吉在引诱和威胁失败后，便令宇喜多秀家为总指挥，率大军共计15.8万人，分乘700余艘舰船进攻朝鲜半岛。4月14日，日军从釜山登陆。

同年5月2日，来势汹涌势不可挡的日军，在陆地围攻了朝鲜京都汉城。在都城生死存亡之际，朝鲜全罗道左水师李舜臣在日军进攻的时刻，有效地打击了日本海军的入侵，积极配合了中朝陆地的对日作战。

5月4日，朝鲜水师李舜臣率龟甲战舰75艘驶出全罗南道丽水港。5月7日，日军木制战舰50艘在水师藤堂高虎的率领下前往迎战。经过一番海战，朝鲜的龟甲船占据了绝对优势，致使日军的木制战舰损失过半。5月8日，就在朝鲜水师初战告捷的时候，朝鲜的陆军却节节败退，国王李昖放弃京都汉城退守平壤。

李舜臣

5月27日，日军水师不甘失败，12艘战舰向庆尚南道的泗川偷袭。5月29日，李舜臣得到报告后立即率龟甲船23艘迎战，将偷袭的日军舰船全部击沉。然而，此时的朝鲜陆军却不堪一击。日军迅速北上，攻克了临津守备开城。

6月2日，朝鲜陆军败退之时，李舜臣率领的朝鲜水师却在主动进攻，击沉了唐浦港内的12艘日军舰船。6月4日，李舜臣率部与全罗道右水师李亿祺会师，又击沉了26艘固城唐项浦港内的日军舰船。6月7日，朝鲜水师再次袭击歼灭了栗浦港湾内的7艘日舰。日本海军不甘心失败，退守巨济岛集结，准备兵分三路再次向朝鲜水师进攻。

6月11日，李昖见朝军无法抵抗日本陆军，便离开平壤逃亡到中朝边境的城市新义州。6月15日，日军长驱直入，如入无人之境攻陷了平壤。至此，日本陆军进攻迅速，仅用了两个月的时间便占领了朝鲜半岛。

7月7日，在国王李昖即将流亡的时候，李舜臣仍然率朝鲜水师进攻日本海军，将济州岛的61艘日军舰船引诱到闲山岛全部围歼沉入大海。至此，日本海军丧失了制海权已无法运送战备物资。

当丰臣秀吉得知日本陆军速战速胜的报告后，欣喜若狂忘乎所以，迅速制定了攻陷中国明王朝的计划。妄想将北京攻克后作为日本帝都迎接天皇前往，自己则坐镇宁波征服中国。然后再征服东南亚包括印度，并将获得的土地分封给各路先锋将领。这是日本军政第一次狂妄地叫嚣，这种野心绝非是历史的偶然。二战期间，日本的战略便是吞并东亚和东南亚，打通中亚与德国法西斯会师。

此时，朝鲜国王李昖已派使臣向中国大明皇帝朱翊钧求救，明王朝清醒地意识到，日本如吞并朝鲜，唇亡则齿寒，所以绝不能丢掉藩属国朝鲜，于是明王朝决定，令辽东副总兵祖承训率部5000人入朝，夺回半岛保护李氏王朝。

7月17日，祖承训轻敌冒进攻入平壤城内。由于城内街道狭小不利于骑兵作战，日军依靠建筑物用火绳枪袭击明军，致使明军遭受重创伤亡过半撤回国内。

这期间，随着日本海军的失败和陆地占领区的扩大补给线的延长，丰臣秀吉才感到日军给养困难兵力不足。另外，朝鲜组织的义军进行的游击战活动也迟滞了日军的进攻。此时明王朝大军主力正在西征，一时间难以迅速撤回南下。为了稳住日军，明廷派使臣沈惟敬入朝与日军谈判，以便拖延时间集结大军再次援朝。12月25日，西征的李如松从宁夏归来，被任命为蓟、辽、保定、山东军务大臣并兼任海防御倭总兵，李如柏为副总兵迅速率4.3万大军开赴朝鲜。

1593年1月5日，明军分左中右三路大军进军平壤。日军小西行长则率1.8万日军，依靠险要地形坚守平壤。此时装备了虎蹲炮、灭虏炮、火铳等先进武器的明军主力，从西、南、北三个方向强行进攻平壤，城东的大同门和长庆门则有意布置薄弱兵力让日军溃逃。1月8日，明军万炮齐发，硝烟弥漫，祖承训率先突破城南的芦门，随后城南的含毯门，城西的普通门和七星门及城北的牡丹峰相继被明军攻克。日军总指挥小西行长见大势已去，入夜时分便率残兵败将突破东南向开城撤退，突围不远的日军便遭到明军的伏击数百人被斩杀。与此同时，开城的日军也弃城南撤，小西行长只好率日军撤往汉城。此时，沿着半岛东海岸北上的加藤清正得知平壤和开城相继失守的消息后，便调头从咸镜南道向汉城撤退。此次平壤会战，明朝大军消灭日军1.2万人，收服了平壤和开城及半岛北部大片的土地，扭转了朝鲜半岛战局，迫使日军由攻势转为守势。

同年1月25日，明军南渡临津江向汉城推进。1月26日，明朝总兵李如松轻信当地传言日军已放弃汉城南撤，便率亲兵2000余人追击。结果李如松在京畿道高阳市德阳区碧蹄馆，陷入日军小早川景隆和毛利元康2万余人的重围。此时,李如松率部英勇奋战,并急令中军主力救援。经过6个小时的激战,日军败退汉城,明军则后退开城和平壤扼守大同江。此战明军战死2500人,日军则死亡8000余人。

同年2月,日军2万余人进攻汉城西北方的幸州山城,朝鲜守将权栗固守城池大败日军。明军总兵李如松则采取主动袭击的战术,焚烧了日军的后勤粮仓。3月19日,日军因失去了给养从汉城撤退至釜山。此时,明朝联军与日军处于对峙中。后来日军又攻陷了庆尚南道的晋州城,但日军未能扭转战场失利的局面,只能龟缩在半岛南部釜山一带,主动向明王朝议和。

卷土重来　失败告终

1593年6月,日本使节先到北京,然后陪同明使沈惟敬赴日本京都议和。7月1日,明王朝宣诏退兵,以便与日本商谈封贡事宜。于是,李如松带明朝大军主力撤离朝鲜,只留下刘綎的川兵5000余人驻守。日本主动提出议和,是丰臣秀吉的缓兵之计,或者说是为了挽回败局的一种政治伎俩。明王朝竟然放弃将日军消灭的时机,陷入了丰臣秀吉的圈套中。不久,丰臣秀吉在日本名古屋会见了明王朝使团,并提出了停止战争分割朝鲜的七点建议。①日本迎接明帝公主为日本天皇皇后;②继续发展勘和贸易;③明王朝和日本永誓和好;④汉城及四道归还朝鲜,南部四道则割让给日本;⑤朝鲜国王送一王子为日本人质;⑥日本交还朝鲜俘虏及宫廷官吏;⑦朝鲜要永远不背叛日本。这七条建议经过日使小西行长和明使沈惟敬的一番会谈。不过,沈惟敬为了欺骗朝廷声称丰臣秀吉同意向明王朝称臣并请求封贡。日本使臣小西行长则向丰臣秀吉汇报,明使已同意了七条建议,只需呈报大明皇帝批准即可。

1594年10月,日使小西如安与明使沈惟敬同赴北京。临行前小西行长特意对小西如安作了交代,小西如安到达北京后便答应了明王朝提出的日本在册封后迅速撤离朝鲜,只求册封不求贡,日本与朝鲜修好不准侵犯的三个条件。此时,沈惟敬也递上了伪造的日本投降书。明神宗朱翊钧和满朝大臣皆大欢喜，认为日本还是明初室町幕府衰落的日本，便以恩赐封赏的口气降旨，册封丰臣秀吉为日本国王。且不说这次外交谈判如何荒唐不可思议，当丰臣秀吉看到大明帝国的诏书后勃然大怒："吾掌握日本，欲王则王，何待髯虏之封哉！"并将诏书置于地怒斥使臣，把明王朝的使团驱逐出境。沈惟敬归国途中滞留朝鲜，不敢回京觐见皇帝。明神宗朱翊均得知真情后，立即将兵部尚书石星治罪，并命令驻朝鲜的明军捉拿沈惟敬。

1597 年 1 月，丰臣秀吉调集了 8 个军团 14 万人，水陆并进再次入侵朝鲜。此次入侵朝鲜暴露出日本的凶残本性，丰臣秀吉下令日本将士要英勇奋战，以割掉朝鲜和中国人的耳朵为战利品论功行赏。

同年 2 月，明朝再度议定以山东右参政杨镐经略朝鲜军务，以邢玠为兵部尚书总督蓟、辽、保定军务专事御倭。以麻贵为备倭总兵，统领南北诸军。同年 6 月，日本侵略大军在釜山登陆后向北推进。7 月占领梁山（釜山北）、三浪（釜山西北）、庆州、恭山岛（珍岛）、闲山等要塞。兵部尚书邢玠急令明军严守汉江和大同江，以便阻止日军北上。8 月 19 日，日军加藤清正率右路大军攻克南原，驻守全州的陈愚衷得知南原失守后便弃城北逃。日军东西两路北上势不可挡，明军则依靠汉江天险退守汉城。

同年 9 月，日军攻至汉江后便迅速退守东南沿海。11 月 23 日，明军兵分三路攻克蔚山，击毙日军 400 余名，加藤清正率部退守岛山。随后明军进攻岛山连破数寨毙敌 660 余人，在即将攻破岛山防线时，明军却收兵贻误了战机。11 月 25 日，明军再度强攻岛山损失惨重，然后改变战术围困日军。

1598 年 1 月，明军右参政杨镐误以为日军东上增援，怕被包围便策马逃阵。结果遭到日军加藤清正的反击，致使明军溃败死伤 2 万余人被迫退守汉城。同年 9 月，明王朝增兵 9 万余人，分四路向半岛东南各地的日军发动了大规模进攻。经过 13 天的激战，日军遭受重创只能龟缩在釜山、顺天、南海等地坚守。明军也伤亡惨重，无力再发动进攻。

1598 年 11 月，丰臣秀吉的死讯传到朝鲜后，日军开始全面撤退。明军闻讯后迅速发起了露梁海截击战，此战日军死伤惨重百余艘舰船被焚毁。不过，明军大将邓子龙和朝鲜水师的李舜臣在混战中不幸阵亡。12 月初，明军大将陈璘率部围剿了乙山的日军残部，毙敌 1000 余人。至此，丰臣秀吉发动的侵朝战争以失败告终。

这场战争，日本军人凶残杀戮的本性使人愤恨。为了获取战功，那些进攻又退却的日本将士杀害了多少无辜的朝鲜人，包括老弱病残及妇女儿童难以计数。他们将屠杀的朝鲜人耳朵割下来，腌制后运回日本论功行赏。在日本京都，那些令人毛骨悚然的战利品，十几万人的耳朵已堆积如山，葬在了丰臣秀吉的陵庙前。如今那座叫做"耳朵山"（耳冢）的地方已种植了大片的樱树，成为日本人度假赏花的旅游地。

对于这场战争，日本史学家曾辩解说，为了缓和国内矛盾，丰臣秀吉才发动侵略战争，以便将获得的土地分封安抚给有功人员。还有的学者说，是为了与明王朝恢复"勘合贸易"……如此辩解，纯属无稽之谈。丰臣秀吉的对朝战争，再一次暴露了日本军政侵略扩张的狂悖野心。

中国明王朝历时七年的抗日援朝战争，艰苦卓绝，前仆后继，为东北亚奠定了300余年的稳定格局。300余年后，经过明治维新崛起的日本又重新发动侵略战争，不仅吞并了朝鲜半岛，还发动了侵华战争和太平洋战争，在东亚和东南亚制造了空前的历史大灾难。

三十二　德川幕府的建立与统治

德川家康靠朋友织田信长起家，靠同僚丰臣秀吉的包容壮大，靠打压铲除丰臣家族雄霸日本。他所拥有的德川幕府，实行的"幕藩体制"，基本上是按照镰仓幕府的模式建立的，并大力倡导儒学，安邦治国。其闭关锁国，又适当的开放政策，加强巩固了幕府的封建统治。不仅保持了日本200多年的和平与稳定，还为明治维新奠定了经济基础。

德川家康

觊觎统治日本

1543年1月，德川家康出生于名古屋附近的冈崎，父亲松平广忠为冈崎城的领主。原随父姓"松平"，名叫竹千代，不久更名为家康，即松平家康。后来天皇敕令改姓为德川，于是德川家康这个名字便名扬日本。当年战国军阀混战时，松平广忠为了联合骏河国的守护大名（军阀）今川义元攻打尾张国的领主织田信秀（织田信长的父亲），便将年仅六岁的儿子德川家康作为人质送给今川义元。然而中途被人预谋抢夺，送给了织田氏监护起来。德川家康被织田氏监护期间认识了织田信长，两人虽然相差九岁，却成为童年好友。

这期间，松平广忠不仅没有与今川义元联盟，而且还被家臣谋杀。不久，今川义元的军师太原雪斋率大军攻克了三河国的要冲，抓获了守将织田信广。于是太原雪斋同织田信秀交涉，以织田信广交换了德川家康，然后再将德川家康送给今川义元为人质。

当年，织田信长在桶狭间战役中消灭了今川义元，做为人质的德川家康不仅被解救出来，还得到了今川义元的辖地。从此，年仅19岁的德川家康结束了12年的人质生活，并拥有了领地和军队及共同打天下的盟友。换言之，没有一代枭雄织田信长的鼎力相助，德川家康就不会成为雄霸一方的军阀。长期作为人质的德川家康历练了一种深谋远虑、坚忍不拔的沉稳性格。这为他在后来的征战中能忍则忍，能强则强，张弛有度，雄霸天下打下了坚实的基础。

德川家康拥有实力后，便平定了三河国的一向宗起义，从而巩固了自己在辖区的地位。当年德川家康会同织田信长在"姊川之战"中打败了浅井氏、朝仓氏，随后又率大军攻克了远江的曳马野，并将大本营迁往曳马野（滨松），从而奠定了实力基础。

当年统辖甲斐、信浓、骏河三国的军阀武田信玄，率3.5万人马进军京都途经三河国时，被德川家康率8000余人和织田信长的3000人阻击在三方原，史称"三方原会战"。由于双方兵力悬殊，战败的德川家康只率少数亲兵突出重围。此战虽然德川家康以失败告终，但是其对手却十分敬佩德川家康的将士。那些为德川家康英勇奋战的将士们，都是面向敌方脸朝下而死去的，没有一个士兵因脱逃战场而斩首，由此可见，德川家康是一位带兵有方的统帅。

武田信玄病逝后，德川家康与织田信长在天目山夹击消灭了其子武田信赖。战后，织田信长又把骏河国封给德川家康。织田信长死后，德川家康便将三河、远江、骏河、甲斐及信浓南部纳入自己的势力范围，成为日本战国时期实力雄厚的大军阀。后来织田家族因织田信长死后继承权的问题分成两派，德川家康便拥立织田信长的次子织田信雄，围攻另一派丰臣秀吉。双方在小牧山形成对峙后，德川家康感到自己不是丰臣秀吉的对手，便随机应变趁丰臣秀吉讲和之时，迅速率大军撤离战场，并臣服于丰臣秀吉。事后，丰臣秀吉没有追究德川家康，还允许他率领3万大军进驻关东地区。于是，日本最大的美丽富饶的关东平原，便成了德川家康的封地。至此，德川家康不仅逃脱了侵朝战败的影响，反而还借助地理环境的优势，成为强大的封建诸侯。

1598年8月，丰臣秀吉临死前托孤"五大老"，其中就有德川家康。可是德川家康不仅没有知恩图报，拥立丰臣秀吉的独生子年仅6岁的丰臣秀赖，反而还谋划削弱丰臣家族的势力范围，企图取而代之，霸业天下。德川家康利用丰臣秀吉的亲信部下之间的矛盾，挑拨离间制造矛盾，拉一派打一伙。在他的暗中拉拢挑拨下，由秀吉夫人抚育长大的家臣加藤清正和福岛正，则与丰臣秀吉破格提拔重用的文治派家臣石田三成及小西行长形成了对立。

1600年，在大阴谋家德川家康的煽惑鼓动下，所有的诸侯分成东西两大派，并聚集了20余万大军在美浓国的关原（岐阜县不破郡）展开了大战。在战争的关键时刻，德川家康安插在西军中的小早川秀秋从内部叛乱，结果石田三成和小西行长彻底败亡。这次战争中，虽然与丰臣家族没有直接关系，但是渔翁得利的德川家康却暗中削弱了丰臣秀赖的势力，并不容分说地将丰臣秀吉时期的直辖城市和矿山纳入自己的势力范围。同时还削减了毛利、上杉等大贵族的领地，并剿灭没收了87家诸侯领主的封地。

1603年，在德川幕府的威逼下，后阳成天皇颁诏德川家康为征夷大将军。由此，德川家康就名副其实地成为了日本的统治者。也就是从这一年开始，德川家康指令各守护大名、诸侯领主捐献钱物，集中人力、财力、物力扩建了江户（东京）。三年后，江户已建成拥有300多条街道、五层之高天守阁的大都市，成为德川幕府的所在地。

关原大战

建立幕府统治机构

此时，德川家康根据镰仓幕府的管理机制和中国的藩镇制度，把270个半独立的领主大名、诸侯领主根据血缘亲疏关系和功绩大小，分门别类地加以分封。并立法规定，当大将军死后没有继承人的情况下，可以从亲藩大名中直接选取大将军。根据地域的不同，这些亲藩大名每年能够得到35万石至60万石收入的封地。其次便是"普代大名"，即谱代领主。他们都是"关原之战"前追随德川家康的军阀，可以在幕府中担任要职，主要分封在畿内、关东、东海道等地域，每年可拥有1万石至10万石的年收入。三是"外样大名"，也就是外藩领主。他们都是"关原之战"后，臣服于德川家康的诸侯。外样大名都分封在奥羽、九州、四国等偏远地区，虽然他们的领地大，但永远是外族，不能成为幕府的阁僚。

德川家康本人每年则拥有400万石的土地收入，加上幕府家臣300万石的封地，幕府每年的收入总计超过了700万石，约占全国俸禄总数的四分之一，况且他的直辖土地大都在关东及日本的中部，这一地区有着日本最大的平原，是大米的主要产地。另外，幕府已完全垄断了矿山资源的开采和货币的铸造，并且还控制着江户、京都、大阪、长崎等大城市的工商业税收。

德川家康是一位很有韬略的人。对他而言，打天下算不上难。然而治理天下，他却悟出了更难的道理。在他基本上控制了各幕藩领主后，便设定了一套完整的幕藩统治机构。设立"老中"（职名），是征夷大将军的直属官员，负责统领全国政务，在"大老"（职名）未设置的场合上，是幕府的最高官职，这个职位定员4至5名，由二万石领地以上的谱代大名中选任。这个统治机构虽然与镰仓幕府相同，但是却废除了二元政治中的皇室贵族的权力机构。其显著的特点是，几位"老中"采取月番制，轮番管理不同事物，从而防止了大权独揽，避免影响幕府统治的现象发生。

征夷大将军是德川幕府的权力中心，下设大老、老中、若年寄三个级别的职称。其中"大老"为最高职权，但这一职务只是临时设立，当大将军年幼未能执政时才设立"大老"，以便代替大将军处理重大事务。"老中"的职权，主要是负责幕府日常行政事务签署命令，掌管财政、管控幕藩领主、朝廷皇室，以及建筑项目和对外各种事务的处理。"若年寄"的职权，主要是辅佐"老中"管理能够直接参见大将军的旗本（武士）和没有资格参见大将军的家人，以及担任大将军侍卫的"御用人"。所谓的御用人，就是直接传达大将军的命令呈报奏折的人。

另外，还设置了监督幕藩领主的"大目付"和监督一般武士的"目付"，并设立了"勘定奉行"一职，管理幕府直辖领地的民事诉讼。在江户还专门设立了"町奉"，管理江户市政和警察及司法人员。同时还设立了"奉行"一职管理寺院，并兼管幕府以外领地的民众诉讼。

对于幕府直接管辖的京都，设立了监督皇室和近畿幕藩领主的"司代"，在其他重要城市设立了"城代"和"町奉行"，并设有"勤番"担任军事和警备。基层则设立"郡代"或"代官"以及负责司法的"奉行"等等。

德川幕府的最高法院是"评定所"，评定所处理司法事务则由担任"勘定奉行""町奉行""奉行"三个职务的官员合议解决。

幕府和直辖地域所设立的机构职称，只有具备了谱代大名资格的领主才能担任，其余的则由旗本充任。外样大名不仅不能够担任以上职务，还禁止他们过问幕府的政治及事物。

对于外样大名，即幕藩领主地域的统治机构，基本与幕府中央机构相同。不过，其中的"家老"和"年寄"以及军事机构等重要的职务，则由谱代家族的人员担任。

德川幕府的统治机构最大的特点，即战时能够迅速地转变成军事机构，官员没有文武之分，平时的事务人员，进入战争后便原封不动地变成了军事指挥官。平时大将军能够直接指挥幕府中5000多人的武士，另外还可以直接指挥1.7万的家人和4万余人的家臣。一旦出现战争，幕府还能够迅速动员6万多人的预备兵力。

农村的行政机构则由名主（村长）、组头（副村长）、百姓代（监察官）组成，村长由村中拥有大量土地的地主担任，一般情况下由村民选举产生，有的地方是世袭制，有的地方只能世袭一代。村长主管村里的所有事务，包括调节、诉讼、仲裁、宗教信仰等等。副村长和村里的监察官由村民选举或协商产生，其中副村长必须能写会算，掌管文书和财会工作。

村里的行政官员有一定的特权，他们可以称姓带刀。所谓的"称姓带刀"，就是准许他们有姓氏，可以佩戴护身的腰刀，并允许穿戴规定的礼仪服装。应该说，德川幕府的农村行政机构比较民主，富有自治的色彩，为德川幕府早期的经济发展奠定了良好的基础。不过时间一长，这些村官便横征暴敛，中饱私囊，成为欺压百姓的罪魁祸首。

农民就像奴隶一样，被拴在土地上只会耕作，而且平时琐碎的事务也会遭到限制和干涉。禁止农民买卖兼并土地，不准农民在耕地上随意种植经济作物，不准随便吃米，不准饮酒喝茶。

为了防止农民不交年贡税收，采取五个家庭连带责任制，即五个家庭的家长组成的"五人组"。如有一人逃避年贡，其他人都要担当责任，对脱逃、犯罪的人员也要追究"五人组"的连带责任。当然，幕府所设的"五人组"还有着积极的正面作用。例如"五人组"中的家庭谁家有困难，其他的家庭便会担负起照顾与帮助的责任，起到了扶贫帮困的作用。至于维修道路桥梁，翻盖房屋，水利建设，抗震救灾等等，"五人组"就会共同地出人出力，出钱出物以解决。

城市中的街道，也有"五人组"性质的家庭责任制，以便保证政策法规的落实，维护街区的设施，完成清雪除垃圾等任务。街区还设置了卫兵室，日日夜夜的执勤、巡逻维护社会治安，甚至还要担负提醒市民时间及用火安全。

小试牛刀　蚕食琉球

德川家康刚刚建立起完整的统治体系，在还没有消灭异己的情况下，便开始侵占琉球王国。1609年3月4日，在德川家康的允许下，曾是九州萨摩守护大名的幕藩诸侯岛津家久因领地被削减，便采取"堤内损失堤外补"的"转嫁止损"做法，亲率精兵3000余人，分乘100余艘战船驶出山川港，浩浩荡荡地向琉球王国进发。

同年 3 月 8 日,日军侵占了奄美大岛(鹿儿岛)。3 月 26 日,日军围攻琉球王国的都城首里(冲绳)。4 月 5 日,面对强悍的日军,琉球国王尚宁被迫投降求和,岛津家久便将国王尚宁运送到奄美大岛囚禁起来,后又将国王尚宁带到幕府同德川家康见面,以此证实日本征服了琉球王国。

明王朝得知日本对琉球的侵占后,虽然表示了谴责与不满,但是并没有更多的外交交涉和军事行动。鉴于丰臣秀吉在朝鲜半岛的惨败和迫于明王朝的谴责与压力,德川家康和岛津家久惧怕明王朝直接出兵干预,因而既不敢对琉球扩大侵略,又不敢杀害国王尚宁。于是强迫尚宁承认奄美大岛以北为萨摩幕藩的领地,并要求琉球王国每年向萨摩幕藩缴纳八千石粮食。此后,日本史学家宣称,琉球王国从此便是日本的附属国,但同时又承认琉球是中国明王朝的附属国。

到底琉球是谁的附属国?历史早有定论。中国唐王朝编撰的《隋书·流求传》中记载,隋炀帝曾派羽骑尉朱宽到东海寻找异俗别类,当船队看到大海中蜿蜒如虬龙般的群岛后,朱宽便形象地称其为"流虬"。后来"虬"字因忌讳帝王专用的"龙",便在编年史中有意写成"流求"。流求成为明王朝的附属国后,朱元璋在诏书中又把流求改写成"琉球"。琉球不仅是由中国命名的附属国,琉球的祖先在公元前 10 世纪至公元前 3 世纪就属于中国中南沿海的移民,其古文化来源于中国百越文化的遗传。明王朝时期,朱元璋曾经将善于造船航海的福建人派往琉球,随后又有大量的福建人移民到琉球,他们在琉球被称为"闽人三十六姓"。

虽然琉球王国失去了三分之一的岛屿领土,但是琉球王国还在,并没有因为日本的蚕食而灭亡。在国王尚宁被日本虏获放回后,琉球王国仍然向大明王朝纳贡称臣,仍然沿用明王朝的年号。也许是琉球王国的战略位置没有朝鲜半岛重要,或许是元王朝与日本海战失败的因素,明王朝在对待日本侵占琉球王国的问题上,只是敷衍了事而不了了之。这不仅是战略上的失误,也是对琉球王国的伤害,历史的教训应该引以为戒。因为无论按理论之,还是凭国家实力,当时的明廷都有能力帮助琉球王国收回奄美大岛。

德川家康没有吞没琉球王国,除了惧怕与明王朝直接交战引火烧身,还有从经济利益上考虑的成分。如果吞并了琉球,便会终止与明王朝通商的机会，似乎有些得不偿失。当然，也许这只是战略上的缓兵之计。日本深知琉球群岛的战略位置，吞并了琉球群岛，就等于控制了中国和朝鲜与东南亚的交通枢纽，只是时机不到而已。半个多世纪后，大清王朝出现了"三藩之乱"，日本感到中国要分裂，便唆使琉球国王收集硫磺送给叛乱中的耿精忠。尽管琉球国王面临着日本的威胁，还是委婉地拒绝了日本的要求。"三藩之乱"后，康熙大帝奖赏了琉球王国。在大清王朝的威慑下，德川幕府也收敛了吞并琉球王国的野心。

铲除异己　严控幕藩皇室

已经控制了日本的德川家康，按理应该稳坐天下享清福了。可是老谋深算的德川家康认为，还有现实的政治问题让他不能放心。在他担任大将军仅仅二年的时间里，为了他死后征夷大将军的封号不会落入他人的手中，德川家康于1605年便将征夷大将军的封号让给了第三子德川秀忠。并暗示各幕藩诸侯领主，征夷大将军的封号是德川家族世袭专用的，别人休想觊觎德川幕府至高无上的权力。

德川秀忠之所以能够接班成为大将军，是因为他的长兄松平信康曾涉嫌内通外敌，被织田信长勒令切腹自杀。他的二哥结城秀康早年被人收养，成为"外人"已不能接班。所以德川秀忠接班成为大将军，也是顺理成章的事情。况且在担任大将军之前，他就已经是天皇名义上的太政大臣了。不过，德川秀忠在关原大战中却表现不佳，曾因贻误战机险些被其父德川家康勒令自杀。如此重用德川秀忠，也是德川家康为了避免政权落于他人之手，经过深思熟虑不得已而为之。

另外，德川家康惧怕丰臣秀吉的独生子丰臣秀赖东山再起。于是，年逾70岁的德川家康决定在他有生之年，一定要清除酷似丰臣秀吉的丰臣秀赖。为了削弱丰臣家族的势力范围，他玩弄权术别有用心地恢复大批的寺院和神社，并以广泛祭祀丰臣秀吉为名，鼓励丰臣家族极尽奢侈声势浩大的做法事敬拜神社，从而消耗其家族的财力和物力。并以方广寺大钟的铭文"君臣丰乐子孙殷昌"是诅咒德川家族为借口，挑衅丰臣秀赖。

1614年11月，年轻气盛的丰臣秀赖在忍无可忍的情况下，决心向德川幕府宣战。然而，孤立在大阪城的丰臣秀赖没有一个幕藩诸侯公开追随他，而德川家康却得到了幕藩诸侯们的广泛支持并直接围攻了大阪。为了减少攻城战的伤亡，德川家康将大军围而不攻，然后与丰臣秀赖讲和，声言以拆除障碍填平城池为撤军条件。幼稚而又缺乏谋略的丰臣秀赖听信了德川家康的许诺，便轻易拆除了城墙堡垒并填平了城池。

翌年5月，万事俱备的德川家康突然背信弃义，发动了全面的进攻，德川秀忠亲率大军冲锋陷阵，不仅顺利地攻克了大阪城，还救出了嫁给丰臣秀赖的长女干姬。丰臣秀赖和生母淀君被迫自杀，至此丰臣家族绝嗣灭种。此战，拥有18万军队的丰臣秀赖死伤过半，德川家康的联军也损失了3.5万人。

德川家康在消灭了丰臣秀赖后，便立即下令各诸侯国只准留有一个城池，其余的全部毁掉，还禁令不准修建新的城池。即使如此，德川家康仍然不放心，为了在各幕藩领主之间互相牵制，并根据法令法规和幕府的需要，随时随地对幕藩领主进行调动削减其封地，甚至撤销其领地。德川幕府的老臣大久保忠邻和本多正纯，虽然他们追随德川家康立下了赫赫战功，但是仍然被幕府借口罢官免职，以没收封地为由加以制裁。对于最后臣服的幕藩领主，则会毫不客气撤销封地严加管控。拥有广岛地域的幕藩领主福岛正则，拥有熊本地域的幕藩领主加藤忠广，拥有冈山地域的幕藩领主小早川秀秋，拥有会津地域的幕藩领主蒲生忠乡，都曾先后被德川家康以种种理由或借口削减了封地，或撤销封号没收了领地。不仅如此，德川家康还迫使各幕藩领主对大将军表忠心，并联名签署责任书。

1615年7月，德川幕府颁布了《武家诸法度》十三条。要求各幕藩领主除了本封地的人互相往来外，不准与其他幕藩领地的人接触交往；不准藏匿违法犯罪者；不准随意修建城堡。在通过颁布法令控制幕藩领主的同时，还不断地削弱幕藩领主的财力和物力。他们经常要求幕藩领主无偿地提供人力，捐献材料，大搞土木建设。当时的江户、宫中、仙洞、骏府等城市，都是通过这种敛财的方式建成的，致使幕藩领主财政支出不堪重负，但又敢怒不敢言。为了更好地驾驭幕藩领主，德川幕府不只是采取高压强硬的手段管控他们，还通过婚姻、赐姓、封官、奖赏等软硬兼施的手段拉拢幕藩领主，以便达到长期统治的目的。德川家光执政时，又增加了二十一条法令，其中的"参觐交替制度"规定，各封地的幕藩领主要在江户居住一年，每年的四月进行轮换。

德川幕府夺取天下后，吸取了庄园经济和世俗佛教及僧兵直接参与政治斗争的历史教训，对佛教采取了严格的管理，规定寺院僧侣必须以做学问为主，废除总寺院统治下属寺院的做法，同时还禁止建立新的寺院。幕府为了更好地管控寺院，便利用僧侣之间的对立矛盾防止寺院做大，将寺院和其领地一分为二分给两派。如此巧妙地在寺院中解决矛盾，从而达到了分化削弱寺院势力范围的目的。

1616年4月，功成名就的德川家康在没有任何政治遗憾中死去，时年73岁。死前他还迫使天皇取消了丰臣秀吉"丰国大明神"的封号，并留有遗言说："吾死后先归葬三浦山中，一年期满，移葬日光。吾之灵魂将常驻，永远庇佑国家及子孙。"德川家康死后一年，幕府遵从他的遗愿，将遗体从三浦山中移出，运送到事先建好的日光陵墓中。届时，后水尾天皇还在庄严肃穆的祭祀仪式上宣布，封德川家康为"东照大权现"神号。从此，德川家康被披上了"神祖"灵威的神秘面纱。

且不说这种神秘的面纱在日本有多少人崇拜，影响了几代人，"台独"份子李登辉曾向媒体坦然，他最崇拜的历史人物便是德川家康。他崇拜德川家康韬光养晦的奸佞性格，不仁不义恩将仇报的残忍手段。李登辉是这样说的也是这样做的。他像癞皮狗一样跪拜蒋经国，在赢得了蒋经国的好感爬上高位之后，又像疯狗一样迫害蒋氏家族，并否定自己是中国人。最终成为日本的汉奸走狗，分裂中华民族的败类。

如果说丰臣秀吉统一日本，置身于朝廷皇宫的政治体制中，从中摄政或者担任太政大臣，是为了效忠天皇的话。那么德川家康另立中央号令天下，完全将天皇束之高阁，就实属不仁不义。德川家康对天皇不忠似乎有点理由，他从起家到称霸从没有依靠过天皇，即使是征夷大将军的称号是后阳成天皇封的，那也是不得已而封之。因为德川家康已经完全控制了日本，只是利用

"征夷大将军"这个封号名正言顺地建立德川幕府而已。

关原战役之后,德川家康按照镰仓幕府的办法,任板仓胜重为"所司代",专职抑制管控天皇,从而压制朝廷皇室干涉朝政。不仅如此,德川幕府还颁布了《禁中并公家众诸法度》十七条,要求"天皇以才艺和学问为第一",不准天皇参与政治。天皇的改元、勒令、年号,亲王以下朝廷大臣的任免名次等等,必须经过德川幕府的同意,否则无效。同时还随意将朝廷的官员调到德川幕府和幕藩领主中任职,从而削弱朝廷皇室的势力范围。

最使人难以置信的是,德川家康时期竟然只留给朝廷皇室每年1万石的土地收入,这点领地只能算是一个小封建领主的俸禄。后来在中国儒学的熏陶下,也是为了缓解矛盾,幕府不仅承担了天皇继位时的大尝祭宴会,还把朝廷皇室的土地增加到3万石,并修复了已故天皇荒芜的陵园。虽然德川幕府对朝廷皇室如此苛刻,但是为了加强统治却极为重视与天皇的血缘关系,以便显示血统的高贵。

1619年,德川秀忠去京都朝觐时,要求后水尾天皇娶其女儿为皇后,结果后水尾天皇退位后,他和德川秀忠的女儿生的公主登上了皇位,也就是后来的明正天皇。

1634年6月,为了宣布朝廷皇室和德川幕府合二为一的高贵血统,德川幕府第三代大将军德川家光率领4万人,包括幕僚武士家臣和各幕藩领主以及佣人随从,浩浩荡荡地涌入京都参加明正天皇的登基典礼。幕府的目的就是为了炫耀壮大自己,让京都的30万民众和各幕藩领主明确知道,德川家族和朝廷皇室是一个家族不可分割的命运共同体,反对天皇就是反对大将军,反对德川幕府就是反对朝廷皇室。虽然这种隆重的仪式只举行过一次,但是后来德川幕府与朝廷皇室通婚则成为常态化。

倡导儒学　治国安邦

早在镰仓幕府时期,中国的程朱理学就已传到日本,填补了当时意识形

林罗山

态领域的空白。对镰仓幕府主张的"二元政治",即天皇的神圣性与镰仓幕府的现实性起到了相融相合的互补作用。具有中国帝王治国理念的德川家康,深知儒家学说治国对德川幕府之重要,尤其是程朱理学提出的人生哲学和宇宙观的新理论,使人们的思想能够与政治制度较好地结合统一起来,不仅能够帮助德川幕府建立起良好的社会化意识形态,还能够为民众建立起牢固的道德基础,从而加强和巩固德川幕府的统治。于是,德川家康便把日本当时著名的佛教禅宗大师唯心主义哲学家,深谙中国程朱理学的藤原惺窝和他的弟子林罗山请出来,聘请为德川幕府的历史和法律的高级顾问,尤其是品学兼优的林罗山少年削发为僧,18岁立志专攻程朱理学,精通经史,通晓儒学汉文。21岁能够讲解《论语集注》,23岁便成为幕府的高级幕僚,起草政策法令、法律条文、礼仪规章。后来藤原惺窝和林罗山师徒两人逐渐地抛弃了佛教,成为儒家程朱理学大师并走上了政坛。他们的世界观从佛教到儒学的迅速变化,对当时日本社会的意识形态产生了深远的影响。

德川家康和藤原惺窝死后,林罗山继续担任幕府德川秀忠和德川家光,直至第四代大将军德川家纲的儒学大师及高级幕僚,其子女也被幕府授予了世袭的爵位,从而世世代代辅佐德川幕府并维护其统治。

藤原惺窝和林罗山师徒二人的思想变化,充分说明了佛教世俗化在日本由来已久,林罗山就是一位典型的实用主义者。他由一位忠实的佛教徒演变成为程朱理学大师,并成为德川幕府的高级幕僚并世袭了爵位,就是日本佛教世俗化的延续和典型表现。当然,佛教之所以能够在日本安家,也与儒教有着相辅相成的作用。

1630年,幕府第三代大将军德川家光时期,林罗山在江户上野忍冈设立家塾弘文院传授幕府儒学。著有《本朝通鉴》《大学解》《论语解》《大学抄》等书。第四代大将军德川家纲对程朱理学颇有造诣,极为重视伦理道德,并以此奖励儒学大师和幕僚以及社会底层人员。林罗山死后，第五代大将军德川纲吉建立起儒家学校，即官吏学院，并任命林罗山的孙子凤冈为大学头。此时，各诸侯幕藩也纷纷在领地内建立起儒家学校，聘请儒学大师讲学。德川纲吉每月都要把府中的官僚和幕藩领主及僧侣集中起来，为他们亲自讲解《易经》。德川纲吉用了8年的时间，不仅将《易经》学透讲完，同时还建造了圣堂祭祀孔子广泛地培养学子。由此上行下效，整个德川幕府和幕藩阁僚都以精通儒学为荣，以精通儒学入仕，以精通儒学谋取高位特权。

经过德川幕府五代大将军的不懈努力，程朱理学已渗透到社会的各个领域，融入大和民族的血肉中，成为指导日本社会发展的理论基础。德川幕府的封建制度之所以能够延续260余年，完全是崇尚倡导儒学的结果。

儒学是为封建统治阶级服务的，那么势必就会在日本产生严格的等级之分。德川幕府将他的臣属子民分为士、农、工、商四大阶层。将军和领主及武士具有贵族身份，被称作"士"。这种"士"是官僚"宝塔"式的，有20多个等级不同的身份，并具有严格的等级观念。农民、手工业者和商人则是平民，他们虽然也有贵贱之分，但却把农民摆在了第一位，目的就是为了生产粮食，缴纳年贡获取税收。平民中还有"秽多"和"非人"的区分，即流离失所的游民被称作贱民。这类人一般都是有犯罪前科的人员，他们都从事宰杀动物，照料传染病患者，清理死刑犯的场所，以及街头卖艺、乞讨的人员。对于贱民，他们大都居住在城市特定的区域里严加管理，即使是最底层的"足轻"（士兵）对贱民也有生杀大权，只要认定他们有罪，便格杀勿论。德川幕府时代，人的身份都是世袭的。"贱民"的身份世袭后，其悲惨的社会地位是难以言喻的，禁止他们从事商业、手工业或农业劳动。

不仅如此，不同身份的人还严禁通婚。诸侯就是诸侯，武士就是武士，平民就是平民，贱民就是贱民，他们的子孙必须承接着父辈不同身份的幸福和苦难。换言之，贱民被束缚在规定的职业和场所，将会永世不得翻身。他们祖祖辈辈难以改变悲惨的命运，因而社会就难以形成公平。

德川幕府时代的家庭，其家族有着更为浓厚的儒教意识和家庭色彩，家长制观念是根深蒂固的，无论是农工商，还是贵族，都要遵守中国儒家思想所倡导的三纲"君为臣纲，父为子纲，夫为妻纲"和五常"仁、义、礼、智、信"的封建理念。家族爵位俸禄由长子单独继承，女子是不能够成为继承人的。无论是在法律还是在道德上，妇女完全是男人的附属品，没有任何社会地位。女子未婚从父，婚后从夫，夫死从子及妇德、妇言、妇容、妇功三从四德的理念，将妇女完全禁锢在封建礼教中。乡村和城市中的普通家庭妇女不仅要承担比男人更多的责任，还要付出与男人一样的体力劳动。无论是春种秋收，还是从事手工业劳动，她们不仅同男人一起种田做工，而且还要承担起全部的家务劳动。即使如此，家庭妇女还有可能随时被丈夫休掉。尤其是武士的配偶，被休掉的会更多。被休弃的妇女回到娘家，失去了子女和丈夫后，在娘家仍然得不到怜悯与同情，如同寡妇一样不允许再嫁。悲惨的命运会使她们逃到寺院躲避起来，著名的东庆寺曾经收留过2000余名妇女。具有讽刺意味的是，根据政治需要，日本女天皇还是照立不误。17世纪末期，德川幕府还在全国树立起宣传儒家思想，倡导仁义道德的广告牌。这种洗脑式的教育，可见儒家思想已经深入日本民心。

打压学派　妄议中华

　　为了使程朱理学在日本一枝独秀，德川幕府便抵制打压其他学说。早在德川家康时期，佛教就曾被分离削弱。由于著名的禅宗大师藤原惺窝和林罗山放弃了佛教，尊崇儒学，致使日本佛教低迷衰落。僧侣只是在婚丧嫁娶时做一些礼仪祭祀，或者为陵园墓地作守护人。有的学者说，佛教在日本走到了如此地步，是德川幕府与藤原惺窝及林罗山造成的。但如深入研究此说法也未尽然。应该说，日本佛教衰落的主要原因，是佛教参入了政治斗争，谋求经济利益抢夺了豪门贵族的蛋糕，因而被打压的结果。当然，德川幕府的有意打压削弱佛教，和藤原惺窝及林罗山有意放弃佛教有着重要的关系。不过德川幕府时期，还是为佛教修建了一些新的寺院，天台宗大师天海在上野建的宽永寺就是其中之一。

　　为了广泛地推崇程朱理学，德川幕府还惩处了当时极为盛行的，独创一家的"阳明学"。中国明王朝中期,具有文韬武略的儒学家王阳明,曾主张"倡良知之教,修万物一体之仁"。从而创立了"身心之学"的阳明学。阳明学在明朝很盛行,其学术思想对日本、朝鲜半岛乃至东南亚都有着深远的影响。日本学者中江藤树和他的弟子熊泽蕃山,原是程朱理学的崇拜者,后来他们成为日本独创一家的阳明学大师。尤其是"浪人"出身的熊泽蕃山,弃官治学宣讲"阳明学",教人"知行合一",弃恶扬善,在当时日本很有影响力。由于熊泽蕃山其言行触犯了以程朱理学为正统的幕府政治,被德川幕府软禁致死,留有《大学或问》《集义和书》等著作。

当时日本学术界的山鹿素行也是程朱理学的大师,此时中国已改朝换代,大清王朝统治中国。"浪人"出身的山鹿素行因讲授中国百家经典,宣传汉文化颇有盛名。后来他怀疑程朱理学与孔孟经典相违背,便开始倡导学习孔孟经典,从原著中探求儒学,放弃了程朱理学。他的思想比较先进,曾在其著作《山鹿语类》中说:"天地开始时,无君臣之别,盖人皆获天地

山鹿素行

之气而生也。""君主之建立朝廷,乃为天下万民,并非君主个人所私有。"山鹿素行所著的古学《圣教要录》,公然反对只会空谈不能实用的程朱理学,因而受到德川幕府的镇压,并被赶出了江户。

町人(市民)出身的伊藤仁斋就比较幸运,他不仅与山鹿素行的主张相同,而且还开辟了对儒家经典实行"文献学"的新路子。也就是在家里开办儒学经典"古义塾"教授门徒,广播弟子声誉天下。

山鹿素行虽然是日本儒学大师,但他却是一位极端的民族主义者。在他的著作《中朝事实》中,极力反对日本将"中华"称中国的理念,改称中国为"支那"。居然认为中国已被清统一,"中华"在中国已经不存在了,日本是中华文明的继承者,应尊称日本为复兴的"中朝"。这种荒谬的说教,不仅是不懂中国历史的一种表现,而且是有意侮辱中国人的一种歪曲。清在统一中国

之前，是明王朝管辖下的少数民族政权，是华夏文化的一部分，并不是"中华"在中国不存在了，况且，日本只是中华文明圈的一员，更谈不上是什么复兴的"中朝"。换言之，日本某些人以此谬论为基础，从而借口谋求侵占大陆的野心昭然若揭。

"支那"一词来源于印度，古代印度人称中国为"chini"，据说是中国秦王朝"秦"字的音译。中国从印度引进梵文佛经译成汉文时，便按照音译翻译成了"支那"。日本高僧空海随遣唐使赴中国时，从汉译佛经中将"支那"引用到了日本，日本一些僧侣为了显示自己博学多闻，便虔诚地用"支那"一词称呼中国。本来"支那"一词并无贬义，但日本明治维新后，经过甲午战争将清政府战败，陶醉在胜利中的日本军国主义分子，将"支那"一词涂上对战败者蔑称的色彩，便称中国人为"支那人"。日本侵占中国东北时，就称中国人为"支那"，如果拒绝或反对，便会遭到毒打，甚至会被虐杀。

全面开放与闭关锁国

葡萄牙人偶然间撞开了日本的封建大门后，成为西方列强第一个与日本经贸往来并传授基督教的国家。丰臣秀吉虽然驱逐屠杀了大量的基督教徒，但是没有阻止与西方的贸易往来。关原大战后，一艘荷兰商船因台风漂流到日本，船上的人员在丰后臼杵（大分县臼杵）登陆，随后德川家康召见了航海船长英国人威廉·亚丹和船员扬·尤斯坦，并允许他们留在日本。不仅将威廉·亚丹聘为幕府的外交顾问，还将三浦半岛（神奈川县）封给他们。于是，受宠若惊的亚丹为了感恩，有意更名为三浦安针（意为海员），并把在江户城中所居住的街道命名为安针町（街）。

不久尤斯坦和亚丹回国，通报了他们所经历的情况，荷兰殖民者又派了两艘商船到达日本最西端的港口平户，觐见了德川家康，递交了国书，并在平户建立起商馆。不久，英国的商船也到达了平户，同荷兰一样与日本建立起互通贸易。由此，英国和荷兰的商船还得到了德川家康的特许，他们可以在日本任何港口停留。后来，英国与荷兰为争夺经贸资源发生了矛盾，英国主动放弃了与日本的贸易往来。

善于理财的德川家康，给予荷兰和英国最惠国待遇的同时，还保持了与葡萄牙和西班牙的经贸往来。因为丰臣秀吉侵朝战争的影响，德川幕府虽然没有与中国明王朝和朝鲜半岛建立起经贸往来，但是朝鲜海峡对马岛的幕藩领主已与朝鲜建立起单边贸易，朝鲜只允许日本商船到釜山，不准朝鲜商船到日本。明王朝晚期则相反，朝廷虽然禁止对日贸易，但民间商船却不断地到日本进行经贸活动。

这期间，日本东北部的幕藩领主伊达政宗在传教士路易斯·索泰洛的指点下，企图直接开通与墨西哥的经贸往来。伊达政宗在得到德川家康的允许后，派家臣右卫门支仓常长为使节，从陆奥的月浦出发横渡太平洋。

1614年1月，支仓常长到达墨西哥的西海岸从阿卡普尔科登陆，然后直接穿过墨西哥到达了东海岸，再乘船渡过大西洋到达西班牙拜见了国王，随后又到罗马觐见了教皇。在完成了任务后，便按着原路返回了日本。

此次航行历时七年，支仓常长成为日本第一个往返亚、美、欧三大陆的人。由于后来德川幕府实行禁教令，闭关锁国的政策，支仓常长的惊人壮举，没有达到日本与美洲和欧洲各国直接通商的目的便夭折了。

这期间，日本的商船不断地往来于台湾岛、吕宋、安南、暹罗、柬埔寨、马来、爪哇之间。由于日本人的到来，这些国家便形成了日本人居住的"日本街"。菲律宾马尼拉郊外的圣·米格尔和德拉屋，越南的会安和土伦，泰国的帕栖等地都曾有过日本大量的移民居住。据史料记载，从16世纪中叶到17世纪中期，日本有7万人次往返于对外贸易中，1万余人移居海外。

如此大规模的对外贸易，完全是因德川幕府主张的结果。他们不仅对外广泛地寻找贸易伙伴，还组织得严密有序。早在丰臣秀吉时期，日本的对外贸易船必须持有朝廷发的朱印证明。到了德川家康时期，便实行了朱印船只制度。也就是说，有德川幕府证明的贸易船是合法的，不然便是非法的海盗船。当时具有对外贸易合法的船只350余艘，可见当时日本对外贸易的成果。德川幕府对外贸易的商品主要是白银、铜、铁、硫磺等工业原料及扇、伞等手工业产品，通过走私或第三国转手换取中国产的蚕丝和丝织品，其次是东南亚的草药、香料、兽皮、铅以及西方国家的钟表、玻璃器具、毛织品等。庞大的贸易活动，促进了日本造船技术的发展，二至三百吨的帆船随处可见，甚至800余吨的大船也现身于海上，每艘商船少则乘坐几十人，多则可达300余人。罗盘和航海图，以及观测天气的航海仪器，是对外贸易船的必备品。

随着日本对外贸易的发展，传教士接踵而来，基督教徒遍布日本。德川幕府初期，基督教徒居然多达70余万，日文出版的传教书比比皆是，并出现了耶稣学校，甚至许多日本人在教会中担任神甫和修士。德川幕府的直系家族中也出现了基督教徒，基督教已在日本现实生活中比比皆是，并影响着日本的传统生活。德川幕府已意识到，基督教背离了他们所倡导的儒家学说和佛教，阻碍了其专制统治。更为严重的是，西南边的幕藩领主在对外贸易中，捞取了更多的经济利益并培植自己的势力范围，甚至成为忠实的基督教徒，影响着德川幕府的权力机构。另外，德川幕府与西方列强的贸易，久而久之会耗尽日本的矿产资源。当时日本的银矿产量为世界产量的三分之一，葡萄牙人每年能够从日本运走20吨白银。这仅仅是葡萄牙人对日本白银的掠夺，那么西班牙人、荷兰人对日本矿产资源的掠夺还没有计算在内。

面对意识形态的渗透和矿产资源的掠夺，时任幕府第三任大将军的德川家光便下令在全国禁止基督教，把基督教当作异教严格清查，并清除出境。这位由祖父德川家康赐予乳名"竹千代"的德川家光，幼年体弱多病，外貌懦弱且口齿不清，其父秀忠和母亲都不太喜欢他，但是祖父却执意立嫡。就是这样一位有争议看似平庸无能的大将军，却一反常态对国内基督教徒的处置令人发指。其手段极为凶残，酷刑拷打，让信徒脚踏圣母玛利亚的画像迫使其改变信仰。对那些顽固不化坚持信仰死不悔改的教徒，甚至残忍地装进麻袋吊起用火烤打至死。随后，幕府禁令只允许外国商船开进平户和长崎，其他港口一律不准驶入。

1631年，德川家光开始正式实施闭关锁国的政策，日本商船出国除了有朱印证明外，还要有幕府大将军的命令。不久，幕府颁布禁令不准在外国居住五年以上的日本人回国，担心他们是基督教徒影响国度。1635年，幕府又严格禁令日本船和日本人出国，同时不准海外的日本人回国，并宣布违令者斩首。

1637年10月，基督教徒最集中的长崎县岛原半岛的民众，因受到残酷的镇压便发动了武装暴乱。随后，天草（熊本县海中小岛）的基督教徒也遥相呼应举行了起义。1638年1月，面对基督教徒的暴乱，德川家光派伊豆（静冈县伊豆半岛）的幕藩领主松平信纲率12万大军前往镇压。同年2月，天草和岛原城相继被幕府大军攻克，城内包括妇孺老人37000人全部惨遭杀害。据史料记载，当时日本有28万基督教徒因拒绝改变信仰而被残忍地处死。

1639年，德川幕府禁令葡萄牙船只到日本，并把长崎的葡萄牙人全部驱逐出境。1640年，德川幕府又烧毁了前来日本和解的葡萄牙商船并斩杀了船员。还将荷兰的商馆从平户移到长崎，长崎成为日本唯一的对外贸易口岸。至此，德川幕府完成了闭关锁国政策的实施。不过，德川幕府还是保留了与荷兰、中国、朝鲜及琉球王国的通商往来。

历史对德川幕府前三代大将军的政绩是肯定的，他们为幕府的建立、完善统治机构、巩固统治基础、达到长治久安奠定了坚实的基础。至于德川幕府开放与锁国的政策，日本的历史学家褒贬不一。有些日本人非常赞赏德川幕府前期的对外贸易，他们认为锁国政策阻碍了日本面向世界的目光，屏蔽了日本对外的探索精神，隔绝了西欧文明在日本的传播。他们甚至假设，德川幕府前期的开放政策，如果能够继续强有力地发展下去，日本会提前二百多年成为西方列强。这只是史学家的一种美好愿望而已，西方列强真会使德川幕府时代的日本发展起来吗？这个问题且不作直接的探讨。我们可以从16世纪、17世纪、18世纪西方列强在南亚和东南亚的殖民史中得到解答。

菲律宾的地理情况与日本基本相似，都是西太平洋的岛国。虽然两国的历史不同，但是前期所遭受的殖民侵略史却有着相同之处。16世纪，西班牙殖民者开始时，也是以传教和经贸的名义，几乎用了一个世纪的时间征服了大半个菲律宾。史学家认定，菲律宾不仅仅是被西班牙的军队所侵占，最主要的是被西班牙的传教士所征服。18世纪中叶，英国人占领了马尼拉，后来菲律宾又成为美国的殖民地。这种反反复复被人宰割的历史，菲律宾不仅没有成为西方列强的一员，而且至今仍然是一个贫穷落后的国家。

17世纪初，西方殖民者的前驱传教士和商人就相继地登上了东南亚。1858年，法国以保护传教士为借口，勾结西班牙组成联合舰队，发动了对越南的侵略战争。不仅侵占了越南,而且还侵占了柬埔寨和老挝。

如果上述岛国、陆地小国不足以与日本相比较,那么南亚次大陆半岛上的古印度,也没有逃脱英国殖民者的侵略。印度最后一个封建王朝莫卧儿大帝国的国势,不比日本德川幕府差,可悲的是他们允许葡萄牙、法国、英国、荷兰等殖民者在印度的土地上经商传教。经过一段殖民掠夺,英国殖民者独霸了印度市场并将其蚕食,最终征服侵占了印度,然后又用了半个多世纪的时间,通过大炮和经贸完全征服了缅甸。

西方列强在全世界血淋淋的殖民史中,仅仅从东南亚和南亚次大陆的近代史中,就足以透视西方列强对其殖民地的侵占与掠夺的所谓"文明史"。由此可以说明,德川幕府在日本及时的驱逐追杀异教徒,果断的采取锁国政策是拯救了日本。也就是说,没有德川幕府为日本奠定了物质文明和精神文明,就不会有后来的明治维新使日本走向强大。

三十三　德川幕府之成就

有些史学家曾将德川幕府的建立，作为日本历史的分水岭。此前的日本是在华夏文华熏陶下亦步亦趋的历史，而此后的德川幕府虽然还是在中华文明的基础上发展起来的，但是却有所发明和创新。换言之，在德川幕府的专制统治下，在荷兰西学的影响下，日本社会出现了前所未有的发展，为"明治维新"奠定了经济基础。

农业进步与发展

德川家康在日本建立的幕藩体制虽然是中国的舶来品，但在管控幕藩领主中却与中国古代的藩镇制有着本质上的区别。德川幕府不仅控制着幕藩领主，而且还控制着幕藩的下属和基层机构。也就是说，德川幕府的每一项政策法令，都能够在全国每个角落里得到落实。不仅如此，德川幕府采取的"轮流参觐"制度，也是中央集权的一种表现。幕府要求幕藩领主必须带着眷属轮流在江户居住，美其名曰参觐，实质上是考察监视居住。于是上行下效，幕藩领主的下属也要脱离岗位，轮番到幕藩领主所居住的城市加以监管，况且有的幕藩领主还因故被德川幕府调动改变属地。这种全国式的管控机制既有效地管控了幕藩领主，同时又给予幕藩领主一定的自主性，从而促进了当时日本商品经济的发展和交通旅游业的开发。幕藩领主及其下属为了方便"轮流参觐"，或者说为了方便变换领地，领主和官僚机构就要把所收入的年贡物资换成货币，然后带着货币完成"轮流参觐"任务。幕府和幕藩及其官僚们尚且如此重视货币，那么以城市为中心的商人对货币的依赖则不言而喻。货币的流通，极大地促进了德川幕府商品经济的发展和各行各业的繁荣。

德川幕府初期在控制矿产资源和统一度量衡的前提下，同时又在丰臣秀吉统一货币的基础上下令改革币制。于是，德川幕府铸造了"大判丁银"和"豆板银"等硬币。这一年正是庆长六年，史称庆长金银货币，该货币延续使用了一百多年。后来在庆长金银货币的基础上，只是做了一点改动照用不误。换言之，庆长金银货币几乎代表了整个德川幕府时代，为德川幕府的经济繁荣起到了决定性的促进作用。进一步讲，正是因为有了金融货币，日本从此终结了使用中国货币的历史。

有了统一的政权，统一的度量衡和货币，就有了社会发展的潜动力。德川幕府时期的农民都拥有一份土地，这些土地是禁止随意买卖的，而且在某些农作物的种植上，还要受到幕府和幕藩领主的一定限制，近似于半计划经济状态。农民有了固定的土地便有了固定的收入，因而有效地促动了农民的积极性。同时在幕府的允许下，各幕藩领主还鼓励农民开垦新的土地农田，因而德川幕府的耕地要比丰臣秀吉时期增加了两倍。

另外，德川幕府废除了农奴制，将奴隶变成农民。奴隶得到了解放，生产力必定会得到提高。由此，不仅保证了各幕藩领主的年贡收入，同时还保障了农民的合法权益以及提高农业生产的积极性。

德川幕府时期，日本在过去引进使用中国黄历的基础上，由富有创新精神精通天文学的幕府官员安井算哲，以中国元王朝的《授时历》为范本，修改了大唐时期的宣明历，创造了适应日本农业发展的《贞享历》。至此，日本才有了更适应自己季节变化的历法历书。

新的农业政策，促进了农业生产的发展。农业生产的发展，必定会促进生产力的提高。由此，发明创造是德川幕府时代的主要特征，当时日本农民发明了"备中锹""千齿脱粒机""扇车""簸米箱"等先进的生产工具，水车舂米已经得到了普及。其中"备中锹"是一种人工用的两至四个齿的镐，这种农具，不用耕畜就能够快捷深翻土地。"千齿脱粒机"近似于一种机械，它完全改变了此前用两根竹劈子夹住谷穗脱离的笨办法。由于"千齿脱粒机"的使用，妇女能够从笨重落后的脱粒工具中解脱出来，人们便戏称"千齿脱粒机"

是"赶跑寡妇"的先进农具。同时，幕府及各幕藩领主还把战国时期筑城的土木工程技术应用到水利灌溉中，从而促进了农业生产的发展。

17世纪中期，一位叫宫崎安贞的农民，对中国有关农业和本草方面的书籍产生了极大的兴趣，同时将自己的生活体验和周游日本的所见所闻结合在一起，著述了一部长达十卷的《农业全书》。该书受到农民的喜爱，在日本得到了广泛的传播。

后来被日本称为"农圣"的二宫尊德（金次郎），为日本的农业科学发展起到了积极的推动作用。二宫尊德出生于富裕的农民家庭，一生致力于农业改良和复兴。他的政治理念是"一匙神道，儒佛各半匙"。换言之，在他眼里"神道"可谓是日本之固有是他的主流思想，而另一部分的儒佛理念则是他思想的融合附属部分。总之，他认为神赐予了人类生活的自然环境，人就要在丰富的自然资源中有所创造，即"美德源于劳动，失败来自于堕情"。也就是说没有农民耕田种地，就不会有人类社会的田园风光。

二宫尊德

青年时期的二宫尊德，是小田原藩的家臣武士，善于讲解儒家学说的人伦五常之道，并将人伦五常之理念运用到农业生产的实践中。1820年，他曾筹集资金，在农村建立起贷款信用互助，为小田原藩领地的农业复兴，起到了积极的推动作用。二宫尊德因为在农业上的成功，被德川幕府调任"御普清役格"，成为幕府主管农业的幕僚。此后在他的倡导下，日本的农业根据不同的地域，不同季节气候的变化，在良种的选取种植、施肥、灌溉以及田间管理上，制定了一套系列完整的计划和表格，从而极大地促进了农业发展。二宫尊德还根据农业发展的状况，精确地记录了农作物十年内的产量，从而较好地克服了自然灾害所造成的损失。

为了解决农副业生产中的困难，二宫尊德将乡村的农民组织起来，开展生产互助活动，并把个人和团体的利益结合在一起，以此增加了农作物的产量。在他的主张下，有些乡村建立起农民协会。农民协会根据乡村的具体情况讨论研究农业事宜，并将筹集的资金无息或低息贷给贫穷的农民及贫困的村屯。农民协会还在农闲的时候，组织人力物力修筑道路及沟渠，以便增产创收。且不说这属于什么主义，什么精神，这种具有全国性的农民互助组织，恐怕在当今世界也是难能可贵的。

农业是经济发展的基础，也是经济发展的命脉。直至今日工业化时代，人们仍然把农业生产放在社会发展的第一位。有了这样的基础农业，德川幕府时代的经济能够繁荣地发展，也就不足为奇了。二宫尊德不仅勇于实践，而且还善于总结经验，曾著述了《二宫尊德全集》三十六卷，该书被日本奉为经典并广为流传。

1856年，二宫尊德病逝。为了纪念二宫尊德为日本农业生产的突出贡献，德川幕府在国内许多地方建有供奉二宫尊德的神社和纪念馆。这种对做出重要贡献的人物能够及时尊崇和褒扬的做法，应该值得我们学习与借鉴。

此时，粪肥已成为农作物增产的主要因素。有条件的农民开始使用从商人处购买来的各种鱼渣、鱼粉、油渣等肥料，到19世纪末，日本还曾大量使用从中国东北进口的豆饼肥料。由于肥料的使用和劳动生产力的提高，德川幕府时期的农业，堪称是一次变革性的飞跃。

基础工业的建立

随着生产力的发展，粮食的增产，农民种植的经济作物成为主要的收入。烟草、棉花、茶叶、野漆树（蜡烛原料）、蓝植物染料及水果和蔬菜等经济作物，已得到农民的青睐。日本的丝织品向来依靠中国进口，由于受中国明王朝禁海令的限制，丝织品进口极缺。于是，日本便在关东、奥羽、东海、北陆等地域的山村普遍发展了养蚕业，蚕丝的产量比日本战国时期增加了三倍。到18世纪初，日本的生丝产量已经完全自给，不再需要从中国进口。另外，丰臣秀吉从侵略朝鲜战争中掠夺的棉花种植技术，在日本得到了广泛的种植。

人们将棉花织成布匹，从此冬暖夏凉经久耐用的棉布，改变了日本以前种植亚麻和苎麻做衣料的历史。棉花、棉布得到了日本人的青睐，使农民获得了更多的收入。不仅如此，有些日本人还改进了育种技术和种植技术，从而增产增收获得了更大的利益。同时还改进了纺织和印染技术，生产出质量好色彩鲜艳使人赞叹的棉布。到19世纪上半期，棉布已成为日本普通百姓上选的衣料并广泛地流行起来。

由于经济作物的大量种植，商品市场的进一步拓宽，手工业促动了基础工业的发展。有的乡村妇女长期留在家里随时随地地织布，将自己的产品变成商品出售。随着社会的需求量和生产规模的扩大，织布计件计酬已成为全天候的专业工作。有的农民包括妇女都成为半农半工的生产者，他们夏季到海边的盐场打工，冬季便到酿造厂、冶炼锻造厂，以及木炭、纺织、陶瓷、印染等小作坊家做工。新型的基础工业作坊由原先的几部机器，发展到几十部机器，工厂必然出现了雇佣工人的现象。一个小型工厂少则5至20人，多则高达几百人。据史料记载，19世纪初，日本的基础工业能够生产出种类繁多的商品。如钉子、木炭、陶器、瓦器、纸张、榻榻米，以及酱油、糖、醋等调味品。这种立足于农村发展起来的商品经济，就是日本工业发展的基础。

18世纪后期，江户西北的上野国有一位工匠，发明了水力带动捻丝用的多锭丝车。这种突破性的新技术，极大地提高了丝绸业的生产，他的家乡桐生也就成了丝绸业的制造中心。到19世纪中期，桐生纺织业已拥有300间厂房，5000部纺织机。后来，还有些日本人不断地改进缫丝的生产办法，致使有些地方出现了工业使用的齿轮和传动皮带的缫丝设备，并且不再用人工，而是用水力驱动新缫丝机。

捻丝与缫丝技术的发展，极大地提高了生产力，从而促进了基础工业的发展。当时日本的工厂和车间已具有了相当的规模，工人队伍不仅不断地壮大，而且还具有了一定的专业化水平。

此时关东以南太平洋沿岸的沙丁鱼，北海的海带、大马哈鱼和鲱鱼，以及南海的鲸鱼也大量被捕捞充实着市场。不仅增加了渔民的收入，而且还普遍地提高了社会生活水平。

由于农业的商品化和农村基础工业的发展，许多农村成为交通枢纽并成为了集市乡镇。19世纪上半期，大阪腹地有的村子，仅有14%的农户种植粮食作物，46%的农户种植经济作物，其他的则从事工业。有些名不见经传的农村，在仅仅十几年的发展中，便一跃成为几千户的乡镇。这种发展速度与全国联系起来，日本农村在乡镇化的过程中，是否在当时走在了世界的前列虽无法考证，但起码在东北亚和东南亚占据了首位。

由于农作物的增产创收，酿酒业也有了进一步的发展。靠近大阪的伊丹（兵库县伊丹市）、神户、芦屋和西宫等地区由于水质好，成为酿酒业的中心，而且是高级酒的生产地。

此时日本濑户陶瓷制造业生产的濑户陶瓷，在原有中国技术的基础上，又从朝鲜战俘中选挑技术人员从事陶瓷制造业，不仅提高了日本陶瓷制造业的质量，而且还增加了工厂的数量。当时肥前的唐津港生产的有田陶瓷和京都生产的清水陶瓷，同濑户陶瓷一样成为了日本著名的陶瓷。因而，上述地区也变成了日本陶瓷生产、销售的集散地。

日本在农村乡镇化的过程中，另一个重要因素便是靠幕藩领主的经济政策。幕藩领主的道路建筑、城堡的修缮、庄园的扩建、水利工程等等，都需要从收取的租税稻米中换取货币，以便扩大再生产和建设，因而促进了市场经济的发展。

城市建设与商业化

历史上，日本的城市大都是为了政治和军事目的而建造的。谁成为天皇谁就会在他所住的地域重新建筑城市，谁成为大官僚贵族谁就会建筑富丽豪华的庄园，谁成为割据军阀谁就会在发迹地建筑城堡。而德川幕府时期则有所不同，无论是以政治、军事为目的建筑的老城，还是以经济为目的发展起来的城市，都是适应市场经济的发展才逐渐地走向繁荣与辉煌。德川幕府时期，社会的稳定和经济的发展，诱发了城市商业化革命。一些城堡无论大小，在市场经济作用下迅速的发展起来，成为以商业化为主的城市。

德川幕府时期促进经济发展的关键因素，是日本人在理念上的改变。这种特殊的群体既有政治的敏锐性，又有天才专业的经济工作能力。早在日本战国末期，那些战败的守护大名和新生的诸侯军阀遗留下的幕僚和武士们，有的一蹶不振成为穷人，有的失意沦落为"浪人"，有的弃官下海闯出一条经商的道路。这其中著名的三井高安的儿子高俊时就是由武士转变成商人的，三井高安的祖辈曾在近江大军阀佐佐木手下担任头目。当织田信长消灭了佐佐木家族后，三井高安便特意逃到商业发达的松阪做起了生意。在他看来，织田信长必定会统一日本，日本社会必定会长治久安，做生意富可敌国是他重新确定的理想信念。后来其儿子三井高俊继承了他的遗志，在松阪开了一家酒店，并娶了同行商人的女儿为妻。夫妻志同道合，生意做得红红火火，在妻子的建议下，他们又开办了一个酒厂，并兼做典当和借贷生意。

三井高俊去世后，儿子三井高利还将家族的产业扩大到外地，在江户开了分店。不仅如此，三井高利还做起了"皮包商"的生意，成为幕藩领主卖米的经纪人，从经营大米起家赚足了利润。当时江户已有十几个批发行，大阪的批发行则比江户多出了一倍。德川幕府允许批发行存在，其目的就是为了搞活经济。因此，有了足够资本的三井高利又开了一家服装店，而且生意做得独特到位。他让服装店的工作人员主动上门服务，面商价格，并允许赊账订货。久而久之，服装店赢得了顾客的信誉，销售额大增。在取得了信任得到了丰厚的利润后，三井高利又及时地转变了经营理念，挂出了"只收现金，谢绝还价"的招牌。致使他的利润如滚雪球一般，生意越做越大，利润越滚越多。1700年，随着财富的不断增加，三井高利将生意扩大到大阪和京都，并设立了多家分店，成为日本最大的商业巨头。至今日本的"三越百货商店"，仍然是日本具有传统理念的知名商场。

像三井家族如此弃武经商的武士，在德川幕府时代何止百千。失落的武士们在战争中失去了恩宠和地位，在商场的角逐竞争中又能够走出一条令人赞叹的富豪之路。而更重要的是，他们已成为日本城市商业革命的先驱和推动者。由此，造就了德川幕府时期城市商业化的迅猛发展。

为了发展经济，德川幕府还大力发展了交通和通信事业。在江户和京都之间，修筑了太平洋沿岸的东海大路和贯通于本州中部山区的中山大道；在江户至日光之间修筑了日光大道；在宇都宫到白河修筑了奥洲大道；同时还在江户到甲府（甲斐、今山梨县）修筑了甲州大道。这四条大道的修建，较好地促进了这一地区的经济发展。后来，城市与城市之间的公路网也迅速发展了起来。

在城市迅速发展的过程中，京都、江户、大阪三个著名的大城市先后创建了民间邮递行业。这种早期的邮政事业在东北亚是否首创，尚无资料可供考证也没有必要去考证。不过此行业在日本发展得早，而且发展得迅速，确是不争的事实，也足以证明德川幕府时期倡导的市场经济已进入了快车道。起初邮递的物品在大阪和江户之间需要六天的时间，到19世纪初，特快传递已经缩短为两天。随后，邮递业务也在其他的城市逐渐开展起来。与此同时，江户的银行、保险以及其他的服务行业也都创建了起来。

如果说，当时日本陆地交通运输业四通八达，那只是一个方面。当时日本的海上运输业也迅速地发展起来，它环绕日本列岛的东西海岸，包括内海不亚于陆地运输业。江户至大阪之间的太平洋海岸，是繁忙重要的海上运输线。在南海路有一种船舷上装备菱形竹篱笆的货船多达400余艘，每艘载重20至40吨，来来往往，浩浩荡荡地经过濑户内海游走于各城市之间，尤其是从大阪绕九州北岸到达长崎的海上航运线，不仅线路长，而且是一条海上最繁忙的黄金运输线。

1671年，江户的大商人还开辟了江户到陆奥，沿太平洋东岸的海上航线。此后又开辟了从松前和出羽（山形县）经过日本海至下关的西部海上航线。也就是说，德川幕府时期的日本以江户和大阪为中心，无论是在陆地还是在海上，已经编织成一个市场经济的"网络"。这个网络，把整个日本列岛联系起来，有效地带动了经济发展。

在17世纪初，日本的大中小城市像雨后春笋一样地发展壮大，其中京都、大阪、江户已是日本著名的大城市，也是德川幕府直辖的城市。当时德川幕府在江户的官僚机构大约2万人，并形成了以江户人口为核心的中心城市。由于"参觐制度"的实施，在江户居住的幕藩诸侯及家庭成员和其众多的随从，也成为了江户城市人口的主要部分。另外，成千上万的外地商人、手工业者、初始工业的工人、农民等移民大量涌入，致使江户的城市人口在18

世纪20年代已超过了100多万，足可与西方发达国家的大城市相媲美。建筑在七座小山上的江户，官府衙门，贵族庄园，十分壮观。街道南北纵横，亭台水榭、店铺林立，人群涌动，熙熙攘攘极为繁华。

与此同时，有着几百年历史，居住着皇亲国戚的京都，从仅有的10万人口到18世纪初便增加至30余万。此时的京都除了幕藩武士、手工业者、医生、表演大师外，数百家的商店经营着丝绸、棉织品、陶瓷、折扇等各种各样的商品。京都不仅是一个历史文化悠久的城市，而且已成为繁华的商业大都市。

大阪是丰臣秀吉以政治和军事为目的建筑起来的城市，此时在德川幕府手里，已不是单独为军事目的了。截至17世纪末，大阪的城市人口已达34.5万，而且大部分是手工业者和商人。该城已成为油菜籽和棉织品的集散地，同时又是冶炼（铜）工业的中心城市。大阪位于日本航海运输的交汇处，已是海上航运的交通枢纽，庞大的港口居住着造船和修船的工人以及成千上万的运输商、批发销售商和众多的搬运工。此时的大阪完全脱离了军事重镇的作用，成为一座重要繁华的商业城市。

此时，通用的货币主要有金、银和铜钱三种。占有大量资金的诸多银行，以日本全国的大商户为对象办理存款、贷款、票据及汇兑业务。拥有实力的银行为了维护本行业的信用，他们还组织了"同业公会"以便互相监督，保障货币流通过程中的信誉。这种金融业的开发与保障，有力地维护了市场经济的稳定与发展。

在大城市发展的过程中，中小城市也随着发展起来。从日本北部到中部，再由中部到南部以及东部和西部，大小林立的城市如同珍珠翡翠镶嵌在狭长的日本列岛上。当时日本已拥有140多个城堡小镇，其中最小的城堡乡镇也会有5000多人的居民，大的城镇如金泽和名古屋的居住人口已达10万以上。此时，幕藩领主管辖的总人口中大约有10%居住在城镇。这些城镇除了军事用地和市民的居住地外，其他都基本上变成了商业场所。幕藩及幕僚武士所从事的主要工作，都是针对工厂和商贸管理的行政事务。

截至18世纪初，日本有5%至7%的人口居住在大城市中。据有关史料记载，当时的欧洲城市人口只占总人口的2%，而且只有14个城市可与日本的大城市相比。此时的日本城市已由天皇贵族、幕府和幕藩官僚、达官贵人居住的城堡，逐渐地变成了手工业者和商人及普通民众的聚集地。由此可见，德川幕府时期的经济已经走在了世界的前列，此时的日本人口由战国末期的1000万增加到3000多万。

繁华的城市建设和商品经济，并没有掩盖人们的等级观念，幕府和幕藩及其官僚们通过严格地划分社会等级不仅显现其身份，还能够控制住农民和手工业者及商人较好地遵守法律，缴纳赋税，促进社会繁荣。当然在这种管控的环节上，主要是利用武士这个中间阶层，使武士更好地为统治阶级服务。

此时的农民大都居住在乡村，武士、商人、手工业者则住在城镇，区域之分决定了他们的身份不同。武士的身份仅次于幕府和幕藩贵族，武士可以担任政府重要职务，参与决策，他们可以有姓氏称呼。农民和手工业者只有名字无姓氏，商人则以产业和店名冠以姓氏。幕府和幕藩领主居住的是城堡，武士则居住在有围墙、大门的豪宅里。门的大小和装饰可以显示主人的身份，当然大院内的房间格局，装潢和装饰品的奢华程度，也同样根据武士的身份而有所不同。商人则都是前店后屋面朝街道，既适宜做生意，又适宜居住。他们虽然比不上武士们的居住条件，但却要比普通的市民和农民居住的条件好一些。有的富裕商人虽然不敢违反幕府及幕藩的规定将店铺的房子建筑得高一些，但是却可以将店铺后的居住屋建高一层。至于工匠、农民、手工业者、出劳工的市民，则居住得更简陋一些，夏季屋内潮湿闷热，汗流浃背，冬季靠做饭的火炉取暖，水井和厕所都是公用的。最穷的手工业者及农民也会有简陋的房屋，冬天能够取暖，解决温饱问题。

在17世纪中期，幕府和幕藩领主曾经规定，上层武士可以穿十几种绫罗绸缎，低级武士可以穿丝绸，但不能超过四种。所谓的町人（市民），也就是手工业者和商人只能穿普通的丝绸和棉布。后来，幕府曾进一步规定，江户的市民只能用棉布、麻布和府绸做衣料。上行下效，幕藩属地则规定，农民只能穿棉布做的衣服。不过，这些社会等级观念的规定，很难得到全面落实，富裕的商人宁可拿罚金也要穿着讲究，以便体现自己的身份。实际上随着财富的积累，商人的势力不断增强，其社会地位幕藩领主也不得不为之感叹。歧视商人的传统观念已发生了变化，牟利聚财的做法逐渐地得到了人们的认可。相反，武士认为钱是肮脏的理念也在发生变化，习武从政经商理财也逐渐被武士所接受，有些商人还成为了幕藩领主的经济人。到18世纪中期，日本拥有资产20万两黄金的商人已超过200家。可见，从资本积累的角度上看，大商人的社会地位仅次于幕藩领主。

人们的穿衣戴帽有着不同的等级观念，饮食也同样有着不同的规定。幕府和幕藩贵族可以不限场合随意地吃山珍海味，武士在节日和正式场合时则受到一定的限制，不能超过幕府和幕藩及皇室贵族的生活标准。对武士饮食的限制美其名曰，是为了"保持武士的尚武精神"。当然，对商人也有标准限制，不过这种限制只能是对破产的商人有所作用，对那些商业富豪大亨来说则形同虚设。对农民则要求他们只能吃小麦、土豆和粟米，米饭则是节日的奢侈品。当时江户、大阪、京都等主要大城市除了拥有琳琅满目的商店外，还有诸多各种特色的餐馆，餐饮服务行业已在日本比比皆是。据说日本著名的食品"寿司"，也是发明于德川幕府时期并迅速风靡整个日本。

总之，德川幕府时期的日本到19世纪初，普通的商人和工匠都生活得比较富裕。不仅吃得好，而且住得宽敞并配有榻榻米，还能够睡在棉花褥垫上。屋内家具齐全，应有尽有，而且物品摆放有序，即使偏远小山村的农民也可以买到自己想买的物品，可见当时日本人的物质生活已经非常丰裕。当时的作家井原西鹤，曾在著述的《世间胸算用》小说集中说过这样的话："世上有的是金钱，近三十年了，各地都见到了世面的繁荣。"当时日本的会津（福岛）是经济发展最落后的地区，可是当地的官员也曾感叹"民势之盛有如来潮"。有些欧美史学家曾研究，19世纪中叶的日本，其民众的生活条件已经达到工业革命前期的英国和美国。

当时日本著名的浮世绘画家，歌川广重创作的《江户名胜百景》《日本桥》《东海道五十三驿站》等作品，以及当时出版的一些通俗的旅游指南，如《难波雀》《插图本江户名所指南》等等，也从不同的角度映射出德川幕府时期日本的城市发展与经济繁荣的景象。

1878年，英国旅行家伊莎贝拉·露西·伯德在日本本州岛北部旅行后，在她的《日本僻径》中，将其所见所闻做了客观而又详实地描述。当时日本的田园风光使人着迷，使人沉醉，使人流连忘返。那整齐的房屋，洁净的居室，具有典雅风范的水墨画色彩，以及精美的饮食文化和茶道艺术都让她赞不绝口。她曾断言，当时的日本民众生活，无论是生活质量与环境，还是富有的程度及国民素质，都远远地超过了她曾旅游过的芝加哥。虽然此时德川幕府已将政权还给了天皇，但是这些就足以说明，德川幕府时期为日本崛起奠定了基础。

新儒学之辉煌

应该说，中华文明和儒家学说已经深入到日本社会的各个层面。无论是上层的官僚贵族，还是社会底层的平民百姓，他们的世界观及行为准则几乎是中国人的翻版。德川幕府时期，日本不仅能够将儒学与其他学科相结合，形成了新儒学理念，并与市场经济相对接，展现出辉煌的一面。

17世纪中期，德川幕府及幕藩领主的乡镇都相应地设立了私立学校，一些富裕家庭的子女已成为全日制学生，全面深入地学习儒学经典，尤其是当时开办的"寺子屋"式的私塾，那些乡村的先生们每天用一两个小时时间，为不富裕家庭的子女开展启蒙教育。在当时这种普及教育的方式，应该看作是日本开展全民教育的雏形。此时，一些农民都基本参加了启蒙教育，没有文化的町人也先后参加了各种补习班，逐渐成为有文化有知识的市民。当时，日本已建有300多所学校，3000多家私塾。到19世纪中叶，日本全国已有10000多所私塾。据史料记载，日本城市中的居民基本都会读书写字，不会读书写字的农村人只占少数。有人做过统计，在德川幕府末期，日本已有50%的男孩和15%的女孩受过正规教育。有些西方学者评论说，这一时期的日本人识字率，仅次于英国和荷兰。

除了社会各阶层重点学习儒家经典之外，还将儒家学说贯穿于社会科学、自然科学、医学和数学，以及《商业指导》《百商教程》等商业知识中。除了有关基督教方面的书籍之外，幕府还引进了西方数学、天文学、植物学等科技方面的书籍。医学博士杉田玄白与他的助手用荷兰语通过对德国医学和约翰·亚当·卡尔墨斯《解剖图谱》的长时间学习和研究，并结合尸体的解剖完成了《解体新书》译注。由此，一些日本学者开始学习荷兰语，用荷兰文翻译传播有关科学论著。后来幕府还成立了蕃书调所（翻译局），有关西方的地理、化学、物理、制图、军事等方面的书籍先后在日本面世，为日本进入资本主义社会起到了催化剂的作用。

这种儒学与其他学科广泛结合的教育，被当时日本的精英们称为新儒学。新儒学来源于当时日本一些学者的理念，他们认为每个阶层都有不同的政治理念和专业知识。幕府和幕藩官僚懂政治，就能够更好地统治民众；农民熟悉农副业生产及季节变化，就能够科学地种好田增加产量；商人懂得经商之道了解货币流通的作用，以及市场供求关系与法则就会增加财富，尤其是德川幕府鼓励商人、倡导市场经济的政策促进了社会发展。

这一时期日本学术界最有影响的人物，应该是贝原益轩。该人是一位哲学家和游记作家及植物学家，早年弃医研究程朱理学，是著名的儒学大师并写下近百篇的哲学论著，并把儒学翻译成通俗易懂的作品，广泛地流传于社会。他的《女大学》所讲的三从四德，已成为日本妇女伦理道德的教科书。他对动植物学的研究，突破了日本以往在中国本草学说的框架，并亲临实地调查研究日本的动植物及矿产品，按照中国本草书目著述了

贝原益轩

《大和本草》十八卷，尤其是他对程朱理学所提出的异议，在《大疑录》中阐述的"学贵有疑，大疑则大进，小疑则小进，无疑则不进"的思想，对日本学术界产生了深远的影响。

诸如后来的动植物学家稻生若水，对日本的动植物和矿产品进行了更广泛深入的研究，写出了巨著《蔗物类纂》362卷，该书为日本自然科学的发展做出了贡献。数学家吉田光由为了适应日本社会发展的需要，改编了中国明王朝末年算术书的一部分并著述了《尘劫记》，这部讲授日用数学的书籍在日本颇为流行。随后，另一位幕府的监察官员数学家关孝和，在中国传统数学

的基础上运用独特的符号计算，发明了多元方程式的计算方法，成为日本特有的数学（和算）家。不仅如此，关孝和还在现代高等数学领域有了创新发明，即发明了具有领先地位的数学公式和计算方法。后来他的门徒建部贤弘在其发明的基础上，还创立了具有微分学因素的"圆理"。在医学方面，名古屋玄医和藤艮医深入广泛地研究中国医学，并强调中医的观察和医疗经验，极力地推崇《古医法》。

由于重视国民教育，这一时期的史学、文学、戏曲、美术，甚至建筑艺术都具有一定的时代特征。当然，这些特征既有中华文明的主导因素，又包含了大和民族的风格具有日本色彩。德川幕府重新编撰修正的历史，其中武家系谱集大成的《宽永诸家系图传》，德川家康以前的家族史《武德大成记》，重新编撰的年体史书《本朝通鉴》等都是在儒学思想的影响下著述的。

水户地域的幕藩领主德川光国组织编撰的《大日本史》，就是一部用汉文撰述，模仿中国《史记》中的本纪、列传、志、表的写作方法，著述的一部传纪体史书。该书不仅把从神武天皇至后小松天皇二千余年的历史写得栩栩如生，还将神功皇后列入后妃传，大友皇子列入本纪，南北朝时期的南朝列为正统，从而明显地体现了儒家思想及理念。书中还参考司马光的《资治通鉴》和朱熹的《通鉴纲目》中的名分观念，从而达到解析认识日本历史。这部日本史学的经典，已形成了具有日本理念的儒家程朱理学的思想。

另外，松下见林的《异称日本传》，也是根据中国和朝鲜的文献史料写成的。儒学自由式的文风对日本文学产生了深远的影响并取得了成果。如贝原益轩的《日本释名》，新井白石的《东雅》和《东音谱》等等。

此时一些市民出身的文化巨人，其作品代表了时代的风格。小说家井原西鹤由于妻子病故深受刺激，便将店铺和孩子委托给雇员，然后削发为僧周游日本。不久，便以散文的形式写出了言情小说《好色一代男》。该书批判了官僚贵族武士的伪善道德，歌颂了男女之间纯真的爱情，肯定了资本经营的积极作用。出身于下级武士的松尾芭蕉，由于长期生活在町人（市民）和农民之间，他的俳句（诗歌）得到了普通民众的广泛喜爱。另一位下级武士出身的戏曲家杉森信盛，根据中国的木偶戏创作的百余部净瑠璃和歌舞伎剧，在当时极为盛行并受到了人们的喜爱。性格刚直，不畏权势，京都商人出身的俵屋宗达创造的装饰画，色彩华丽深受市民的喜爱。

由于受中国写生画描绘的精神和气韵的影响，此时日本著名画家池大雅和独创了一种写生流派。随之，江户出现了渡边华山和九州的田能村竹田等名家。他们的画与中国的风物和精神密切相连，彰显了儒家思想的熏陶和影响，尤其是清王朝画家沈南　到日本后，为日本写生画的创作起到了积极的影响作用，京都的丹山应举所画的山水花鸟惟妙惟俏，栩栩如生。当时的谷文晁除了吸取西欧画的透视法成为独创一家外，中国的法帖已传入日本，一些汉学家陶醉于中国明代的字画，潜心研究中国书法。以北岛雪山和细井广泽及贯名海屋等人创立了唐式流派，深受达官贵人的欣赏，求画题字的现象极为盛行，致使各种流派的书画家一竞风流，各展风采。

在建筑方面，由于商品经济的迅速发展，虽然城市及寺院前所未有地出现了装饰精美、金碧辉煌的建筑群，但是风格并没有新的发展，缺乏高雅的格调和雄伟的气势。唯有一些寺院采取的是中国明王朝枷蓝式的风格，才具有了独特的面貌和地标式的建筑物。

不仅如此，日本当时商人的经商之道，也显现着儒学精髓和经商理念的结合。诸如一些大商人自己创立的警句"首要谨敬自身，以义尊崇君王，以仁爱事父母，以信交结朋友，广爱人而怜悯贫穷人"，以及"怠惰永无益处""劳作不息者永不受穷"等发家致富的至理名言，都源自于儒家学说的影响。除此之外，一些商人还制定了尊崇政治"恪守一切政令"的格言，甚至一些商人干脆著书立说，以便警示家族，鼓励后人。

这种儒学经典与其他学科结合的教育方式，要比当时中国清王朝的治学理念进步得多。当时的中国人只能为儒家理念而理念，没有更深层次的解说和利用。那种经典教义，学而优则仕的陈旧做法，只能是故步自封影响了社会的发展与进步。也就是说，比中国清王朝早半个世纪建立起来的德川幕府，其治国能力远远地超过了中国清王朝。从这一角度看，明治维新能使日本迅速崛起也就不足为奇了。

三十四　日本"浪人"与武士道精神

日本战国时期的硝烟已远逝，随着和平环境的长治久安，有的武士已不再是切腹杀身成仁的勇士。逐渐地意志衰退，追求享乐，养尊处优，久而久之便成为暗淡无光，缺乏斗志的贵族。早在德川幕府政权建立的初期，德川家康便意识到了武士的退化堕落，将会对幕府政权产生不良的影响。于是，在他死的前一年颁布了《武家诸法度》。这部近似于军队"条令条例"的法规，对武士的要求要远远地高于一般的平民，既要求他们修练武功，又要习文修养身心效忠于幕府。也就是说幕府前期，武士阶层大部分都没有文化，耿直勇敢，且粗俗暴虐。到17世纪末，武士便成为有文化有教养的阶层，他们不仅是军事官员，而且还是政治素质的典范。虽然武士的身份有所改变，但是他们仍然是德川幕府和平时期的中坚力量，所谓的武士道精神仍然是大和民族的"魂"。

中国人更多的是在文学作品，影视资料中看到日本武士剖腹杀身成仁的形象。确切地说，那是在德川幕府时期产生的一种独特的人群，他们凶狠残暴，富有攻击性和自杀精神。这种武士大都是在日本战国末期失去了守护大名的武士家臣，有的不再投靠新的军阀和幕藩领主，而是流浪于社会成为特殊的群体。他们像流浪狗一样，四处流荡，无固定住所，游走八方，浪迹天涯，以寻找擂台对手比武为职业。这些被遗弃落伍的武士们，被当时社会称为"浪人"。其实浪人的出现是对当时日本社会的一种不满，这种不满彰显了德川幕府对战后军人安置得不公。久而久之，为幕府的衰落埋下了伏笔。

历史上日本浪人的代表人物，堪称祖师爷的便是德川幕府初期的宫本武藏。1584年，宫本武藏出生于冈山县英田郡大原町的宫本。在战国末期曾与著名的武士佐佐木小次郎决战而一举闻名，并成为德川幕府初期的刀客、兵法家和艺术家。他年仅13岁便参与决斗并斩杀了有马喜兵卫，16岁时跟随守护大名参加了关原大战。在关原大战中因领主战败丧命，宫本武藏便同其他战败的武士一样，成为到处流浪的日本浪人。在和平的环境下，宫本武藏没有丧失武士的意志，虽然皈依了佛门修行禅宗，但是仍然习武健身。曾在浪迹天涯时参加过60余次比武决斗，并且在决斗中全部获胜。后来他隐居起来，撰写了《兵道镜》《五轮书》《兵法三十五固条》等著作。

宫本武藏崇尚武功的信念，就是致力于成功奋斗。他主张武士要忠诚于主子并获取名望，反对以愚蠢自杀而效忠的做法。他曾经论述武士要学习兵法，潜心研究战术，在决斗中占据上风，先发制人，穷追猛打，以盛气凌人的威

宫本武藏

慑力从心理上战胜对方，把握时机置人于死地。宫本武藏具有攻击震慑力的刀法已成为日本浪人的鼻祖，其武士道精神独树一帜，高屋建瓴，在日本具有很强的影响力。与此相比，中国武术则恰恰相反，有礼让三分，然后再进攻取舍制服对方。最有说服力的例证便是古典小说《水浒》，八十万禁军教头林冲与桀骜不驯的洪教头的斗法。虽然"武士"源自于春秋战国，但是日本武士却具有强大的社会影响力。

另一位有关武士道德理念的倡导者山鹿素行，是日本著名的儒学大师，曾经批判幕府所倡导的程朱理学不实用，遭到了幕府的打压流放。该人还是一位极端的民族主义者，曾荒谬地认为"中华"在中国已不存在，应该将中国改称为"支那"。山鹿素行在武士道理论方面颇有造诣，曾有多方面的著述。诸如《武教本论》《武教全书》《武家事纪》等，为武士道精神的形成与发展，起到了推波助澜的作用。面对德川幕府太平盛世的日本，他极力地主张武士要致力于培植"道德修养，忠贞不二，交友笃信，慎独重义"等中国儒家的圣贤思想。在此基础上，还要习武强身，增强武功，履行武士的义务和职责，

成为保护领主的勇士。

在山鹿素行的大力倡导下,日本的武士道精神已成为国民公认的优秀品质。此时的日本武士,崇尚忠诚,剖腹自杀的理念普遍地传承起来。有的武士家臣在其幕藩领主死后,为了表示忠诚便剖腹自杀殉主,尤其是那些受到领主特别恩宠的武士,认为以死效忠不仅仅是风尚,而且还是一个崇高的人生归宿。有的幕藩领主死后,其家臣武士十几人甚至二十几人为主子尽忠自杀。当然这种所谓的忠诚,视死如归的做法,多数都潜着利益的因素。有些武士家臣为了子孙后代能够得到丰厚的俸禄,便为了利益而殉主自杀,以此显示忠贞果敢的武士道精神。

当武士道精神剖腹自杀的风气愈演愈烈时,许多社会知名人士,包括山鹿素行在内,开始严厉地谴责这种愚蠢的情绪化的悲剧,深刻剖析其对家族对社会以及对国家的危害。1661年,佐贺地域的幕藩领主锅岛光茂不忍心看到二十余名家臣武士为他父亲的病死而去自杀,便下达了禁止武士尽忠自杀的命令。自此,德川幕府开始根据锅岛光茂的禁令条款,重新修订了《武家诸法度》,并增添了"禁止尽忠自杀"的条款。

且不说德川幕府禁止自杀的条款在当时落实得如何,当继任佐贺第二代藩主的锅岛光茂死后,侍奉了他三十三年的家臣武士山本常朝,按照藩主锅岛光茂的遗愿放弃了自杀殉主的做法,隐居在寺院内著述了《叶隐》一书。山本常朝在书中否定了山鹿素行等学者对武士驯服的泛泛说教,并指责是他们将武士引向了谬误。他的理论批判了那些为了自己的私利而殉主自杀的武士。也就是说,为一个病死的主子而去自杀是毫无意义而愚蠢的行为。不过,山本常朝在书中所宣扬的忠诚,却提高到了一个更高的境界,那就是为了主子的需要,为了大义应该果断地死,毫不犹豫毫无遗憾地死。山本常朝认为只有这种舍弃名利侠义壮烈的死,才是真诚的死,体面而有意义的死。为了追求舍生取义标榜高境界的死亡,山本常朝主张武士要在心理上战胜自己,然后才能够战胜别人。也就是说先在心理上"不要自己的命",才能够"要他人的命"。山本常朝的"不要命"与"要人命"的理论,对日本的武士道精神有着更广泛深刻的影响,而且从某种意义上讲,他的理论更加残忍。日本在二战失败后,有些武士出身的军人因回不了国,便举起战刀杀死妻子儿女,然后再剖腹自杀效忠天皇的做法，便是山本常朝所主张的武士道精神。当然这种武士道精神还残留着一种落后的封建意识，那就是怕他死后妻子和女儿遭受他人的侮辱，使自己的家族蒙受耻辱，而残忍地杀害自己亲人。

山本常朝的理论和德川幕府的禁令，不仅没有收敛武士们的自杀行为，反而鼓励了那些敢于犯上作乱的武士，既所谓的"正义"精神。

1701年，赤穗（兵库县赤穗郡）的幕藩领主浅野长矩因遭受幕府礼仪官吉良义央的侮辱，愤怒之下在江户砍伤了吉良义央的头。此事违反了在江户动用兵器的禁令，德川幕府便令浅野长矩剖腹自杀。第二年，浅野长矩的家臣为了雪恨，纠集武士47人，冲进吉良义央官邸，将吉良义央杀死，这一震惊全国的"47名武士案件"引起了民众的广泛议论。有的人认为武士违反了法律法规应该受到惩处。而另一种人则认为，武士仗义尚武的精神应该给予褒扬。这个轰动全国的大案，最终以维护幕府法令为由，47名武士不得不以剖腹自杀而赎罪。这种典型的武士道精神，其根源虽然来自于儒家思想，但是与日本的神道达到了完美的融合。

道德鼓励忠义，法律维护公正。此次事件的结局，不仅使道德与法律得到了完善，大和民族所倡导的具有高境界的武士道精神也得到了更广泛的弘扬。虽然与47名武士相关的文学作品和电影艺术并没有很高的艺术价值，但是他们的精神已深入民心，他们的墓地已成为日本人朝拜的圣地。络绎不绝前来瞻仰的民众，不仅接受着传统文化"忠"和"义"的洗礼，还接受着大无畏勇敢赴死理念的教育。

明治维新以后，武士道精神已成为日本教育国民忠诚于天皇的最基本理念。这种理念不仅仅是武士们所拥有，而且在大和民族中得以普遍地灌输。二战期间，日本人的武士道精神表现得淋漓尽致。他们在绝望后便残忍地剖腹自杀，无论是使人赞叹，还是使人厌恶；无论是大和民族挺起的"脊梁"，还是日本崛起侵略扩张的灵魂，都必须要引起东亚和东南亚民众的高度警惕。

三十五　衰落的德川幕府

一个王朝往往在其最辉煌的时候，便预示着衰落已经开始。德川幕府的衰落，冰冻三尺非一日之寒。无论是幕府还是幕藩，无论是武士还是农民，无论是城市还是乡村，辉煌的幕府伴随着尖锐的社会矛盾而衰落，在衰落中又期盼着辉煌。于是，危机与改革最终还是难以挽回日趋衰亡的颓势。不过，德川幕府末期的守旧与开放的改革，对于今天某些国家的改革开放似乎还有着启示的意义。

"狗将军"与社会矛盾

历史学家一致认为，德川幕府前三代大将军都是公认的强有力的统治者。不过，这一时期的"轮流参觐"和沉重的土木工程费用以及高度的中央集权，致使一些幕藩领主的财政负担难以承受。

幕府前期，长州（山口县西北）地区的幕藩领主就是因为入不敷出，便以"征借"的名义减少了家臣武士的俸禄。虽然在当时德川幕府统治下是个别的现象，但是已显露出幕藩与幕府之间的矛盾，而这种矛盾发展到幕府末期，已经达到了难以调和的境地。继德川幕府前三代征夷大将军之后的家纲、纲吉、家宣、家继四位大将军，都是坐享其成的统治者，他们享受着太平盛世的繁荣与辉煌，声色犬马，奢侈堕落，致使大权旁落，执政不力。幕府第四代大将军德川家纲继任后，便发生了武士浪人暴乱事件，从而揭示了社会各阶层之间的矛盾。虽然在其叔父和大臣们的辅佐下平定了事件，化解了矛盾，但是虚弱多病的德川家纲却将幕府大权旁落于大臣酒井忠清的手中,从此幕府的威势开始逐渐走向衰退。因而,幕府由武人政治时期变成了文人统治的时代。

1680年,德川纲吉继任幕府第五代大将军。这位因患软骨病发育不全的统治者,身高只有124厘米,也许是身材矮小不自信的原因,他虽然饱读诗书,热心政治,尊崇儒学,笃信佛教,主张善政,但却生活奢侈,挥霍无度,大权独揽,主观武断,危害民众。为了实施所谓的仁政,竟然下达了《怜悯生类令》,禁止杀伤动物。因为纲吉属狗,即使平民百姓杀了野狗也要判处死刑,甚至驱赶打狗也要判刑,当时日本已有8830多人因为打狗而坐牢,敢怒不敢言的民众送他一个绰号"狗将军"。因为打狗造成的假案冤案致使百姓怨声载道。不仅如此,幕府在财政困难的情况下,德川纲吉便在货币上做文章,改铸了"庆长货币"。同时在各幕藩领主中发行各种名称的纸币,因而造成通货膨胀,加重了农民的负担。1698年,美作(冈山县东北部)津山幕藩的农民爆发了大规模起义。虽然该暴乱得到了平息,但幕府已经意识到,农民起义的威胁要胜过幕藩的叛乱。

德川纲吉虽然已面临危机,但此时中国清王朝的康熙大帝已下令对日扩大贸易,东南沿海与日本经贸往来的一百余艘清廷商船都安排了专人护送保障。这些商船前往长崎,为日本的经济发展增强了活力。不过,由于日本的黄金和白银及铜在经贸中流失得太多,德川幕府限制与中国的经贸往来,每年交往的商船不超过三十艘。此时的德川幕府作茧自缚闭关锁国,一直困扰着当时

德川纲吉

日本的经济发展。

德川幕府在政治上的衰退，致使早期对农村农民政策上的弊端露出了端倪。幕府时代的农民分为两种，一是自耕农，二是贫雇农。自耕农（称本百姓）是拥有土地和房产的农民并有选举权，他们的土地已被幕府丈量登记，幕府按照"检地簿"的登记要求严格收税。贫雇农则是没有土地，租种地主土地的佃农。伴随市场经济的发展，农村的农民开始逐渐分化变质。因为不准分割土地，只有自耕农的长子可以继承土地的使用权，其他次子以下的子女则没有继承权，也就是说这些没有继承权的子女，久而久之也变成了没有土地的贫雇农。另外，由于市场经济的作用及农村轻工业的突飞猛进，一些富裕的农民和村里的官吏，不断地靠放高利贷兼并土地垄断了农村经济，致使贫雇农越来越多，地主与贫雇农之间的矛盾也日益加深。一些不堪重负的地租税、杂税、附加税、赋税以及驿站的费用等等，都加重了对农民的剥削与压迫。

1709 年，幕府第六代大将军德川家宣执政。此人一上任便励精图治将奸臣柳泽吉保免职，然后废除了他父亲纲吉颁布的《怜悯生类令》和酒税的规定，同时起用家臣新井白石，大力推行文治政治。并命令大臣荻原重秀着手财政改革。然而遗憾的是，仅仅执政了三年的德川家宣，还没来得及施展他的才华便英年早逝，享年 51 岁。德川家宣死前曾明智地遗嘱家臣新井白石，不要任用嫡子，请尾张家族中的领主德川吉通继任大将军。

此时，农民与幕藩的矛盾日益加深，幕府和幕藩不仅不了解农民的疾苦，收取租税的官吏反而还对欠租的农民施以酷刑，致使许多农民家破人亡。1712 年，也就是德川家宣病故的那一年，日本灾荒欠收民不聊生，加贺地域的大圣寺爆发了农民起义。起义的民众捣毁了茶叶、纸张批发商的店铺以及欺压农民的官吏住处，同时还拘捕了幕藩的巡检使，并迫使他们减免了农民的租税。

为德川幕府推行文治政治的新井白石，并没有按照德川家宣的遗嘱让家族中的德川吉通继位，而是借口不用嫡子"名不正，言不顺"会造成政权不稳为由，将德川家宣唯一的儿子，年仅 4 岁的德川家继扶上了大将军的宝座。遗憾的是，继承了父亲遗传基因的德川家继虽天资聪颖，但仅继位三年便病故夭折，彻底丧失了施展才能的机会。

吉宗改革的成与败

1716年，幕府大将军绝嗣，按照祖传遗训，可以从德川家族的直系中选取大将军。于是德川家康的第十子德川赖宣的孙子、纪州（和歌山县）幕藩领主德川光贞的第四子、年仅32岁的德川吉宗，被选为幕府第八代大将军。德川吉宗之所以能够继任大将军，是因为他有着丰富的执政经验。此前吉宗不仅是继任的纪州幕藩领主，而且还曾担任过越前国（福井县）三万石诸侯国的藩主。

德川吉宗

德川吉宗继位后，便着力实施幕府改革，因其年号为亨保，史称"亨保改革"。德川吉宗主张任人唯贤，重新理顺了幕府的统治机构，恢复幕府初期的封建专制权力。并对幕府的财政、土地租让，物价管理，以及商品经济出现的社会弊端进行了改革。同时还倡导廉政，树立积极向上的社会风气。在权贵阶层倡导"反对奢侈，禁止赌博，摒弃堕落腐化"的社会现象。为了教化民众，还将中国清王朝康熙大帝颁发教化民众的《六喻衍义》，翻译成日文并加注释在全国广泛发行。为了表示开明，德川吉宗还在全国建立起"目安箱"，也就是现在所说的"意见箱"，其目的就是为了广泛地征求民意，以便改革世风。据史料记载，这项改革不仅起到了一些作用，还推动了其他领域的改革。当时幕府根据一些人的建议，整顿了消防制度，建立了专职的消防员。同时还针对市政状况建立起"小石川养生所",收养了一些贫困孤寡的流浪者,较好地改善了脏乱差的市容。为了节俭,德川吉宗首先自己节衣缩食做榜样。一时间幕府的开支有所减少,奢侈糜烂的社会风气也有所好转。不过,过惯了奢侈生活的达官贵人和商人,没过多久便又恢复了堕落腐化的生活状态。另外,改革后过细的繁文缛节也遭到了一些武士和一些普通市民的消极抵抗。换言之,幕府难以改变因经济发展所造成的奢侈腐败,德川吉宗也没有找到治理社会腐败现象的更好办法。

1717年,正当德川幕府惩治腐败复古改革的时候,德川吉宗从荷兰商馆处得到了一个消息,俄国人经常出没于日本列岛北部的海域,甚至还入侵北部岛屿日本阿伊努人的领地。沙俄由此叩响了日本的北部国门,闭关锁国的德川幕府,突然感受到了来自北方沙皇俄国的严重威胁。

由于商业性农业造成了农民阶层的分化,致使地主的土地进一步扩大。1718年,为了增加幕府的收入,德川吉宗上任的第三年,便宣布出租的土地农民无权收回。但此项法令仅仅过了五年,幕府又宣布只要交付原价就可以赎回抵押出租的土地。由于反复无常地颁布法令,引起了某些幕藩诸侯国农民大规模的暴动,农民不仅要求赎回过期的土地,还强行要回出租的土地。如此失败的改革使德川幕府惊慌失措,在与幕藩领主镇压农民暴动的同时,宣布废除土地出租不准收回的法令。这种朝令夕改的政策法规,致使贫雇农越来越多。

1721年,为了镇压农民起义,德川吉宗颁布了"严禁无故聚众,饮服神水,誓结同党"的禁令。当时农民的土地大部分出租,农村50%的农户离家出走,流落他乡无家可归,这些流浪的农民无论是在城市还是在乡镇,都是造成社会动乱的不稳定因素。幕府改革的愿望虽然是为了增加财政收入,但是他们依靠的是幕藩领主以及地主和高利贷者,维护的是封建秩序,侵吞的是农民利益,激化的是社会矛盾。所以不言而喻,他们所谓的改革,无异于饮鸩止渴自取灭亡。

1722年,为了解决幕府财政困难及武士俸禄减少的矛盾,德川吉宗采取了多收年禄的办法进行财政改革,他让幕藩领主每产一万石大米便上缴一百石粮。为了消除幕藩领主的怨恨,幕府还缩短了幕藩领主到江户"轮流参觐"的时间。这种政策仅实行了八年，便因实行不下去废除了，其结果造成幕府的威信不断下降。与此同时，城市改革更是不切合实际，甚至是荒唐可笑——幕府竟然禁止制造新式独创的商品。为了使该禁令得到贯彻落实，幕府将城市的商人、工人、手工业者按照不同的行业组成行会，责令行会成员互相监督。不仅如此，还设立检查站严格查处城市之间运送的商品，如发现有新的商品运送，不仅要严格处理，还要追查商品的来源。1724年，幕府为了控制生活需须品的购销和价格，命令经营棉织品、粮食、酒、木炭、纸张、生蜡、油、盐、豆酱等生活用品的批发商，组织成不同专业的行会并登记造册，上缴幕府加强管理控制。这些行会对幕府来说，虽然起到了有效的管控和统购统销作用，但是却阻碍了商品经济的发展和产能的提高。

德川吉宗在执政期间，还编撰了一部《公事方御定书》，该书将有关司法法规，民事诉讼及刑事案件系统化，为全国司法机构提供了一部实用的法典。该法律经过不断修改完善，得到了民众的认可和实施。德川吉宗是一位比较务实的将军，他曾突破幕府的锁国政策，除了有关基督教的书籍外，允许西方国家汉译本的书籍进口。当他看到荷兰的天文学后，便旨令学习荷兰语，并饶有兴趣地在江户安装了浑天仪和望远镜，同时还在神田建立起天文台。由此，日本所说的"兰学"及西方科学得到了倡导，并影响着日本的科学与进步。

德川吉宗的改革虽然有些措施是成功的，改变了一些腐化奢靡之风，暂时地解决了幕府的财政困难，并在人们的社会生活中起到了一定的作用。但是大部分的政策与措施都是短暂的，有些改革所起到的效果仅仅是昙花一现，有的甚至造成了更大的社会动乱。

1732年夏天，由于自然灾害的蔓延，中国地域（冈山、广岛、山口、鸟取、岛根五县）形成了大灾荒，灾民高达260万。此次灾荒虽然没有发生暴乱，但却促使幕府进一步衰落。1733年，由于批发商垄断粮食造成米价暴涨，江户发生了2000多人捣毁、哄抢粮店的暴乱。这次暴乱虽然被及时地镇压了，但却为以后的城市暴乱开了先例。

1734年，面对此起彼伏的农民起义，幕府竟然允许幕藩领主不经请示就可以出兵镇压，这在以前是绝对不允许的，是犯了弥天大罪的行为。从此幕府的权威开始削弱，幕藩的权力开始增大，从而加速了幕府的衰亡。

1738年，奥州（今本州北部）浅川爆发了8.4万人的农民起义，第二年兵库县北部的农民联合银矿工人也举行了规模浩大的起义。这些起义虽然被幕藩领主镇压了，但却重创了德川幕府统一号令的权力。

改革开放与守旧没落

1745年，为了将长子德川家重扶上马送一程，执政近三十年的德川吉宗把大将军的位子让给了长子德川家重。六年后德川吉宗病逝，享年68岁。第九代幕府大将军德川家重不像他父亲那样强壮机智，在体弱多病的情况下，执政了15年便把大将军的位子让给了23岁的长子德川家治。虽然德川家治自幼聪明伶俐，但是同他父亲家重一样在执政期间碌碌无为，不仅没有继承好先祖的遗产，反而还败坏了祖业。

1769年，大阪、伊势龟山、备中（冈山县西部）都不同程度地出现了市民和农民联合在一起的起义，而且这种起义已形成了蔓延之势，直接威胁着德川幕府的统治。

1772年，德川家治的宠臣田沼意次专权后，实施了一种完全与"亨保改革"相反的措施。这种相反的措施和政策，就是全面开放的商业化经济，公开鼓励支持商业活动，并给商业行会发特许证，以此增加税收。同时还设立了官商专卖机构，使官商勾结专横跋扈地获取高额利润。为了促进市场经济的发展，田沼意次开始铸造银币增强商品的流通。

在田沼意次的改革中，日本人开始接触为数不多的西方人。当时的日本人以拥有西方的钟表、望远镜以及高脚玻璃杯等生活用品为一种时尚。在日本居住的为数不多的西方人，也热衷于传播西方文化和科学知识，社会开始学习西方而有所进步。当时一位武士出身的浪人平贺源内，曾以学习植物学搞石棉和电气试验而闻名于日本。不过，田沼意次实施的开放改革仅仅昙花一现，造成幕府内贪污腐化奢侈糜烂之风极为盛行。大城市和中小城市里的"不夜城"成了藏污纳垢的场所，艺妓是各大饭店、剧院、浴池中的活跃分子，对于官僚武士来说，安于现状贪图享受的生活，逐渐地将他们腐化堕落了。武士阶层的堕落如同现在公职人员的腐败

田沼意次

一样，民众生活不仅更加困苦，而且社会更无正义可言。

不仅如此，田沼意次通过所谓的改革，同资本大亨一起勾结垄断资源，并向商人和企业家横征暴敛，致使民众生活走向崩溃的边缘。总之，田沼意次的改革，不仅没有维护好幕府的利益和统治，反而引起了社会更广泛的不满。

1783年，仙台幕藩的武士工藤平助向德川幕府提出建议，主张与沙皇俄国进行商品贸易，以便阻止俄国人对北方岛屿的侵入。此事得到了倡导改革开放的大臣田沼意次的赞赏，并准备实施落实。也就是这一年，浅间山（长野和野马两县之间）火山爆发引发了自然灾害并造成农业生产歉收，奥羽（本州北部）地域出现了空前的大灾荒，仅仙台幕藩和盛冈幕藩两处地域病死或饿死的已达37万人，甚至出现了活人吃死人肉的现象。被天灾人祸弄得焦头烂额的田沼意次，已无暇顾及他所主张的开放政策。

这期间，大将军德川家治的两个儿子都先后夭折了，在绝嗣无子的情况下，田沼意次便将德川吉宗的子嗣，年仅八岁的德川家齐过继给大将军德川家治为养子。

1786年，德川家治在社会动荡民众怨声载道中死去。随后主张开放政策不到十年的田沼意次被剥夺了幕府大权，他的封地也被剥夺，身败名裂的田沼意次已成为社会"动乱"的代名词。由此，田沼意次所主张的改革开放，在

北方岛屿与沙俄开展经贸活动的计划也随之夭折。不过，此时的日本渔民已在北方海域开辟了渔场。在九州南部的海上，德川幕府与中国清王朝和朝鲜以及琉球王国的商贸活动始终没有间断，只不过是数量减少了而已。

这期间，仙台幕藩属地的一位叫林子平的浪人出版发行了《三国通览图说》，该书叙述了朝鲜、琉球、虾夷的情况，并建议德川幕府经营控制北方岛屿的虾夷属地，以便改革开放搞好商品贸易，防备俄国人的侵入和蚕食。

1787年，15岁的德川家齐继任第十一代大将军，由于德川家齐年轻，德川吉宗的另一位孙子松平定信被推举为近臣辅佐大将军。也就是这一年，大阪、江户、近畿、东海以及九州的熊本和长崎十几个城市，都先后不同程度地发生了哄抢商铺事件。动荡不安的社会形势，引起了幕府的高度重视。于是，以松平定信为首的幕府大臣，针对幕府的奢侈腐败和当时社会积重难返的矛盾，主张实施"宽政改革"。所谓宽政改革，其实就是一种守旧没落的复辟行为。

松平定信从整顿幕府纲纪入手，极力倡导程朱理学，禁止西方文化传播，并节省财政开支，停止增收营业税，增加粮食储备以便救济贫民，并责令为武士贷款的商人放弃六年以前的贷款，五年以内的贷款要减免利息分年偿还。同时还整顿特权商会，禁止农民离开乡村，限制经济作物的种植，甚至让城市中的农民工返乡。不仅如此，松平定信还将田沼意次欣赏的学者林子平出版的《海国兵谈》和以前出版的《三国通览图说》，以危言惑众为借口下令销毁，并将林子平判处无期徒刑打入大牢。

为了巩固统治，德川幕府仍然将中国的程朱理学奉为治国之宝。虽然此时儒学开始衰退，一些受西方思想影响的革新派嘲笑儒学是"道学先生"，但是在德川幕府的倡导下，新的儒学派别仍然在日本意识形态中占据主导地位，主张改革的松平定信，极力重用幕府的儒家学派，从而清除异教学说的影响。此时幕府以前重用的儒学大师林罗山的养子述斋，将家族所办的圣堂学舍改为学问所，也就是说，由私学堂改办成幕府的官办学堂。述斋的主张不仅培养了大量的儒家人才，而且还成为林罗山家族的中兴之人，为幕府倡导的儒学起到了推波助澜的作用。在述斋的影响下，大阪的中井竹山也在松平定信的授意下，创办了怀德学堂并大力地传授程朱理学，并著述了治世方略《草茅危言》。不仅如此，各地的幕藩领主也纷纷仿效官办学堂，广泛地传播程朱理学。当时以程朱理学为基础与神道和佛教相结合，用通俗的语言和文章讲解朴素的处世哲学，从而达到了灌输伦理道德，维护幕府统治的目的。

在幕府倡导儒学所主张的改革中，一些儒家学者不拘泥于流行的学派，开创了独立的学风，他们以《易经》为基础研究经学、哲学、伦理学、医学、天文学、数学以及经济学，甚至有的还涉猎当时所禁止的"兰学"。这些有独到之处的儒学大师，促进了社会的进步与发展，起到了承上启下和继往开来的作用。

松平定信所倡导的儒学之所以能够兴盛起来，主要是得益于日本从历史上就把儒学奉为治国之宝，尤其是德川幕府及幕藩建立初期就大力倡导程朱理学，将儒学置于私塾普及教育中，使儒学深深地植根于青少年的脑海里，成为日本固有的意识形态和国民日常生活的准则，即使是有人想标新立异反对儒学，也否定不了自己从小接受的儒学教育。

且不说松平定信主张的意识形态是否维护了封建统治，不过那些影响商品经济发展的改革措施是很难进行下去的。丧失了土地的农民不可能再回到农村，限制种植经济作物势必会影响商品经济发展，甚至导致物质短缺价格失控，尤其是袒护武士阶层，损害债权人利益的做法更是不可取的改革。在当时商品经济发展的日本，任何企图抑制市场经济发展的行为都是徒劳的，也就是说"宽政改革"的经济政策是倒行逆施的行为。

至此，德川幕府的辉煌与衰落，为我们提供了一些思考，那就是依靠儒家思想治国，靠东西方文化结合的新儒学发展起来的市场经济，使德川幕府创造出了比较辉煌的成就。不过面对社会出现的腐败及衰落的迹象，德川吉宗的复古变革和田沼意次主张的开放改革，以及松平定信的"宽政改革"却造成了社会更大的动乱。他们的改革之所以失败，是因为他们没有面向农民和普通的市民，切实地关心他们的困苦，使他们能够得到必要的利益改变生活现状，从而消除社会不安定因素。然而他们的改革只是为了幕府和幕藩的封建统治，以及商业大亨和某些集团们的利益，这种改革一开始就注定了失败的命运。

改革中的日俄领土之争

1791年，德川幕府为了守住北方岛屿，便指令出羽的农民最上德内，第一次勘察了千岛群岛并登上得抚岛。1792年，德川幕府的官员近藤重藏，还在择捉岛上拔掉了俄国人竖立的十字架，并建立起"大日本惠土吕府"的标识，以此向俄国人宣布此处是日本领土。同年6月，沙皇俄国的使臣拉克斯曼从圣彼得堡携带沙皇的国书，并将十年前漂流到堪察加半岛上的日本漂流民大黑屋光太夫送还日本北海道根室湾，同时向幕府提出通商。结果拉克斯曼等了一整年，才看到幕府执政松平定信给他发放的一张通行证，只允许一艘沙俄船进入长崎港。事后，奉行锁国政策的松平定信还下令加强了北方岛屿虾夷地的警备，同时又旨令各沿海幕藩领主加强海岸线的防御，防备西洋人的入侵。

1793年，松平定信实施了仅六年的"宽政改革"，便因德川家齐到了应该执政的年龄而中断，松平定信辞去老中（近臣）的职务后，德川幕府又恢复到了以往声色犬马，奢侈腐败，无所事事中。幕府仍然是弊病难除，困难重重，社会仍然动荡不安。德川家齐在位长达51年，妻妾40余个，子女55人，那些放荡不羁难以约束的公子哥们，贪赃枉法，行贿受贿，是导致社会奢靡之风盛行的重要因素。

1798年，为了固守领土，对内政束手无策的德川家齐再次派遣人员对北方虾夷之地千岛群岛的国后、择捉等岛进行调查，同时对北方的沿海进行了测量并设立了行政管理机构，以便更好地管控同化虾夷人。1804年，沙皇俄国为了打开日本国门派俄美公司总经理雷扎诺夫，携带12年前德川幕府发给拉克斯曼的通行证来到长崎港，商谈与幕府通商经贸事宜。雷扎诺夫在等待了半年后，德川幕府不仅不准俄国人离开岸船和指定的居所，还断然拒绝了沙皇俄国提出的通商要求。雷扎诺夫无力打开日本国门，便恼羞成怒地大肆侵扰日本北部岛屿包括库页岛上的日本人。对此，德川幕府便把北海道及其北部岛屿划为幕府的直辖地，并建立起行政机构，驻扎了军队，加强管控。随后，日本开始改变虾夷人的生活习性，废除虾夷人的节日，责令虾夷人参拜日本神社，强迫他们着日本服装，按照日本平民的要求刮胡子，同时还主张虾夷人少肉多素参加宴会。为了鼓励虾夷人，幕府便赐予表现好已驯服的虾夷人"同化勋章"。

1809年，德川幕府派官员间宫林藏登上了库页岛进行了勘察，随后便宣布了新的发现，库页岛与东北亚大陆分离是一个孤立的岛屿。日本人所谓的新发现并不足为奇，早在中国大唐王朝时期，便在东北亚设立了黑水都督府管辖库页岛。换言之，库页岛自古以来就是中国的固有领土。遗憾的是，腐败无能的清政府在沙皇俄国的威胁下，放弃了库页岛的领土主权。后来，日本与沙皇俄国对库页岛的所谓领土纠纷，似乎将中国的固有领土变成了他们的竞争地。不过，日本对库页岛的所谓新发现，似乎比沙皇俄国早了40年。

1811年，德川幕府在千岛群岛的国后岛拘捕了沙俄海军舰长戈洛夫宁，恰好此时沙俄也拘捕了日本商人高田屋嘉兵卫。两国在交涉中，日本得知沙俄对日本领土的侵扰不完全是政府行为，于是德川幕府的对俄政策有所缓解，并对等释放了戈洛夫宁。此后，因为沙俄遭到法国拿破仑的入侵，以及受克里米亚战争的影响，在东北亚的扩张便缓慢下来。于是，日本与沙俄的领土摩擦也由此停止了40年。

这一期间，英国在东亚的势力强盛起来，企图垄断东亚的贸易，进而蚕食日本。英国军舰曾挂着荷兰国旗进入长崎港，并声称荷兰已被法国合并，要求接管荷兰在日本的商馆。德川幕府不管英国如何敲诈，仍然坚持锁国政策拒绝与英国通商。但是英国仍然继续出没在日本列岛海域，并时常在浦贺、大滨、萨摩等地停泊与当地民众发生纠纷。德川幕府确实感到了英国对日本的威胁，从而更加坚定地奉行锁国政策，并发布了禁止异国船只进入日本的驱逐令。

此时，外紧内松的德川幕府进入两难境地。实行开放的商品经济政策，又怕丧失了对日本的统治；进行复古式的改革，又怕阻碍了社会发展。在失去了方向左右摇摆中，只能靠铸造劣质货币勉强维持着统治。据史料记载，从1818年至此后的20余年，德川幕府竟然进行了十余次的金银货币铸造。这种接连不断的通货膨胀，难以解决社会涌现出的各种矛盾。

1823年，摄津（大阪西北）和河内的两个幕藩属地，1000多个村屯的棉农和乡镇商人联合起来，阻止了大阪商业大亨对棉花的垄断收购。这种自发拒绝资源垄断的行为，反映出市场经济资本积累垄断的弊端，加上自然灾害就会造成更多的贫民流离失所，从而加速了幕府的衰亡。不过，日本在这一阶段，对地理的勘察测量却得到了技术上的突破。酿酒出身的商人伊能忠敬在晚年完成了从北海道南部至九州的测量，并首次绘制了日本列岛的地形图。从此，日本对他们的国土有了更加科学全面的认识。

社会暴乱与歪打正着的改革

1832年，日本出现了大灾荒，此后连续四年的自然灾害，造成的灾难是空前的。农民和城市平民有的已无法抚养子女，不得不堕胎，甚至有的溺婴杀死第三胎或者第四胎，尤其是对刚出生的女孩，就毫不犹豫地残忍溺死！卖儿弃女的现象在全国蔓延。有些贫苦农民背井离乡四处逃荒，他们在大城市中只能依靠小生意、手工业、临时工维持生活。有的还到官僚武士家做仆人，或者到商铺当雇员。有的直接参加了农民起义，起义失败后被处死或者成为阶下囚，幸存者四处流浪，沦为乞丐和苦力。

农民和城市贫民如此艰难困苦，官僚阶层的生活也同样拮据艰难。早在18世纪末，诸多的幕藩领主开始向商业大亨借贷，以便维持"参觐交代"的费用和家臣武士及辖区管理的各项开支。日积月累的借贷，致使幕藩领主严重负债，有的幕藩领主所借贷的款项用20年的税收也难以还清。因物价飞涨，幕府和幕藩及家臣难以维持奢侈的生活，竟然降低身份娶商人家的女子为妾，或者谋求儿女亲家，以便得到经济上的资助。高级官僚尚且如此，那么下级武士的日子便越来越不好过。由于偏低的俸禄造成的生活困难，有的下级武士已成为家庭手工业者，靠做些小商品出售维持日常生活，他们对社会的时政抱怨和不满，严重地影响着幕府的统治。

1837年，大阪一位叫大盐平八郎的警官，率众300余人反对通货膨胀，反对米价暴涨，企图夺取大阪控制日本的商业中心，愤怒的民众捣毁了官府和商店及富人的豪宅，并与警察和幕藩的军队发生了冲突，致使大阪近半数的街道遭到大火的吞噬。虽然起义的民众被镇压，大盐平八郎逃亡自杀，但是起义鼓舞了民众，动摇了幕府的统治。在大盐平八郎起义的影响下，日本全国大小不一的暴乱此起彼伏。

同年，美国商船玛理逊号有意送还日本的漂流民并要求通商，德川幕府不但不同意通商，反而用大炮袭击美国商船，无可奈何的美国商船只好退回澳门。可见此时摇摇欲坠的德川幕府，仍然是祖宗之法不能丢，顽固不化地奉行守旧锁国的政策。不仅如此，他们还极力地打压西方文化，镇压革新派。当时日本运用荷兰语，已经学习掌握了人体解剖学，并在中国医学的基础上做到了与西方医学的结合。医学家华冈青洲本着"中西医结合"的理念，走在欧美医学的前头发明创造了全身麻醉，并能够为乳腺癌患者做手术。日本通过对荷兰语的学习还翻译研究了西方大量的自然科学，澳洲水泽町的医生高野长英曾是移居日本的德国内科医生西博尔德的门徒，他与著名画家渡边华山在"兰学"方面颇有造诣，并形成了一定的影响力，他们的行为引起了德川幕府的怀疑。

1839年，幕府便把矛盾的焦点，指向了兰学的倡导者高野长英和渡边华山，以企图偷渡小笠原岛为借口，诬陷他俩犯有走私罪并将其逮捕，同时没收焚毁了高野长英和渡边华山具有进步思想的著作《梦物语》《慎机论》，致使渡边华山在狱中自杀，高野长英虽然趁监狱失火而逃脱，但是在警察的追捕中陷入绝境也自杀身亡。当时德川幕府搞得"蛮社之狱"，几乎摧毁了日本已兴起的具有进步意义的"兰学"。

1840年，英国在鸦片战争中打败了中国，原本将中国作为楷模的德川幕府，得知此事后朝野上下开明人士无不震惊，他们不得不重新考虑所主张的锁国政策。然而此时的德川家齐，虽然把世袭的大将军职务传给了十二代儿子德川家庆，但是还掌握着幕府的任免大权，仍然坚持守旧不变的政策。不过，德川幕府的首席高参满腹经纶的水野忠邦，却从恢复传统理念为突破口，开始尝试实施其所谓的改革。

1841年，德川家齐逝世，水野忠邦才得以全面实施他所倡导的"天保改革"。即所谓恢复过去的尚武精神，抑制幕府和幕藩奢侈豪华的生活，限制对外贸易，禁止用荷兰语学习研究西方，废除批发商的营业税，取消商业协会，并主张流离失所的农民回归农村，限制农民迁入大城市。为了清理幕藩和幕府的债务，水野忠邦以低息向商人富豪增收御用金以弥补财政缺口，同时还主张垦荒新田开采金银矿，以便增加幕府的财政收入。

水野忠邦

这次改革与以往改革有所不同的是，德川幕府借鉴了中国在鸦片战争中失败的教训，在锁国政策上对外有所松动。1842年，德川幕府修改了对外政策的禁令，由过去的"驱逐令"改为"缓和令"，允许外国船只在日本补充燃料及食品。不过只是仅此而已，外国船只如果不及时返航仍然会遭到驱逐。

1844年，始终与日本保持贸易关系的荷兰，其国王威廉二世在给德川幕府的亲笔信中阐明了西方的科技与进步，并忠告幕府大将军德川家庆要吸取中国清王朝在鸦片战争中失败的教训，尽快地洞开国门，然而德川家庆并未采信，将此建言当成了耳旁风。

1846年，美国海军准将彼德尔奉总统波尔克的旨令，率两艘军舰驶进日本浦贺港要求通商，仍然遭到了德川幕府的驱逐。此时不是美国海军不敢与日本交战，而是美国认为时机还不成熟，不能采用战争的方式打开日本的国门。

处在山穷水尽的德川幕府，水野忠邦的改革只不过是前两次复古改革的翻版，没有任何新的举措改弦更张，所以也只能是饮鸩止渴，尤其是水野忠邦主张整改幕藩的领地，试图把江户、大阪周围约40公里的幕藩领地收缴为幕府直辖管理。这一改革引起了强烈的反弹，幕藩领主及家臣们纷纷上书要求幕府撤回旨令。在众多反对者的抵制下，德川幕府只好收回成命。

总之，水野忠邦的改革是一种复古倒退的行为必定会失败的。他取消了垄断集团和批发商的营业执照，降低工资和房租的改革，不仅不能顺其民心得民意，反而在社会上引起了不满和骚动，造成商品流通陷入混乱，致使幕府丧失了控制商品经济的能力。

虽然水野忠邦的改革是消极的，但其改革的理念却对幕藩领主起到了歪打正着的作用。在这期间长州幕藩领主对所属的土地进行了重新丈量，采取了更公平的收税办法，平息了农民暴动。同时还引导私人企业和商业，为偿还私人债务提供了周转资金，幕藩领主的债务也因此得到了调整，并增强了偿还的能力。萨摩幕藩领主通过其改革理念，扩大了同中国和朝鲜以及琉球的自由贸易，增加了财政收入，并发展壮大了幕藩海军。肥前幕藩领主通过改革取缔了地主高利贷的剥削，并与长崎和兵库商人联合，加强了所属地的商业活动，增加了财政收入。不仅如此，还通过吸取清王朝鸦片战争失败的教训，长崎的高岛秋帆模仿建造了西方船只，并用西方海军战术操练水兵。虽然幕府也承认，高岛秋帆运用西方海军战术训练是优秀的，但是为了守旧锁国不仅不推广，还以高岛秋帆的行为不端为借口，将其关进了大狱。

幕府改革所起到的作用，那就是从侧面歪打正着唤醒了日本民众的革新意识。以本田利明、佐藤信渊为首的文化精英们，提出了"日本是神的土地，天皇是唯一的统治者"的口号，主张废除幕府体制，恢复朝廷皇室的权力，取消守旧锁国的政策，扩大对外贸易，促使社会变革与进步。

三十六　国门洞开　幕府衰亡

德川幕府已是日薄西山，气息奄奄。社会需要改革，暗流涌动下的呼声已成为不可逆转的潮流。只不过是改革的内部因素和外部条件，还没有处在一个节点上爆发而已。当美国的坚船利炮打开日本的国门时，经过一番"尊王攘夷，公武合体，王政复古"的斗争，最终导致德川幕府灭亡。

佩里打开日本国门

回顾一下日本历史，最早敲开日本国门的是葡萄牙人，随后鱼贯而入的是荷兰人和英国人。随着葡萄牙人在海上贸易的衰落，被德川幕府逐出国门后，英国也放弃了对日本的殖民扩张。荷兰虽然在日本占有一席之地，但是荷兰殖民者对日本的影响不足以变革日本。后来，沙皇俄国和英国殖民者只是敲响了日本的国门，在德川幕府的锁国政策面前不敢轻举妄动。真正威胁德川幕府打开日本国门的是美国的舰炮，而且是不战而屈"日本之兵"。

1852年，美国总统米勒德·菲尔莫尔任命马修·佩里为舰队司令，前往日本交涉通商贸易。美国的目的就是要找到一个靠近中国的立足点，然后扩大殖民地，向中国倾销其商品，同时也为了保护美国在北太平洋的捕鲸船，需要在日本建立中转站。

1853年6月，马修·佩里率领美国四艘军舰贸然闯进日本的浦贺港。可以说，此时的德川幕府虽然是闭关锁国，但却是有海无防。面对美国四艘黑色的大型军舰，码头上围观的日本人感受到了西方列强的威胁，软弱无能的德川幕府惊慌失措，只好要求美国军舰改航到外轮停泊处长崎。但是，蛮横无理的佩里断然拒绝了幕府的要求，指令日本就地接受国书。万般无奈的幕府，只好在久里滨接受了美国国书。国书要求与日本建交，并建立基地为美国船只提供煤炭、粮食、淡水等生活必需品，同时还要求日本救护美国遇难的捕鲸船只。佩里在递交了国书后，便测量了江户湾，并声称翌年春再来日本听取答复，然后便回到了琉球。为了进一步打开日本的国门，佩里舰队还占领了日本列岛东南的小笠原岛，并在岛

马修·佩里

上竖立起美国领土的碑石建立起贮煤场。1817年，英国勃洛逊号军舰发现了小笠原岛，并对外宣称该岛属于英国。在佩里宣布占领小笠原岛前，美国已威逼琉球国王强行缔结了所谓的《琉美修好条约》并建立了通商据点。

面对强权的美国，是签约还是冒着战争的危险拒绝签约，一向独裁的德川幕府束手无策。担任幕府总理大臣的阿部正弘，只好将美国的国书翻译成日文，寄给所有的幕藩领主向他们征求意见。这是幕府从来没有过的"民主"，因而从中折射出德川幕府衰落的败相。经过征求50多个幕藩领主的意见，只有8位幕藩领主主张以武力拒绝美国的要求。虽然大多数幕藩领主表示拒绝美国的要求继续闭关锁国，但却感到无能为力模棱两可，希望幕府设法避免战争。至于是否签约对外开放，仅仅有两个幕藩领主表示了同意，可见闭关锁国的德川幕府难以打开封闭的国门。面对幕藩领主的意见，阿部正弘并没有按照多数幕藩领主的建议拒绝美国人的要求，而是按照日本当时所处的国情采取了避免战争，积极备战，妥协让步的策略。

1854年2月，佩里再次率领舰队驶入江户湾。此时的舰队不仅增加到了8艘，而且都是当时世界最具有战斗力的军舰。面对杀气腾腾的美国人，阿部正弘只好硬着头皮与马修·佩里谈判。1854年3月31日，幕府在神奈川与美国签署了《神奈川条约》。条约规定两国永保和平，允许美国船只在下田和函

馆港口停靠补充给养，并同意救援美国失事的船只和船员。美国领事不仅可以进驻下田，而且还可以在下田和函馆两处方圆 30 公里的地域自由活动。

国门一旦打开，其他殖民者便蜂拥而至，趁火打劫。1854 年 8 月，英国舰队开进长崎，仿效美国与幕府签订了《日英和亲条约》。同年 10 月，沙俄舰队驶入下田与幕府签订了《日俄和亲条约》。同时日俄之间还达成了协议，划定了日本北部海域千岛群岛的边界，即得抚岛以北（北千岛群岛）归沙皇俄国，择捉岛以南南千岛群岛（北方四岛）归日本。随后，荷兰还与幕府废除了以往的有关协定，重新签订了和亲条约。

阿部正弘这位擅长谋略实事求是的大臣在打开了国门后，并没有消极地对待西方列强的闯入，而是积极地应对被动的局面。在他的极力主张下开始改革和加强国防建设。他们从荷兰订购了军舰和武器，同时自己也建造军舰，还在沿海要塞建立起炮台安放了大炮。1855 年，幕府在长崎开办了海军训练学校，在江户建立了一座西式的训练中心，同时为了翻译西方的书籍还创立了翻译局。就在他殚精竭虑维护主权的关键时刻，江户发生了毁灭性的大地震，阿部正弘为了平衡关系，消除幕府的疑虑，趁机将权力让给了堀田正睦。

1856 年，美国派总领事哈里斯进驻下田。随后，哈里斯不顾幕藩领主的阻拦，跑到江户拜会了大将军德川家定，要求与日本迅速开展通商贸易，并借题发挥巧言令色，陈述英法联军利用"亚罗号事件"，与中国清王朝进行第二次鸦片战争的情况。德川家定在哈里斯的恫吓下，不得不重视美国提出的通商要求。

1858 年 1 月，德川幕府商定除了下田和箱馆两个口岸外，同意再开放神奈川、新潟泻、长崎、兵库等四个港口以及大阪和江户两个城市，并同意美国派驻公使领事，允许美国人在日本居住，享有治外法权和信仰自由等等。幕府将此拟定的条款草案，再次分发给幕藩领主，分别征求意见。虽然幕藩领主对幕府与美国拟定的条款都没有提出异议和反对，但是幕藩领主几乎是异口同声地强调，条约要经过天皇的批准后再签订。这种前所未有的行文程序和幕藩领主坚定的态度，足以说明德川幕府已失去了民心和统治威信。幕藩领主和民众把日本的希望和未来，开始寄托在朝廷天皇的身上。

虽然如此，此时日本的政治精英们已分成两派：一是以幕府总理大臣堀田正睦为首的开放派,希望条约草案能够得到天皇的批准;另外以水户幕藩领主德川齐昭为首的守旧派,则极力阻挠天皇批准草案条款。

在争取天皇签约还是否定条款的关键时刻,德川幕府又出现了大将军继承人的拥立问题。此时幕府大将军德川家定身体孱弱且膝下无子,不仅影响了执政,而且还要尽快确立新的继承人。以德川齐昭为首的守旧派主张拥立齐昭之子,天资聪颖有为的一桥庆喜为大将军继承人;以堀田正睦为首的开放派则主张拥立纪伊幕藩领主德川庆福为继承人,理由是德川庆福与幕府大将军德川家定的血缘更亲近。于是对幕府大将军继承人的斗争,也影响了条约的签订。当时的孝明天皇在朝廷公卿大臣的劝说下,同意一桥庆喜为大将军继承人,并极力阻挠条约的签订。由此,引发了幕府所谓改革派的不满,他们更加强硬地换掉了较为温和的堀田正睦,任命井伊直弼总理幕府的行政大权。

此时中国清王朝在第二次鸦片战争中失败,中国分别与英法美俄签订了丧权辱国的《天津条约》。美国公使哈里斯立即抓住时机向德川幕府施压,恫吓井伊直弼尽快签约,不然英法联军40余艘舰艇会调头北上,乘胜进攻日本。1858年6月,在哈里斯的威逼讹诈下,幕府万般无奈,只好与美国签订了《日美友好通商航海条约》。

幕府内讧　安政大狱

日美虽然签订了友好通商航海条约,但是幕府大将军继承人的权利斗争并没有停止,同时还出现了"尊王攘夷"的思潮及斗争。井伊直弼一上任便采取强硬的手段镇压守旧的反对派,宣布德川庆福为幕府大将军的继承人,同时让卧榻上奄奄一息的德川家定颁布命令,指责以水户幕藩领主德川齐昭为首的守旧反对派。

1858年8月,德川家定呜呼哀哉,年仅13岁的德川庆福继位,后更名为德川家茂。此时,井伊直弼虽然强硬地推举德川家茂为幕府将军,但是守旧的反对派德川齐昭仍然揪住井伊直弼不经天皇同意的签约事宜向其发难，并企图劝说孝明天皇密招德才兼备的一桥庆喜进京，改变幕府对大将军的任命。消息传来，幕府慌忙派幕僚间部诠胜到京都向天皇陈述德川庆福为幕府大将军，以及与美国签约等事宜，并表明军备好后便驱逐外国势力，然后再恢复闭关锁国的政策。第二年春天，孝明天皇在幕府开放派的陈述下颁布诏书，任命德川家茂为幕府将军。井伊直弼认为得到了天皇的支持，便对守旧的反对派德川齐昭和德川庆恕等人实施了打压，并将范围扩大到皇亲国戚公卿家臣100多人。一时间，反对派中激进的守旧分子被分别罢官、软禁、流放，或者将他们削发为僧，一些武士浪人被投入大狱甚至被处死。这就是日本历史上井伊直弼制造的"安政大狱"案。

1860年3月，由于井伊直弼的暴行，遭到了反对派的强烈反抗。以水户和萨摩幕藩的守旧派为首的18名武士埋伏在樱田门外将进城的井伊直弼暗杀。此事对德川幕府来说，他们失去了一位主张开放维护其封建统治的忠臣。井伊直弼虽然没有像阿部正弘那样稳妥地执政，但毕竟是为了维护幕府的统治不得已而为之，况且，他们开始制造舰船，购买大炮，兴办西方军事院校等救国策略，准备以武力反对西方列强的殖民化。虽然他们的这种做法体现了爱国主义精神，但是将西方列强拒之于国门之外，不仅不能实现这种理想目的，而且还可能会被西方列强吞并成为殖民地。

在安政大狱期间，井伊直弼分别与俄英法荷等国缔结了通商的《安政条约》。这些条约给西方列强单方面最惠国待遇，致使日本失去了进口关税的权益，同时还在日本港口设立了外国人居住地，并享有永久性租借权和治外法权，这就等于变相地出卖了日本的领土主权。

由于国家门户洞开，受西方资本主义经济冲击的影响，幕府的封建经济制度开始混乱，民族工业危机，物价大起大落不稳，从而增加了一般平民和下级武士的生活困难。不仅如此，此时的沙皇俄国企图占领战略要地对马岛，英国和法国则企图将对马岛变成远东的丕林岛（连接红海和印度洋的小岛，是控制中东和印度洋的海军基地），美国也想插手对马岛，将对马岛变成欧美列强共管的自由港。西方殖民者不仅在条约上对日本施压，还企图将日本变成殖民地，使之在政治、军事、经济上完全从属于西方列强。

尊王攘夷　推翻幕府

面对西方列强的殖民扩张，以及国内尖锐的社会矛盾，日本政坛出现了一种尊王攘夷的强硬派。所谓"尊王攘夷"，是源自于中国儒家学说的"名分论"，其实"尊王"和"攘夷"是两种不同的思想意识。不过在此时，日本将两个词语结合在一起运用，能够恰如其分地表达日本守旧反对派的政治目的。

此时以萨摩藩武士西乡隆盛和大久保利通，以及长州藩武士木户孝允为首的"尊王攘夷"派，将京都作为中心，"尊"的是朝廷天皇，"反"的是德川幕府，"攘"的是西方列强。他们以下级武士为主，联合土豪、商人、僧侣、神官等阶层，向本土上的西方人发动了攻击。首先在横滨杀死了俄国军官和水兵，然后又将美国公使馆的秘书暗杀，东禅寺的英国公使馆也遭到了尊王攘夷派的袭击。

西乡隆盛

奇怪的是，这些暗杀事件却没有引发俄美英对日本武装入侵的报复，也没有出现干涉日本内政的"抗议"。这是因为，当时俄国通过克里米亚战争，重新在巴尔干半岛扶持亲俄势力准备实施南下计划，美国则忙于南北战争，英国正苦于对爱尔兰人的统一。他们不是不想对日本实施报复，而是没有时间腾出手来收拾日本。应该说，这是日本社会变革中的一大幸事。不然，日本是否也会像中国鸦片战争中所遭受的那样：火烧圆明园的灭顶之灾，签下一系列丧权辱国的不平等条约，我们就不好假设了。

从另一个角度看，这些暗杀事件在表面上，都没有公开反对德川幕府的企图，但是却达到了反对幕府的目的。每当发生一次攘夷暗杀事件，幕府都要到外国公使馆谢罪赔偿。接连不断的恐怖事件，使幕府很难按照条约规定开放江户、大阪、兵库、新潟等港口。为此，在美国公使馆秘书被暗杀的当年，幕府便派出新见正兴和村垣范正率领的 80 名代表团，乘坐"咸临丸"号前往美国实施《日美友好通商条约》的换文。对日本来说，此次远洋有两个不可否定的重大意义。一是这艘由荷兰帮助建造的舰船，是他们自己的舰长和水手驾驭并第一次横渡了太平洋，因而具有划时代的历史意义；二是幕府的使臣亲眼目睹了美国式的文明，这对后来门户洞开"明治维新"起到了催化剂的作用，其中随同出使美国的日本教育家福泽谕吉，后来便成为了西方文明的追随鼓吹者。

1861 年，幕府还派出了以竹内保德为首的使臣，前往俄、英、法、荷等国谈判，从而达到了延缓开放大阪、江户、兵库、新潟等港口的目的。翌年，德川幕府为了学习了解西方，还派了一些年轻的武士前往欧洲的莱顿大学学习。值得称赞的是，那些使臣和武士中的精英福地源一郎和箕作秋坪等人，为后来日本现代化建设起到了重要的作用。

1862 年正月，倒幕的激进分子在江户阪下门外，袭击了幕府大臣安藤信正。此事虽然没有成功，但却震惊了惶惶不可终日的德川幕府。与此同时，九州各幕藩的尊王攘夷派，企图拥立萨摩幕藩领主岛津久光为倒幕首领。岛津久光虽然是一位极力攘夷的主战派，但他却是一个顽固地维护封建秩序，主张公武合体的幕藩领主。

同年 4 月，为了消除倒幕派的影响，岛津久光竟然派人刺杀了尊王攘夷派的激进分子有马新七。在血的教训面前，尊王攘夷派放弃了利用幕藩领主的幻想，开始把希望寄托在天皇身上。他们以京都为中心，联合朝廷公卿大臣三条实美，责令幕府封港攘夷。同年 8 月，岛津久光从江户返回鹿儿岛的途中，在横滨郊外的生麦村，借口 4 名骑马的英国人冲撞了他的队列为由，将其中的一人砍死两人砍伤。为此，英国要求幕府惩处凶手并支付赔偿。在英国的威逼下，幕府交不出所谓的凶手，万般无奈地向英国支付了 10 万英镑的赔偿款。此事在日本引起了强烈的反响，致使尊王攘夷倒幕派迅猛崛起。曾经到过中国的长州藩武士高杉晋作看到中国上海已成为英法的殖民地，于是立志要为日本反列强反殖民主义而斗争。同年 12 月，高杉晋作将江户的英国公使馆烧毁。为此，高杉晋作一举成为尊王攘夷派的首领。

在日本历史上，主张闭关锁国的是德川幕府，主张国门洞开的亦是德川幕府。虽然他们为了维护封建统治，对西方列强忍气吞声，但是他们在被动中的积极因素，还是应该肯定的。相反，尊王攘夷派坚持闭关锁国的理念，不仅守旧落后，而且还是一种逆潮流而动的复古行为。不过，他们敢于斗争、拒绝外辱的精神还是应该给予褒扬的。"攘夷"包含了倒幕的因素，也就是说尊王攘夷派一箭双雕，即公开"攘夷"驱逐西方列强，又伺机达到推翻德川幕府的目的。

在此期间，出生于京都低级官僚家庭的岩仓具视，凭借他曾担任孝明天皇侍从的经历，向天皇提出了"公武合体"的治国构想。所谓的公武合体，就是将德川幕府和朝廷皇室合在一起安邦定国。为了维护封建统治，幕府便极力地配合岩仓具视的政治主张。在岩仓具视的游说下，大将军德川家茂迎娶了孝明天皇的妹妹为夫人，以此加强了幕府与朝廷皇室的血缘关系，并在形式上达到了所谓的"公武合体"的目的。然而此事遭到了尊王攘夷派的反对，他们认为皇妹是被当做人

岩仓具视

质嫁给了幕府，天皇也因此而被绑架。为了反对"公武合体"，达到推翻幕府的目的，他们以此为借口，将岩仓具视赶出朝廷，并公开宣布推翻德川幕府。

在内外交困中，德川幕府不得不仰视朝廷，当时已有70多个幕藩领主前往京都觐见天皇，国家的行政大权开始向京都朝廷倾斜。为了适应形势的变化，朝廷设置了国事总管，并收拢录用皇室宗亲及公卿大夫参政。这期间，尽管德川幕府处于动荡中，他们还派遣了外务大臣水野忠德率领部队，将英美争议的小笠原群岛占领成为日本领土，并从八丈岛上移民30余人开发小笠原群岛。

1863年3月，幕府大将军德川家茂遵照孝明天皇的旨令，前往京都拜见天皇，这是幕府自德川家光以后，200余年来未曾有过的惊天大事。对日本来说，孝明天皇能够名正言顺，尊崇民意趁机收拢国事大权是明智之举。于是，孝明天皇旨令德川幕府攘夷排外，必要时要与入侵的西方列强开战。在天皇

的授意下，幕府不得不向各幕藩领主发出了"在受到西方列强攻击时应该予以还击"的命令。事已至此，打开国门失魂落魄的幕府大将军只能尊重天皇的旨意，勉强地竖起了排外攘夷大旗。然而此时，主张攘夷不仅不可能，而且还会把德川幕府葬送，处于两难境地的幕府只能听之任之。

1863年5月10日，高杉晋作率领攘夷派斩杀了外国使臣并夺取其坐舰，指挥岸炮轰击了下关海峡的美国舰船，接着又炮击了法国和荷兰的军舰。同年6月5日，长州港虽然被法国舰队攻破，但是尊王攘夷派在高杉晋作的组织下斗志激昂，再次夺取并封锁了下关海峡。

同年7月，英国为了报复日本，以惩治横滨郊外"生麦村事件"凶手为名，派出了七艘舰艇开进鹿儿岛湾向萨摩藩宣战。经过三个多小时的激战，虽然萨摩藩的炮台和城池被英军摧毁，但是英军在顽强地抵抗面前，不得不撤离鹿儿岛湾。由此，尊王攘夷派士气更加高昂，准备拥立天皇并同时举兵推翻德川幕府。可是尊王攘夷派万万没有想到，孝明天皇却把他们视为是不可控的暴乱分子。

同年8月18日，主张"公武合体"的萨摩藩与朝廷中的公武合体派的川宫朝彦亲王联合，在征得了孝明天皇的允许后，先发制人地将尊王攘夷派赶出了京都。朝廷中支持尊王攘夷派的公卿大臣三条实美也不得不离开京都前往长州。此时的京都政局发生了逆转，由原先唱主角的尊王攘夷派，变成为公武合体派执政。

在以上事实面前，长州藩忧国忧民的精英们经过反思，认为知己知彼方能决断国策。于是，便秘密地派出伊藤博文和井上馨等5人为代表的精英分子，前往英国考察学习。由此可以看出，不仅幕府对西方文明重视，处于变革社会前沿的幕藩武士们，也开始重视不可抗拒的西方文明，尤其是伊藤博文和井上馨等人对西方文明的了解和认识，为后来他们成为明治维新的精英开辟了道路，也为日本崛起奠定了基础。

伊藤博文

内讧恶斗　列强渔利

公武合体派得势后，京都朝廷任用幕府中的德川庆喜、萨摩幕藩的岛津久光、福井幕藩的松平庆永、土佐前幕藩的山内丰信、宇和岛幕藩的伊达宗城等领主为高参，直接参与朝廷和幕府的议事。1864年正月，幕府大将军德川家茂率3000多名家臣前往京都觐见了孝明天皇。这种朝廷和幕府密切合作的局面，不仅较好地恢复了幕府与朝廷的正常关系，同时幕府还得到了民政事宜的授权。不过此时，幕府与幕藩领主的关系，却出现了更大的裂痕，幕藩领主不再像以前那样恭敬幕府，幕府更加猜疑妒忌日益增长的幕藩势力。不久，这些难以弥合的矛盾凸显出来，障碍了公武合体的议事决策。那些宁肯当小国之王也不愿意做大国之臣的幕藩高参们，便寻找借口纷纷离开朝廷回到了藩属地。至此，不仅公武合体派名存实亡，而且萨摩幕藩的领主岛津久光也因幕府垄断了贸易，影响了幕藩领主的经济发展而不满，并从公武合体派变成了倒幕媚夷分子。

尊王攘夷派云集到长州藩后，并没有停止其政治主张，三条实美、高杉晋作在长州藩开始不论身份门第的笼络人才，组建训练出一支颇有战斗力的奇兵队。这期间，他们多次上书要求朝廷取消禁令，赦免被治罪的尊王攘夷派人士。这种缓和派别之间矛盾的要求，不仅没有得到理解，而且还遭到了公武合体派的严词拒绝。

1864年6月，尊王攘夷派的头领神职出身的真木和泉与久坂玄瑞率部前往京都，企图以武力清君侧，恢复尊王攘夷派的权力。同年7月19日，当尊王攘夷派将部队开进京都时，遭到了京都守卫总督德川庆喜的反击，并将尊王攘夷派的军队击退。冲突中死伤无数，大火毁坏了京都30000多处住宅，真木和泉与久坂玄瑞因兵败而

德川庆喜

自杀。这就是日本历史上著名的"蛤御门之变"。

尊王攘夷派兵谏清君侧的行为，被孝明天皇视为大逆不道，朝廷立即罢黜了长州藩领主毛利庆亲父子的爵位，同时任命尾张幕藩领主德川庆胜为征逆总督，讨伐长州藩。同年8月5日，征逆总督德川庆胜还没有出兵，英、法、美、荷联合舰队的17艘军舰5000余名官兵，在英国提督的率领下开始进攻长州藩。长州藩希望通过谈判阻止联军进攻，但是联军依靠强大的炮火攻势迅速占领了海峡一带，并向长州藩提出赔偿军费300万美元。不仅如此，联军还要求长州藩不准重新修复和建筑炮台，允许外国船只自由出入海峡。

联军不仅迫使长州藩屈服，还将丧权辱国的要求强加给了德川幕府，让德川幕府承担其赔款责任。后来，英法以保护侨民为借口，在没有协商约定的情况下，竟然派海军强行进驻横滨。同时强迫幕府在横滨为英军建造军营，包括弹药库、军医院等。当时英国在横滨已驻扎了1200名陆军、800名海军，横滨港已成为英国的军港。

此时德川幕府希望征逆总督德川庆胜趁机讨伐剿灭长州藩的尊王攘夷派，但是总督德川庆胜却在讨逆征伐中突发恻隐之心围而不歼，只是迫使"蛤御门之变"中的三位主谋自杀，拆除山口城，交出三条实美等公卿后便撤军了。讨逆总督德川庆胜这种养虎为患的做法，引发了德川幕府的不满。当然幕府的不满也是有道理的，长州藩的尊王攘夷派经过一系列的失败，彻底改变了他们的政治主张，由过去的尊王攘夷变成了媚夷倒幕，他们开始购买外国列强的枪炮和船只，准备同德川幕府决一死战。面对磨刀霍霍的尊王攘夷派，幕府决定组织兵力再次讨伐长州藩，可是他们的军事行动，因为没有得到孝明天皇的允许而夭折了。

此时，英、法、美、荷经过对德川幕府多次的军事威胁，以及对幕藩的用兵及条约讹诈，看透了德川幕府、朝廷天皇、尊王攘夷派、公武合体派以及各幕藩领主之间的矛盾，便利用其错综复杂的矛盾关系，开始利用"螳螂捕蝉黄雀在后"的掌控日本之手段。

1865年9月，英国新任公使巴夏礼率领法美荷三国公使和联合舰队的9艘军舰驶入兵库湾，向在大阪的幕府大将军德川家茂提出以减少和缓付下关赔款为条件，要求开放大阪和兵库的港口，同时还提出修改进口关税，催促天皇尽快签约。来者不善，善者不来。英法美荷四国合谋威胁幕府，如果不尽快答复他们提出的条件和要求，他们将会到京都直接同天皇谈判。同年10月5日，在列强的威逼和幕府德川庆喜的劝告下，天皇只好在幕府签过的条约上最后签字，同时还同意降低英法美荷四国的关税。后来又经过讨价还价，幕府只是开放了大阪港口，保住了兵库港口的自主权。

由于大幅度地削减了关税，致使日本国民收入急剧减少，并严重地影响了日本自主产业的发展。当时日本的进口额增长了9倍，米价增长了700倍，生丝成本上升，京都和桐生的纺织工面临失业的危险，通货膨胀导致民不聊生。

正当幕府处于两难的境地时，萨摩藩在长州藩派遣伊藤博文和井上馨去英国的启发下，也派遣了以寺岛宗泽和五代友厚为代表的19名精英骨干出使西方。这些比较开放明智的做法，都是萨摩藩能够成为日本改革前沿的重要因素。

早在国门洞开的初期，长州藩和萨摩藩为了学习西方弥补不足，增强实力反制异邦。在英国的帮助下创建了造船厂和生产大炮步枪的兵工厂，并组建了西式的海军学校和步枪队。英国也主动地与萨摩和长州两个幕藩领主打得火热，企图加强与两个强藩的合作，在日本经贸往来中占据主导地位。事实也正是这样，英国不仅控制了萨摩和长州两藩，还左右了日本政坛。与此同时，法国则拉拢支持幕府，企图在日本得到最大利益。幕府也有意加强与法国的关系，并允许法国在横须贺建筑钢厂和造船厂，并同法国成立合办公司垄断经营。不仅如此，幕府在法国的帮助下，改革废除了旧的兵役制，组建了西方式的步兵、骑兵、炮兵，还把政务加以改革，成立了陆军、海军、会计、国内事务及外国事务等行政机构，并拿北海道的矿产权做抵押，向法国借贷600万美元购买舰船和武器。

1866年1月，在如此错综复杂的矛盾面前，德川幕府振作精神，一面派遣中村正直率领一群学生前往英国伦敦留学，一面自不量力地决定进军长州藩，同时将前沿指挥部设在大阪，大将军德川家茂前往坐镇指挥。然而，萨摩藩不仅不听从幕府的旨令，反而还与长州藩联合反对幕府。此时的越前和尾张两个重要藩属也反对讨伐长州藩，土佐藩浪人出身的坂本龙马和同藩倒幕派人士陆援队队长中冈慎太郎便公开宣布推翻德川幕府。不仅如此，更使幕府和天皇惧怕的是，由于物资匮乏物价上涨，大阪、江户及近畿和东海各地城市连续出现市民和农民数万人的暴动，愤怒的农民接连不断地烧毁税册，哄抢仓库，洗劫富人的财产。对此，处于内外交困风雨飘摇中的德川幕府已经无法控制，只能是任其发展。

1866年7月，大将军德川家茂出师不利病死在大阪，骑虎难下的德川幕府只好借口以大丧为由，撤回了讨伐长州藩的军队。同年12月，德才兼备曾经是幕府大将军提名人的德川庆喜，终于在天皇的旨令下就任幕府第十五代大将军。正当德川庆喜踌躇满志的时候，主张闭关锁国，尊王攘夷，公武合体的孝明天皇病逝。

王政复古　幕府灭亡

1867年1月，孝明天皇和中山庆子所生的第二子，年仅16岁的睦仁亲王继位，即明治天皇。至此，新生的王政复古倒幕派占据了上风，尊王攘夷和公武合体派失去了势力范围。所说的"王政复古"就是推翻德川幕府，还政于朝廷天皇。原先主张公武合体的岩仓具视，曾被罢官赶出京都遭到了流放。睦仁天皇（明治天皇）执政后便将他召回朝廷，开始主张倒幕复古还政于天皇。这期间，岩仓具视还与倒幕复古派的萨摩藩、长州藩、艺州藩的领主建立起同盟，形成了强大的势力范围。

1867年10月14日，岩仓具视将睦仁天皇同意的讨幕密诏下发给萨摩、长州、艺州三个幕藩领主，幕府大将军德川庆喜也将"大政奉还"的请求送给了睦仁天皇。10月15日，睦仁天皇同意了大将军德川庆喜的请求，并收回了岩仓具视下发的讨幕密诏。此次巧合，对德川幕府来说是一大幸事，免除了被武力征伐的灭顶之灾。然而对天皇而言，兵不血刃就获得了统治权也是一大幸事。史料记载，洞察力极强的德川庆喜，事前就根据前土佐藩领主公武合体派的山内容堂的劝告，以退为进的做出了大政奉还的决定。此事即使是巧合，也可从中品味出德川庆喜的智慧。德川庆喜的目的就是交出幕府大将军的权力，甘心情愿地成为朝廷皇室管辖的一个藩主。当然，这种主动的妥协，还会使幕府拥有广袤富饶的土地，在众多藩属中仍然是最强大的领主。他虽然设想得很好，但此时德川幕府已失去民心，朝不保夕。

同年11月，横滨西部的驿站藤泽，心灰意冷的人们在傍晚的时候抬着棺材，打着写有"日光山，东照大权现神社"的黑旗，模拟葬礼为德川幕府送终。面对这种羞辱的场面，德川幕府无能为力，只能唉声叹气，日薄西山，气息奄奄，即使是大将军德川庆喜再有才干，终究是回天乏术。

以岩仓具视为首的王政复古倒幕派，并没有因大政奉还而停止对德川幕府的打压。他们立即宣布王政复古并废除朝廷中的摄政、关白、幕府遗留的旧制度，成立了公议政体的新政府。同时从公卿、诸侯中任命了晃亲王、嘉彰亲王、中山忠能、松平庆永、山内丰信、三条实美等人为议政大臣，并从尾、越、艺、土、萨五个幕藩中任命了藩士和庶民为新政府的参与。

朝廷新政府内阁组成后，马上召开了"小御所会议"。会议中，岩仓具视提议，经公议政体讨论决定，德川庆喜必须辞官、纳地。也就是说，彻底废除幕府政权，将幕府的土地收归国有。面对朝廷公议政体的决定，岌岌可危的德川幕府和拥护他们的幕藩领主们深感末日来临，他们企图以清君侧为名捍卫他们的权力和利益，但是执掌幕府大权的德川庆喜仍然沉稳地静观其变。在此次较量中，可见岩仓具视是一位远见卓识的政治家，他依靠天皇成立了朝廷新政府，并认识到了新政府的主要敌人就是德川幕府，决不能给德川幕府留有喘息之地而"养虎为患"，使之再度复苏抗衡朝廷和新政府。只有彻底地消灭了德川幕府，才能够实现天皇制下的日本统一。

1867年12月，朝廷的新政府为了尽快地讨伐德川幕府，便主动出击激化矛盾，让德川庆喜弃权就范。他们唆使萨摩藩倒幕的激进分子在江户寻衅闹事，纵火焚烧，不断地扰乱社会秩序。同时新政府还名正言顺地向德川幕府发出了讨幕檄文，并列举了德川幕府的罪行昭示天下，正大光明地派出正义之师，拉开讨幕的战幕。

1868年1月3日，面对新政府的挑衅，德川幕府不得不组织兵力攻打新政府军的主力萨摩藩和长州藩。大将军德川庆喜率领幕府军，在鸟羽和伏见与萨摩和长州两个主要幕藩的新政府军展开了大战。经过一天的激战，朝廷的新政府军大获全胜，德川庆喜战败后从海上乘军舰逃回江户。仅此一战，那些左右摇摆的幕藩领主们不再观望，开始归顺朝廷的新政府。此时的民心已完全倾向于新政府，他们期盼着在天皇的统治下改变日本的现状。

同年2月，明治天皇宣布亲征诏书，拜炽仁亲王为大都督，率领20多个幕藩联军杀向江户。此时德川庆喜模棱两可，但是幕府中的幕僚们仍然主张迎战，法国公使为了法国的利益也极力劝说德川庆喜进行最后的抵抗，并宣称提供武器和军舰及必要的资金支援。法国的目的就是准备与英国平分秋色分裂日本。然而，德川幕府已经没有像样的陆军可以抵抗，心灰意冷的德川庆喜无心再战。

木户孝允

同年3月14日，朝廷新政府颁布了木户孝允参与起草修改的"广兴会议，万机决于公论；上下一心，盛行经纶；文武以至庶民各遂其志，俾人心不怠；破旧习，基于天地公道；求知识于世界，大力振兴皇基"的《五条誓约》。简短的五条誓约，就是新政府的政治纲领，也是他们统一日本的政治宣言。此后，日本的政治精英们便按照这个政治纲领开始了他们的明治维新，促使大和民族崛起，将日本推向辉煌。《五条誓约》公布的第二天，新政府又宣布了"正五伦之道，禁止聚众结党，强诉和逃散，禁止天主教及其他邪教门"的禁令。虽然此禁令与《五条誓约》相抵触，但是为了实施维新大政方针，就要采取必要的措施治理国家。

同年3月15日，当东征大军准备进攻江户时，德川庆喜便派幕府陆军总司令胜海舟（胜安芳）主动向政府军投降，并表示愿意悔罪交出江户城包括武器和军舰。德川庆喜投降后，新政府在如何处置德川庆喜及其幕僚的问题上有两种意见。萨摩和长州二藩主张杀无赦，而以岩仓具视为首的新政府则表示应宽大处理，不然将会出现德川家族难以平定的动乱。4月4日，经朝廷新政府商定报睦仁天皇同意，保留德川幕府之家族，免除德川庆喜的死罪软禁于江户，并没收了幕府大部分的土地，只将骏河府册封给德川家达继承家业，以便安抚幕府中的贵族。至此，延续了260余年的德川幕府宣告灭亡。也就是说，日本从镰仓幕府开始676年的武家政治，到此便宣告结束了。

伊藤博文曾在美国旧金山发表演讲时沾沾自喜地说："欧洲废除封建制度，需要进行长时期的战争，而日本滴血未流、一弹未发就废除了制度。"山县有朋也曾鼓吹"确立了国家的独立，维护国家在列强中的权益"。①

日本之所以在此次社会变革中，没有出现国家大分裂，以及军阀混战互相攻伐的惨烈局面，除了德川庆喜果断地拒绝了法国支持打内战外，其重要原因便是日本历史上所遵循延续的神权天皇制。这种制度在日本人的意识形态中已根深蒂固，在历史转折的关键时刻，人心便会转向神圣的天皇，即使是另立中央的武家政治，在统一日本后也必须尊崇神圣的天皇，并谋求联姻一体巩固其统治，这便是大和民族之所以经久不衰的重要因素。另外，日本不仅是一个孤悬于太平洋西岸列岛上的小国，而且还基本上是一个单一民族的国家，他们因为自然环境形成的民族凝聚力是不可小觑的。这些客观因素，也是日本不至于分裂的重要因素。

当英国公使向朝廷新政府的著名将领西乡隆盛提出武器和资金援助时，西乡隆盛就拒绝说："日本的政体变革，应由我们自己尽力而为，如果接受外国人的援助，则有失国格和民族气节。"换言之，当时日本某些政治家的精英们，吸取了中国清王朝请求英国人镇压太平天国的经验教训，拒绝西方列强参与内战。这种自主独立地谋求国家统一的精神，是可敬可赞值得研究借鉴的。英法列强之所以不敢对日本全面实施武力征服，也是吸取了中国太平天国农民起义的教训，而不敢纵深地侵占日本。一个封建帝王统治的国家，一旦被农民起义所推翻，西方列强就很难在这个国家实行殖民统治。

同年4月21日，新政府颁布了政体书，宣布一切权利归属太政官，太政官以下设立神祇、议政、行政、军务、刑法、会计、外国等七个部门机构，并宣布这些政府机构官员任期为四年，期满后通过公开选举产生新的领导人。

---

① [美]詹姆斯·L.麦克莱恩.日本史[M].王翔，朱慧颖，译.海口：海南出版社，2009：130.

地方基本保留了幕藩制，德川幕府原有的直辖地分别设立了府县制。同时颁布法令昭示天下，不得私自授予藩、府、县领主的爵位，不得铸造货币，不准雇用外国人，不准与外国人建立盟约。新的政府即务实公正，又具有创新精神，深得民心，掌控了日本。

三十七　明治维新与侵略扩张

明治维新，是大和民族的精英们不断地向西方学习，努力变革改良社会，使日本走向辉煌的时代，也是日本历史上最值得骄傲的时代，更是日本迈入世界大国行列实施军国主义发动侵略战争的时代。我们今天研究明治维新历史，剖析认识日本，具有划时代的现实意义。

明治天皇及维新精英

从内容上讲，明治维新应该从《五条誓约》开始。不过当时德川幕府还没有覆亡，睦仁天皇的年号还没有确定，称明治维新还不够确切。《五条誓约》宣布六个月后，维新精英汉学大师菅原在光，在中国《易经》中的"圣人南面而听天下，向明而治"的启发下，便才思敏捷地建议睦仁天皇的年号改为"明治"，其寓意既"向明而治"。

1868年9月8日，朝廷新政府经过一番讨论，正式宣布睦仁天皇的年号为"明治"，并将此年度称为明治元年。然后根据中国明清两朝一世一元的章法，宣布天皇只能拥有一个年号，终止过去因谶纬随便改变年号的陋习。从此，日本进入了"明治维新"时代。此时，在推翻德川幕府期间成为新政府主要领导人的大久保利通，提议明治天皇巡幸江户，主张将朝廷从京都迁移到江户。同年10月，明治天皇从京都搬到江户，并将江户更名为东京（奠都）。

日本在明治维新变革的伟大时代中，天皇没有起到多大的作用，他只是一个象征着国家权力的神祇牌位，或者说像"墙头草"和"橡皮章"那样，哪

明治天皇

一派的势力强大，天皇就会倾向那一派，然后为他们盖上玉玺大印发放"通行证"。深居简出的天皇不可能有太大的作为，况且他的地位是永久不变世袭的，而且这种世袭即使是失去了曾经有过的权力，仍然会衣食无忧享乐在荣华富贵中。所以他们用不着与那些革新派、守旧的反对派明枪亮剑地对阵，或者与哪一派的正确与错误争个高低，尤其是朝廷新政府中的维新精英们，他们不同于武家政治时期家天下的观念，其任职是民主的具有法律限制的。谁上台谁下台，谁有权得势谁无权失势，都会尊崇天皇，尊崇天皇世袭不可改变的神职地位。

天皇没有生死威胁，也就不会有大智大勇。反之，天皇无所事事，他在位的时间就会延长。这是自镰仓幕府以来，宫廷皇室形成的政治基础和历史特点。这种政治制度在日本仍然延续着，仍然是明治维新民主政治的基础。时年25岁，不仅没有执政能力，而且也没有军事才干和实权的明治天皇，在维新派的建议下穿上西方式的戎装，作秀般地照了一张既滑稽又可爱的标准相准备巡视列岛。不要小瞧这张照片，这是维新后天皇用的画像，还是日本明治维新军队改革的象征，也是日本迈向军国主义的第一步。当然，带头剪掉传统的发饰顶髻，穿上戎装的明治天皇，坐着敞篷车从东京出发游历巡幸全国，不仅以此安定了民心，还象征着日本一个伟大的时代开始了。

至于明治维新的目的、纲领、政策和法令，都是由朝廷新政府中的三条实美、岩仓具视、高杉晋作、板坦退助、江藤新平、伊藤博文、山县有朋、以及明治维新的著名三杰西乡隆盛、大久保利通、木户孝允等精英们具体谋划，拟定实施。这些精英们都曾经历过尊王攘夷、公武合体、王政复古、推翻幕府的历史变革。他们时年都是三四十岁的青壮年，大部分来自于变革的前沿萨摩藩、长州藩、土佐藩、肥前藩的低级武士，少数人出身于宫廷和幕藩领主，有的甚至来自于贫寒的农民。他们中有的人曾经多次倒戈，由尊王攘夷派变成公武合体派，再由公武合体派倒戈成为王政复古和推翻幕府派，只要是他们及时地转变了思想认识，便会重新执掌大权，进行社会变革。

他们中有的曾到西方学习过，具有西方民主政治意识。团体中的成员既彰显了独当一面的个性，又具有能够自觉地维护集体领导的民主素质，其中出身于宫廷贵族服务于天皇左右的三条实美，为维护明治维新前期的民主政治，起到了决定性的作用。三条实美在日本实施全面改革的关键时期，担任了明治维新政府最高的行政长官太政大臣，是明治维新的核心人物。他有时所表现出的优柔寡断的性格，歪打正着地弥合了明治维新政府中的某些缺陷，从而回避了维新强势人物的片面主张，彰显了明治维新时期的民主作风。人们说他是个中间派，而恰恰是他的中庸骑墙的行为，维护了前期新政府的内部团结。可悲的是，由于他性格上的懦弱和复杂的局势，致使他精神错乱，过早地退出了历史舞台。

由此可见，日本明治维新的社会变革不是天皇的作用，而是当时日本政治精英们集体推动的作用。虽然明治维新与西方资产阶级的民主革命有所不同，与亚洲某些国家的变革也有着本质上的区别，但是他们能够通过少流血的斗争，维护了国家的稳定与统一，完成了国家的变革，为成为西方列强的一员奠定了基础。

奉还版籍　体制改革

德川幕府已经不存在了，维新政府开始执政，遗留下来的各地幕藩领主的分封制还能存在吗？摆在明治维新政府面前的首要任务，便是对幕藩领主封建制的改革。弄不好，可能又是一个面临动乱风险的变革；搞好了，或许就是一个纲举目张、事半功倍的改革。

1869年1月，明治维新的三杰之一木户孝允到改革的前沿长州藩调研，当他提出把幕藩的土地和民众归天皇时，开明的幕藩领主毛利敬亲当即表

大久保利通

态,积极支持明治维新政府的主张。另一位维新的三杰之一,号称东洋俾斯麦的大久保利通,在集中了萨摩藩奉还封土的意见后,进一步联系肥前、土佐和长州三个幕藩领主,联名提出了"奉还版籍"("版"指的是土地,"籍"指的是户口)的主张,从而使明治维新的精英们感受到了改革的曙光。所谓"奉还版籍"就是取消幕藩封建制,将德川幕府分封给各幕藩领主的土地和人口归天皇所有,也就是说归明治维新政府所有。不过,农村的土地还是属于农民。此时明治维新政府已着手解除束缚农民的枷锁,废除以往对土地种植的限制,允许自由买卖土地,承认货币地租并允许自由耕种。奉还版籍的主张及其改革,几乎没有遇到什么阻力,便得到了大多数幕藩领主的响应。

这期间战争还在继续,朝廷的新政府军很快平定了聚集在宽永寺幕府旧官僚的彰义队,同时还摧毁了奥羽和北越及会津地区反对维新政府的幕藩大联盟。

此时,德川幕府的海军奉行榎本武扬还盘踞在北海道五棱郭,企图独立分裂日本,建立所谓的虾夷岛共和国。5月18日,刚刚建立一年的虾夷岛共和国,在大军压境的威逼下,榎本武扬便"识时务者为俊杰"地率众投降了。至此,明治维新的政府军对德川幕府的全面战争,只用了一年半的时间宣告结束。这次社会变革的战争,就是日本历史上所说的戊辰战争。

同年6月,明治维新的精英们开始大刀阔斧地在日本实施改革,并向全国颁布了法令,全面实施"奉还版籍"。由此,德川幕府的幕藩分封制完成了历史使命,土地再次归天皇公有。没有了封地的藩主,改称"知藩事",掌管着该地域的行政大权。为了明确维新后的国民之身份,维新政府重新确定了国民的等级身份及社会地位。当时有427户藩主和朝廷贵族改称为"华族",幕藩领主以下的一般武士改称为"士族",低级的武士改成"卒",从事农工商的庶民以及生活在社会最底层的贱民统称为平民。在封建等级制度十分严格的日本，提高了贱民的身份，可谓是社会的一大进步。维新政府还宣布，一般平民可以有姓氏，并准许与华族通婚，无论是华族还是平民，都可以自由地迁徙，自由地选择自己的职业。这种改革无疑得到了民心，成为社会发展的动力。当然，华族和士族武士随着身份的转变，其待遇也在逐步减少，尤其是征兵制的实施，士族武士失去了固定的专业，不得不从事农工商等新的工作。为了更好地安抚他们，政府鼓励士族武士向地广人稀的北海道移民，将土地廉价出售给他们使之能够自食其力。改革中有些士族武士已被维新政府各部门录用为官吏、军人、教师、警察，成为维新政府的公职人员，还有的已成为工商界的精英。但也有大量的士族武士穷困潦倒，甚至败落闹事。总之，那些中坚分子大都成为明治维新政府的有生力量。

1870年7月，明治维新政府仿效大化革新时期的大宝律令制，重新设立了神祇、太政官。分别任命了太政大臣、左大臣、右大臣、大纳言和参议，以及相应地下设了民部省、大藏省、兵部省、宫内省、刑部省、外务省等政府机构，其中大藏省的设立，不仅掌管了国家的财政大权，还掌管了司法、邮政、农商等事务。另外，外务省的设立，标明了维新政府将会对外全面开放。此时，地方也成立了府、藩、县等相应的政府机构。

1871年7月，改革仅仅过了一年，明治维新政府又宣布废除府、藩、县三级行政机构，相应地成立了三府（东京、大阪、京都）及302个县，并任命了府知事和各县的县令。那些没有了职权的"知藩事"被指令迁移到东京居住，其华族的身份和俸禄不变。随之，维新政府将各知藩事的俸禄和债务也由政府统一管理。同年11月，维新政府又对县进行了合并，将全国变成3府72个县，后来又合并为48个县。此时维新政府中的重要人物三条实美任太政大臣，岩仓具视任右大臣，西乡隆盛、木户孝允、大隈重信和板垣退助分别为参议，大久保利通任大藏卿，副岛种臣任外务卿。其他的府级官员大都是由改革前沿的萨摩、长州、土佐、肥前四个幕藩地域的知藩事担任。这样即照顾了知藩事的既得利益，又循序渐进地推动改革取得了圆满成功。

体制上的改革成功，维新政府便开始鼓励殖产兴业，推动资本经济发展。他们首先摆脱幕府封建经济的枷锁，下令拆除各藩之间的道路关卡，取缔影响工商业发展的禁令。然后废除农民买卖耕地的禁令和农副产品交易的限制，承认农民的所有权，并允许其自由制造贩卖商品。在此基础上制定了开垦计划，积极奖励移居北海道的居民从事垦殖开发传授农业技术。同时还创办了试验基地，采用西方的生产技术促进农业发展。

废藩置县后，地税改革便成了首要任务而摆在维新政府面前。他们废除了幕府旧年贡的地税制改为地价地税，即由政府征收地价的3%作为地税，乡镇再从地税中扣除1/3作为地方税。地价地税不因年景好坏而改变。地税改革的目的，就是为了逐渐削减华族和士族的俸禄，保证政府能够稳定地征收税款。这种缴纳现金的地税改革，致使部分农民卷入市场经济中，成为资本经济发展的雇佣者。换言之，地税改革已逐渐地造成了农民两极分化，使部分农民成为资本原始积累的牺牲品。

与此同时，维新政府鉴于幕府时期黄金外流，通货膨胀，以及各幕藩制造假币的行为，便下令禁止制造假币，并在大阪建造了铸币厂开始印制纸钞。为了消除伪劣纸币的泛滥，他们还在德国人的帮助下印制了新纸币，并建立了货币流通机制汇兑会社。随着维新政府政权的稳定和财政制度的不断完善，其国立银行也遍布全国，为维新政府的改革奠定了经济基础。

走出国门　欺弱媚强

明治维新政府没有陶醉在顺利的体制改革中，而是为了进一步地安邦治国，并在以前他们秘密出国及借鉴德川幕府派驻官员向西方学习的基础上，制定了对外学习的战略构想。对于日本来说，向西方列强派出官员考察学习和派驻留学生已不是新鲜事。德川幕府垮台前，已向美国和欧洲先后派出了七个使团约300人的骨干分子。这些特意培养的官员和留学生，在法国巴黎举办的世界博览会上大开眼界。虽然这是德川幕府打开国门的象征，但是他们所派出的官员和留学生，只不过是为后来的明治维新政府做了嫁衣。

1871年7月，刚刚改革站稳了脚跟的明治维新政府，便以西方列强的面目出现，企图与中国签订不平等条约，获取在中国的某些特权，以便弥补受西方列强欺压造成的损失。于是，维新政府派伊达宗城为钦差大臣，前往中国与清廷谈判。当日本的无理要求遭到了拒绝后，伊达宗城只好与清廷签订了《中日修好条规》和《中日通商章程》。

同年10月，明治维新政府决定，派岩仓具视、木户孝允、大久保利通、伊藤博文等人组成海外视察组（岩仓使节团），三条实美、西乡隆盛、井上馨、江藤新平、大隈重信等人为留守政府，并约定在海外视察结束之前，不能变更明治维新政府的体制及人事安排。

海外视察组确定外务卿岩仓具视为右大臣并兼任特命全权大使，参议木户孝允、大藏卿大久保利通、工部大辅伊藤博文以及外务少辅山口尚芳为副大使，同时在政府中选拔了优秀的官员担任理事和书记官。海外视察组共计49人，并挑选了58名优秀学生随同出国留学。

此次维新政府派出的使团，与以往不同的是他们更具有目的性和急用现学的特点。事先他们拟定了天皇给美国总统的问候信，并通过信函着重表明了出国考察的中心思想，即"以便和最开化的国家处于相似地位。但日本的文明和制度与别国不同，不能期以即刻达到目标。我们旨在从盛行于开化国家的不同制度中选择最适合日本现状者，施用于渐进的革新和政俗的改善，以与其同等"[①]。

出国前他们还做了具体的分工，将出国人员分成几个考察小组，分别调查研究西方的宪法、政治体制、教育机构及学科的分类，并收集有关工业、银行、贸易以及货币等信息，从而找到日本强国的良方妙药。同时他们还试图通过考察，与西方列强修改以前签订的不平等条约。

同年11月12日，他们从横滨出发，首先到了美国的旧金山，然后又去了华盛顿。他们在美国共考察参观了9个城市，在欧洲整整待了一年，考察了意大利的罗马，俄罗斯的圣彼得堡，瑞典的斯德哥尔摩，法国的马赛和巴黎等大城市。为了节省时间更好地全面了解西方，每到一处便分别参观所到

---

① [美]詹姆斯·L.麦克莱恩. 日本史[M]. 王翔，朱慧颖，译. 海口：海南出版社.

国家的监狱、警察局、商会、造船厂、纺织厂、博物馆、学校等部门机构和厂矿企业。

起初,他们到了美国后,打算立即与美国谈判,修改不平等的条约。但是现实并不像他们所想象的那样顺利,尤其是弱国祈求强国修订条约,几乎是不可能的事。于是,他们放弃了修改条约的计划,专心致志地考察学习。从其考察日记中可以看出,他们每到一处住进宾馆后便立即按考察的内容投入到社会的各个层面,每天的行程都安排得满满的,参观、座谈、宴会、剧院……令他们疲惫不堪。由此可见,他们是一群忧国忧民的政治家。西方的文明对他们产生了极其深刻的影响,原计划出国考察七个月,时间临近时他们又延长了一年。不是因为国内出现了"征韩论",他们或许还要再考察学习一段时间。通过考察他们惊奇地发现,西方的工业发展只不过是几十年的事情,从而使考察的精英们增强了学习西方、赶超西方列强的信心。在他们看来,西方的议会制度是高度文明的标志,是促使社会秩序理性化的保障,是确保政府与民众目标一致的有效途径。稳妥地引进产业和技术,慎重地学习西方的文化生活,大力地开展双边贸易是行之有效的,是日本缩小与西方列强差距的有效途径。

军制改革与"征韩论"

留在国内的明治维新的精英们,虽然按照约定在出使西方的考察团没有回来之前,不能变动维新政府的体制和人员,但是在其他方面,他们还是进行了一定的延续改革。

1871年2月,维新政府为了使改革能够稳妥顺利地进行,便从萨摩、长州、土佐三个幕藩领主处调集了1万余人的兵力,进驻东京以防不测。这些亲兵既保障了明治维新政府的安全,又促进了府、藩、县制的改革。不久,幕藩领主撤除了他们所拥有的藩兵,被调用的藩兵便改编成维新政府和天皇的禁卫军。同年8月,维新政府宣布,全国的武器弹药包括舰船都要移交给兵部省掌管。随后又宣布，在东京、大阪、镇西（熊本）、东北（仙台）四个军事要地分别派驻常规军。不过，维新政府对藩属部队的全面改革，拥有完全属于自己指挥的军队，是山县有朋和西乡从道从欧洲回来后，根据西方列强军队的建制，分别担任了兵部少辅及兵部大丞之后，才对以前的军队进行了全面的重大改革。

1872年2月，维新政府废除了刚刚成立的兵部省，然后又分别设立了陆军省和海军省。这次军制改革不仅完善了部队的建制，而且按照法国陆军的模式对日本陆军进行了改编，同时进一步按照英国海军的建制，对日本海军进行了全面的改革。这些军制改革，为日本走向军事大国奠定了基础。同年11月，维新政府根据山县有朋的建议开始实施征兵制，并颁布了《全国征兵诏书》和《太政官征兵告谕》，从而明确了征兵的方针和政策。同时在东京、大阪、东北派驻常备军的基础上，又在名古屋和广岛派驻了常备军。不过，征兵制的改革不仅不完美，还遗留了一些封建制的残余。他们在兵役制中规定，官吏的子女、缴纳捐款者、每个家庭的户主与继承人，以及独生子和独生孙等等，都可以免除服兵役。虽然如此，日本还是拥有了一支新型的强大军队。

侵略扩张是日本军国主义的本性，打开国门在经受了西方列强的欺辱后，日本的精英们便产生一种欺软怕硬的外交思路。他们"在同俄国、美国签订和约以后……蓄积国力，夺取容易占领的朝鲜、满洲，这样在交易上输给俄美的东西，将从朝鲜和满洲的土地上取得补偿"[①]。在此思想意识的基础上，已成为维新政府核心人物的木户孝允，早在维新政府的初期，就曾主张所谓"远大海外之目标"向朝鲜宣战。不过，当时他提出的所谓"征韩论"为时过早，没有得到人们的认可。后来他随同岩仓具视去欧洲考察，在西方列强的启示下，感到羽翼未丰的维新政府应该暂时放弃征韩论，才能够有利于日本发展。然而此时，留守政府中的西乡隆盛，却根据时局的变化，重新提出了"征韩论"。

西乡隆盛出身于萨摩藩（鹿儿岛县）一个下级武士家庭，自幼经受过严

---

① 摘自（日）井上清著《日本历史》546页。

格的军事训练，曾经担任过下级官吏，是萨摩藩领主岛津齐彬的亲信并参与藩政。在尊王攘夷时期被关进安政大狱，出狱后执掌萨摩藩的海军大权。他担任大总督参谋时，在指挥推翻德川幕府的"戊辰战争"中立下了战功，现任维新政府中的陆军元帅并兼任禁卫军都督。

作为军事将领的西乡隆盛，已意识到废藩置县和征兵令的实施，士族武士不仅会失去以往的身份和特权，而且还会影响维新政府的改革造成动乱。在此思想意识中，西乡隆盛认为，要消除士族武士们的失落感和对维新政府的不满，唯一的办法就是利用士族武士期盼重新提高身份为大和民族建功立业的心理，发动一场侵略朝鲜的战争。

作为陆军元帅兼任禁卫军都督的西乡隆盛，他所主张的"征韩论"不仅得到了日本社会武士阶层的响应，而且还得到了维新政府中某些人的支持。当然，西乡隆盛还有一个不能公开的秘密，那就是以他的"征韩论"，间接地反对大久保利通、木户孝允、大隈重信等人的专权。从而利用武士阶层，建立起以士族为骨干的军事政权，以便达到控制维新政府号令日本的目的。

欲加之罪，何患无辞。主张侵占朝鲜半岛的精英们，竟然借口朝鲜闭关锁国，造成了日本船只在半岛西海岸遇险时不能够靠岸得到及时救助。并横加指责朝鲜不承认明治维新政府，不接待维新政府的使臣，拒绝维新政府的国书，有辱天皇和日本的国格。同时还谴责朝鲜在日本明治维新后，断绝了德川幕府时期朝鲜与对马岛领主宗氏建立的贸易关系。

这些理由，无疑是西方列强用舰炮打开日本国门借口的翻版，而且日本梦想吞并朝鲜的野心，比西方列强的殖民政策有过之而无不及。此时的日本不仅学习西方社会的文明，而且还把大和民族的劣根性与西方列强的殖民政策融合在一起。他们居然像强盗一样，认为不能容忍朝鲜的"无礼"，叫嚣要先入为主地尽快吞并占领朝鲜，以免外国占领朝鲜后形成对日本的威胁。西乡隆盛甚至扬言，要亲自出使朝鲜解决日朝之间的矛盾，不然就亲率大军攻打朝鲜。

1873年8月，西乡隆盛的主张得到了时任参议、外务卿副岛种臣、参议板垣退助、文部大辅江藤新平及外交官后藤象二郎等人的支持，并在内阁会议上做出了侵占朝鲜的决定。不过，这个决定要等岩仓具视回来之后才能付诸实施。可是岩仓具视回国后，断然拒绝了侵占朝鲜的决定。认为维新政府的当务之急，不是侵占朝鲜而是整顿内政实施改革。时任参与的大久保利通阐述了侵朝的危害，当时俄国正准备南下吞并朝鲜半岛，日本如果侵占朝鲜两败俱伤，俄国便会趁机渔利。英国将会借口以债权国的名义干涉日本内政，而日本尚没有与西方列强缔结平等条约，还面临着被西方列强殖民的危险。此时侵占朝鲜会小不忍则乱大谋，弄不好会螳螂捕蝉黄雀在后，将日本变成第二个英属印度。

面对岩仓具视、大久保利通等人的远见卓识，西乡隆盛等主战派并没有放弃征韩论的主张，两派言辞激烈不相上下，致使担任太政大臣的三条实美优柔寡断，不知如何决策只好抱病辞职。三条实美的辞职使征韩论的辩论出现了倾向性的转变，因为此时岩仓具视奉命取代三条实美担任了太政大臣，大权在握的岩仓具视以他至高无上的权力，坚决地否定了以西乡隆盛为代表的征韩论。

西乡隆盛侵占朝鲜的主张宣告失败，那么他企图通过战争获得维新政府中更多权力的设想也随之流产。无可奈何花落去的西乡隆盛，只好与板垣退助、副岛种臣、后藤象二郎、江藤新平等人辞职下野。

同年 10 月，34 岁的伊藤博文及胜安芳和寺岛宗则被任命为参与，填补了主战派留下的空缺。此次论战，不能说岩仓具视和大久保利通是和平派，他们制止侵占朝鲜半岛的冒险行为，只不过是认为侵占朝鲜的时机不到，贸然出兵不仅会导致失败，甚至还会丧失他们手中的权力。

虽然主张侵占朝鲜半岛的主战派下野了，但是那些落魄的失去了职权的士族们却增加了对维新政府的不满。有些旧藩主甚至上书明治天皇反对改革，要求把体制、学制、军队、租税等恢复废除的旧制。同年 11 月，为了防止不测，维新政府设置了内务省，大久保利通兼任内务卿并掌管全国的治安工作，同时把警视厅纳入内务省直接管辖。尽管如此，那些落魄的士族们还是制造了骚乱。

1874 年 1 月，岩仓具视在赤坂城门的路上，遭到了士族出身的军人袭击，幸好只是受了点儿伤没有生命大碍。至此，积极响应征韩论的士族们也算是出了一口怨气。不过，此时下野的板垣退助、后藤象二郎、江藤新平、副岛种臣与前东京府知事由利公正，及从英国回来的小室信夫、冈本健三郎、古泽滋联合签名向维新政府上书，建议设立民选议院，以此防止官僚专制。从而达到民众的意愿与维新政府的施政方针融为一体的目的，促使维新政府走西方民主议会的道路。

同年2月4日，征韩论的主张者江藤新平下野后并不甘心寂寞，竟然充当反维新政府的代言人，率领旧肥前藩3000余名士族，抢劫银行筹集经费，发动武装叛乱占领了佐贺城。2月7日，太政官岩仓具视命令陆军省出动熊本和大阪的镇台兵前往镇压。2月10日，内务卿大久保利通被任命为全权代表前往佐贺统率全军，同时又调集了海军助战，江藤新平在内外无援的孤立中被维新政府军打败。事后，维新政府将这次叛乱定为谋反罪，江藤新平被处以斩首极刑。具有讽刺意味的是，江藤新平曾担任过维新政府的司法卿，为维新政府的司法制度奠定了基础。那些律令、法条都是江藤新平任职期间亲自制定编撰的，此时他用自己制定的刑法割下了自己的头颅，也算是为维新政府法制立了一功。至此，主张征服朝鲜半岛，企图获得更多权力的主战派以失败告终。

甚嚣尘上的征韩论及士族阶层的反叛虽然偃旗息鼓，但是反政府专制的浪潮一波未平一波又起。为了平息社会上对维新政府的不满，参议兼内务卿的木户孝允开始起草议院宪法。同年5月2日，木户孝允完成了议院宪法的起草工作并发布了法案。其内容以《五条誓文》为基础，召集地方行政官员及民众代表，设立公议会议制定国策法律。这个完全从西方舶来的议会法案还没有实施，大久保利通便意识到中国经过两次鸦片战争的失败，清王朝已病入膏肓不堪一击，此时攻打台湾岛不仅会缓解维新政府与士族之间的矛盾，还可能占领台湾岛。于是，提出了侵占台湾岛的主张。这个主张一方面凸显了军国主义的侵略本性，另一方面则通过战争达到增强维新政府权利影响的目的。在大久保利通的鼓噪下，侵占台湾岛的主张得到了维新政府多数精英们的认可。

由反对"征韩论"到极力主张侵占台湾岛，可见维新政府内部的权力斗争是十分激烈的。为了掌握更多的权力捞取政治资本，维新政府的精英们都想站上历史的制高点，通过发动战争而一举成为号令日本的独裁者。

借口琉球侵占台湾

入侵台湾岛总得找个借口，大久保利通绞尽脑汁想出了"把魔爪伸向了琉球"主意。早在四年前，琉球王国的三艘商船遇到台风漂到了台湾，有两艘被台湾救助并做了妥善处理，其中一艘在台湾南部北瑶湾触礁沉没。此次海难69名船员中3人淹死，66人登陆。登陆的66人中，54人被高士佛和牡丹社的土著人杀害，12人被当地的汉族居民营救，并交当地政府按照以往的贯例给予安抚并送回琉球王国。此事本属于中国清王朝与藩属琉球王国之间的事，但是明治维新政府却要借此事大做文章。

这期间，维新政府在体制改革将幕藩制合并成府县制时，便早有预谋地将260多年前德川幕府时期，萨摩藩侵占琉球王国的奄美大岛划归鹿儿岛县管辖，以此"名正言顺"地宣布奄美大岛为日本领土。不仅如此，维新政府还恬不知耻地将中国的附属国琉球国王尚泰，擅自册封为"藩主"，并向清王朝挑衅性地宣称琉球是日本的附属国。由此，为吞并琉球王国埋下了伏笔。

明治维新政府在做了一些侵占台湾的必要准备后，还感到理由不够充分。于是又在美国驻日本领事德朗的引荐下，日本外务大臣副岛种臣与美国驻中国厦门原领事李仙得会面。已辞职的李仙得在位期间，曾因美国商船在台湾触礁，前往台湾救助处理过善后事宜。该人对台湾的地理状况，风土人情做过缜密的调查了解，并根据台湾的地理位置建议美国侵占台湾。李仙得的建议虽然没有被美国政府采纳，但是却被日本维新政府奉为侵台的良策，从而坚定了入侵台湾的野心。即便如此，维新政府仍然没有轻举妄动。

1873年6月，清王朝的同治皇帝开始亲政，维新政府感到攻台的时机来临，以庆贺的名义派外务卿副岛种臣和外务大臣柳原前光以及李仙得一同前往朝贺。6月21日，柳原前光到清廷总理各国事务衙门，试探性地询问总署大臣毛昶熙和董恂，当年琉球船民搁浅曾被台湾土著居民杀害一事的态度。毛昶熙给予了回答："本大臣只闻悉生藩曾掠害琉球国民，并不知此事与贵国有何相干。"并解释说"该岛之民向有生熟两种，其已服我朝王化者为熟藩，已设府县施治，其未服者为生藩，姑置之化外，尚未甚加治理"。随后毛昶熙

沈葆桢

强调"生藩之横暴未能制服，乃是我政教未逮所致"①。此番外交辞令中的"生熟藩"之说，被日本维新政府分解所利用，强词夺理地认为台湾既然存在没有教化的"生藩"，那就不属于中国管辖的居民，日本就应该实行"道义"之举为琉球出兵征服所说的"生藩"。为此，日本制定了《台湾藩地处分要略》，并说"台湾土藩部落，为清国政府政权所不及之地……故视之为无主之地，具备充分理由。是以报复杀害我藩属琉球人民之罪，为日本帝国政府之义务"②。如此强盗逻辑，竟然成了日本出兵侵占台湾的借口。

1874年4月，明治维新政府任命陆军中将西乡从道为台湾番地事务都督，参议大隈重信为事务局长官，聘请李仙得和美国军事人员为高参，迅速抽调海陆军主力组成侵略军，并租用了美国的船只前往台湾。5月7日，日军在台湾的琅峤社寮登陆。5月19日，日军与保力、四重溪的居民交战。5月22日，日军攻占了石门。6月2日，日军攻取了高士佛和牡丹社。至此一系列的攻坚战，日军仅以6死20伤的损失在台湾站住了脚，并建立了"都督府"，企图进一步侵占台湾。清廷在得知日本出兵登陆台湾后，诏令沈葆桢为钦差大臣兼任总理各国事务大臣统领福建镇道官员，调遣江苏和广东各口岸之轮船，准备抗击日军。

同年6月14日，沈葆桢登上台湾岛后修筑了安平炮台，招募兵勇训练乡团，筹备物资积极防御日军。当他与日方接触后意识到日军的目的就是为了长期占领台湾，只凭外交口舌战难以驱逐日军退出台湾。为了加强海上防卫力量，沈葆桢令6艘兵舰常驻澎湖，另派一艘兵舰驻防台北，并调动洋枪队

---

① 摘自《日本外交文书》第6卷178页。
② 摘自东亚同文会编：《对华回忆录》，第2编，第2节，第38—39页。

6500人分别赴台驻守凤山。7月9日，维新政府得知清廷在台湾作了重大军事部署后，便下令陆军省做好与清王朝直接交战的准备。

正当中日双方剑拔弩张，战争的阴云笼罩台湾上空的时候，双方针对领土主权的外交照会和谈判也在紧锣密鼓地展开。时任日本驻华公使柳原前光在外交照会和谈判中坚持其强盗逻辑，多次强词夺理地称台湾的土著部落为中国政权所不及，应是无主之地，且杀害琉球人，日本理应出兵为藩属琉球尽义务是所谓的"义举"。中方则义正词严地声明反驳"台湾全地，久隶我国版图虽其土著有生熟藩之别，然同为食毛践土已二百余年……虽生藩散处深山……文教或有未通，政令偶有未及，但居我疆土之内，总属我管辖之人"。①

在互相照会和谈判中，清廷不仅有理有据地驳斥了日本所谓"义举"的侵略行为，还出具了《台湾府志》证明台湾政府对各地包括土著居民管理纳税的情况，致使日方无言以对。同时还驳斥日方的属国论，声明琉球虽然弱小，它不仅自古以来就是中国的藩属国，而且也是一个拥有主权的国家。至于琉球船民被害，琉球王国应该自鸣不平，无须日本越俎代庖。同时还列举了国际法驳斥日本无中生有的侵略行径。在照会谈判辩论之时，直隶总督兼北洋大臣的李鸿章则主张晓之以理，辅助兵威，寄希望外国出面干涉迫使日本撤兵，并令清兵安营操练，不允许主动进攻日军。然而沈葆桢却断定中日难免一战，充分地做好了中日交战的准备。

在日本国内，维新政府中的参议兼文部卿的木户孝允为首的反对派极力反战，英国和沙俄等国不再持中立态度并指责日本，尤其是维新政府借了大量的英国外债，不得不听从英国政府的意见。遗憾的是清廷没有利用国际社会反日的有利形势，以优势的兵力反击日军，而是继续谈判以和平的方式解决所谓的争端。事实证明，李鸿章借助外国势力驱逐日军的主张，为以后日本漠视清王朝欺辱中国埋下了伏笔。

此时，主战的大久保利通正面临着政治上进退两难的危机，继续赖在台湾不走，会受到国际社会的谴责；无任何收获的撤军，将会遭到国人的耻笑

---

① 摘自《日本外交文书》第7卷，第78—79页。

和反对派的弹劾。为了通过谈判获得更多的利益，同年9月10日，大久保利通只好亲赴北京，老调重弹地坚持侵略有理的强盗逻辑。9月18日，黔驴技穷的大久保利通自知理亏，不再谈主权问题，而是以进为退地提出了索要军费赔偿事宜。他仍然强词夺理地表白"日本此举非贪土地，非为钱财，总是为人命之重"的义举行为。[①]并要求清廷出资补偿日本数月的军费，方可退兵回国，不然将会以"惩藩之举，非可中沮"地要挟清廷，赖在台湾不走。[②]对大久保利通胡搅蛮缠，清廷仍然给予了否决。

大久保利通的言词是前后矛盾的，既然不是为了土地、不为钱财而来，那么为何还让清廷补偿军费，其"义举"行为不过是堂而皇之借口而已。在谈判即将结束时，英国驻华公使威妥玛出面和解。为了给英国人一个面子，清王朝居然丧权辱国地答应给日本抚恤补偿费50万两白银，于是日本便就坡下驴，同意撤兵。

1874年10月31日，中日签订了《北京专条》。其条款中"日本国此次所办，原为保民义举起见，中国不指以为不是。规定中国先准给抚恤银10万两，……在台修道、建房等费用银40万两"。[③]也就是说索取的50万两白银，其中10万两的所谓抚恤银是补偿琉球被害人的，另外40万两是补偿日本入侵台湾的军费。这种强盗逻辑，完全是从西方列强的侵略本性中学来的。

日本出兵侵占台湾的行为，则以大久保利通的强词夺理而得以告终。虽然日本没有达到侵占台湾的目的，但是却达到了欺辱清廷蔑视中国的目的。而日本维新政府这种进可以"出师有名"，退可以"凯旋荣归"的战争，得到了日本国内众多的赞誉声。至此，维新政府更加增强了扩张的野心，加快了吞并琉球王国的步伐。

按照当时中日双方在台湾的军事力量，清廷完全可以在天时地利人和极为有利的情况下，主动进攻日军将侵略者赶出台湾，况且侵台日军水土不服，众多士兵染上了疾病。即使是中日发生全面战争，日本也会以失败而告

---

① 摘自《重阳面谈节略》一档，外务部档。
② 摘自《日本外交文书》第7卷第302页。
③ 《中外旧约章汇编》第一册342页。

终。然而清廷的大臣们已在鸦片战争中吓破了胆，尤其是李鸿章以夷制夷丧权辱国的外交政策已成为日本人的笑柄。据日本史料记载，日本侵占台湾共出动兵力3658人，战死12人，负伤7人，在滞留台湾七个月中病死了561人。可见当时日本在国内国际反战的压力下，即使想赖在台湾也不会支撑久远。

日俄岛屿置换与凌弱朝鲜

19世纪初，俄国从东西伯利亚南下，与日本为库页岛争端经常发生矛盾。为此日俄两国签订了《库页岛临时规约》，库页岛基本上成为两国共有的杂居地，其北部主要是俄国人居住，南部则是日本人管辖。

虽然日俄签订了条约，但是并没有阻断俄国人南下的步伐，日本在库页岛上的权益受到了威胁。面对强权的沙皇俄国，英国曾经建议日本放弃库页岛坚守虾夷地。维新政府虽然没有完全听从英国人的意见放弃库页岛，但是却采纳了坚守虾夷地的建议。于是，维新政府决定在虾夷地箱馆府设置了开拓使，并将虾夷地更名为北海道。不仅如此，维新政府从欧美各国招聘了学者和技术人员，拟定了开发北海道的计划并着手实施。

与此同时，维新政府还派外务大臣丸山作乐前往库页岛与沙俄谈判。经过几番交涉后，丸山作乐认为除了用武力战胜沙俄外，没有办法阻止俄国人南下。不过，维新政府仍然希望美国从中斡旋，通过谈判解决库页岛的争端。

为了守住在库页岛应有的权利，日本设立了开拓使，并任命黑田清隆为开拓使次官全权处理库页岛事务。黑田清隆驻守库页岛后，经过多次与沙皇俄国交涉，感到难以阻止沙俄的南下战略，于是提出了以岛换岛放弃库页岛的主张。这个主张遭到了外务卿副岛种臣的反对，并提出了收买库页岛的设想。但是既没有钱，又没有强大海军做后盾的日本，在遭到沙俄的拒绝后，维新政府仍然感到黑田清隆的主张不失为良策。另外侵占台湾的不利形势，迫使维新政府决定采纳黑田清隆的建议，以占据的南库页岛换取了北千岛群岛，从而加强北海道的经营阻止俄国人南下。

1875年5月，日本驻俄公使榎本武扬在莫斯科与沙俄谈判达成了协议，并签订了《库页岛、千岛群岛交换条约》。该条约规定两国以海峡为界，库页岛归俄国所有，整个千岛群岛为日本领土。沙俄补偿日本在库页岛上的所有设施，并承认日本在鄂霍次克海的渔业权。库页岛与千岛群岛从土地面积上讲，千岛群岛要小得多，但从战略位置上讲，日本控制了俄国人进出西太平洋的水道。

对外扩张的"征韩论"放弃后，明治维新政府并没有放弃对朝鲜侵略的野心，而是由明目张胆地叫嚣变成了干涉内政，以便达到蚕食朝鲜半岛的目的。

1875年9月，维新政府派海军在朝鲜沿海地带进行挑衅性的演习，并要求停靠江华岛，遭到了江华岛朝鲜驻军的拒绝。于是，日本军舰便强行地占领了永宗岛。事后，为了试探清廷对此次侵略行为的态度，便派特使森有礼赴北京与清廷交涉。清廷总理各国事务衙门竟然模棱两可地对日使臣表示"朝鲜虽隶中国藩属，其本处一切政教禁令，向由该国自行专主，中国从不与闻。今日本与朝鲜修好，亦当由朝鲜自行主持"。[①] 这种放弃宗主国权力的态度，使日本强权朝鲜的侵略行径更加嚣张。

1876年2月，维新政府派全权大使黑田清隆和副大臣井上馨前往朝鲜。朝鲜在讹诈和逼迫下与日本签订了《江华条约》，该条约表明朝鲜是一个独立的国家，日本享有领事裁判权，并迫使朝鲜开放元山和仁川两个港口通商。这个不平等条约已表明，清廷宗主国的地位发生了动摇，当北洋大臣李鸿章幡然醒悟为时已晚，只能亡羊补牢地给朝鲜制定了一个"亲中国、结日本，联美国、防俄国"以夷制夷的战略构想。这个所谓的战略构想，等于清廷完全放弃了宗主国的地位，引狼入室，葬送了朝鲜。

1881年，朝鲜李氏王朝在日本的诱导下，实施军队改革建立了一支新式部队"别技军"。此时，国王高宗李熙的父亲摄政王大院君李是应与掌握实权的王后闵妃有着难以调和的矛盾。于是，李是应趁部队改编裁员之机唆使部

---

① 杨昭全，韩俊光. 中朝关系简史[M]. 沈阳：辽宁民族出版社，1992：294.

队叛乱，叛乱的部队处死了日本教官，袭击摧毁了日本使馆，继而攻打王宫赶跑了闵妃，这就是朝鲜历史上所说的"壬午兵变"。

兵变之后，闵妃不甘心失败，请求宗主国清王朝帮助恢复政权。在闵妃的请求下，清王朝派出3000名清军进驻汉城并镇压了政变的部队。随后拘捕了大院君李是应，并将其押到中国保定软禁起来。此次兵变是由日本人所谓的部队改编造成的，清廷本应该借此时机以宗主国的名义清除日本人的势力，阻止日本人插手朝鲜半岛。然而，长期觊觎朝鲜半岛的明治维新政府也迅速行动，派出1500余名精兵强将进驻了汉城。他们不仅指责朝鲜残杀了日本人，还迫使朝鲜王国签订了《济利浦条约》。该条约使朝鲜赔偿白银五十万两，同时以保护使馆和侨民为借口强行在朝鲜驻军。本来朝鲜王国不想让日本驻军但又不敢反对，只好请求清王朝不要撤军，于是清廷旨令袁世凯为驻朝总督统领朝鲜事务。由此，朝鲜王国宫廷内分成了两派，即"亲日派"和"亲中派"，这无疑于使内忧外患的李氏朝鲜雪上加霜。

1884年12月4日，在日本公使竹添进一郎的纵容下，朝鲜国政改革的亲日派金玉均、朴永孝、洪英植在汉城发动了"甲申政变"。他们在日军的保护下占领了王宫，夺取了闵妃的政权。政变发生后，清廷指示袁世凯"不动声色，坚守镇静"。但是总督袁世凯却审时度势，以保护国王为名率兵入宫制止叛乱，经过一番激战摧毁了日本公使馆，亲日派的金玉均随同驻日公使竹添进一郎逃到仁川，然后转乘商船去了日本，闵妃及其大臣又重新执政。袁世凯在"以夷制夷"政策的束缚下，不仅没有彻底清除亲日派及日本在朝鲜半岛的影响，而且还导致日本势力卷土重来，再次插手朝鲜事务。

1885年1月，维新政府派外务大臣井上馨率领两个警备大队进入汉城，迫使朝鲜国王道歉并赔偿所有损失，同时还为日本重新建筑了使馆和兵营。同年4月18日，维新政府迫使清廷签订了中日《天津条约》。条约规定，中日两国同时从朝鲜撤军，以后朝鲜出现内乱需要出兵时，中日双方应互相文告，由两国同时出兵干预。《天津条约》使朝鲜王国变成中日共同的保护国，实质上清廷已失去了宗主国的地位。不仅如此，清廷居然将亲日的大院君李是应释放回国，致使亲华的闵妃既怨恨清廷，又仇视日本，但又左右不了形势。清廷"以夷制夷"的对朝政策，使李氏朝鲜王国陷入了混乱。

反政府的西南战争

明治维新政府的精英们，无论是"征韩论"还是主张侵占台湾，除了内部的权力斗争之外，都是企图转移国内矛盾安抚士族阶层，达到顺利改革的目的。但是随着"征韩论"的夭折和侵台战争的半途而废，士族阶层与维新政府之间日益尖锐的矛盾更加突出。此时，大久保利通因攻打台湾获得了利益和政治资本而掌握了实权，在大久保利通的主张下，木户孝允和板垣退助开始实施君主立宪制。

1875年，维新政府改革了官僚制度废除了左右两院，设立了元老院和大审院，从中央到地方实行议会制度。此时司法制度也做了彻底的改革，司法与政治分离，设立了大审院削弱了司法卿的裁判权，使司法更公正更深入民心。然而这项工作刚刚展开，板垣退助便因"征韩论"问题，与西乡隆盛等人一起辞去了参议的职务，辞职后的板垣退助组建了爱国党。木户孝允也因故托病辞去了议长的职务成为内阁顾问。因为这一系列变故，西方民主议政的宪法草案不得不搁浅，民间反政府情绪和士族阶层的不满仍然没有解决。

1876年，为了阻止反政府的言论，维新政府按照以前颁布的新闻条例和诽谤罪及废刀令，拘捕了几家报刊社的士族骨干30余人，这种军阀武断的行为引发了士族阶层的不满。同年10月，熊本敬神党的200余人，在太田黑伴雄的率领下捣毁了镇台府并袭击杀害了县厅的官员。10月27日，原秋月幕藩的武士400余人起兵叛乱。10月28日，原兵部大辅前原一诚在萩也率领200余人发动了反政府的武装骚乱。这些企图袭击攻占县厅政府夺取政权的叛乱，虽然来势汹汹，但是都被镇台兵镇压平息了。不过这些叛乱，足以说明当时日本社会对维新政府的不满达到了揭竿而起，一触即发的程度。此时因"征韩论"失败而退出政坛的西乡隆盛，在家乡鹿儿岛创办了私立学校并在各地建有分校，他们教授士族子弟军事常识和中国传统文化典籍。这些为了维护士族阶层利益反政府的骨干分子，积极地拥戴西乡隆盛，企图推翻维新政府。

1877年1月，维新政府准备派船将存放在鹿儿岛的武器弹药转移到大阪，然而却被得知消息的学生提前将武器弹药抢到手，并抢劫了陆军的工厂和海军的造船厂，同时还拘捕了政府派遣的警察。这些暴力的激进行为，迫使西乡隆盛不得不率众提前起义。同年2月，西乡隆盛率领的1.5万人反叛军在去九州途中，遭到了熊本城政府军的阻击。同年3月，在攻防战进行的同时，维新政府派出了3万多人的旅团兵力向西乡隆盛反攻。在政府军现代化装备的围攻下，西乡隆盛反叛军伤亡惨重，不得不撤回鹿儿岛。同年5月，木户孝允不幸病逝，大久保利通成为明治维新政府的核心人物，他集政权和军权于一身，其军阀霸道的本性暴露无遗。同年9月，政府军的将领山县有朋率部把西乡隆盛剩余的几百名残兵败将围困在鹿儿岛以北的山中。为了争取西乡隆盛改变立场，山县有朋写了一封念及功过，不乏同情理解，具有亲密言词的信，要求西乡隆盛放下武器，重新回到政府中。然而，血气方刚的西乡隆盛没有做出任何答复。9月24日，山县有朋在劝降未果的情况下，向西乡隆盛发起了进攻。战斗中西乡隆盛负了重伤，他忍着剧痛稍作镇定，面朝东京拔刀切腹向天皇表忠。西乡隆盛战死了，他所领导的持续了8个月的西南战争也画上了句号。表面上看，士族阶层的不满和愤恨似乎平息了，但是因战争引起的通货膨胀使民众更加不满，尤其是士族阶层，反政府的力量转入了秘密的地下活动。

1878年5月，大久保利通前去皇宫参加会议。当他的马车走到十八年前井伊直弼丧命的地方，有六名士族刺客冲了上去，将他从马车上拽下来残忍杀死。至此，著名的"明治维新三杰"木户孝允、西乡隆盛、大久保利通，在日本历史发展的舞台上，结束了他们各自扮演的角色。

为什么要刺死大久保利通？被捕的刺客声称：他阻碍了言论自由，压制了民众对民主的诉求，在外交工作上降低了国格，有损于国家形象。这些指责反映了武士阶层对维新政府的强烈不满，引起了维新政府的高度重视。

大久保利通死后，士族的不满似乎是平息了，但是维新政府内部矛盾引发的不满也充分地暴露出来。1878年8月，因西南战争赏赐不公，爆发了近卫炮兵第一大队260名士兵的暴乱，他们在皇宫附近的竹桥兵营内杀死了值班的军官，将部队拉出军营开往赤坂，计划和步兵联合烧毁那里的临时皇宫，由于维新政府处理及时，制止了这场兵变。

吞并琉球王国

从表面上看,日本侵略台湾是一场"义举荣归"无果而终的闹剧,但是日本经过侵占台湾与中国的一番交涉,却达到了他们预想的目的。这个目的就是日本可以堂而皇之地吞并琉球王国。

为了吞并琉球,明治维新政府已在七年前做了铺垫,先将琉球国王尚泰册封为"藩主"并宣称是日本的附属国,然后又把琉球的管辖权由外务省移交内务省,将琉球王国看成是日本的一个府县。在此期间,大久保利通还亲笔签发了一份有关琉球的文件。该文件指令琉球国王要断绝与中国的一切往来,今后与中国的外交关系都要由日本负责。面对日本的强权行为,琉球国王尚泰严词地拒绝了日本的无理要求。于是,维新政府大为恼火,派人冲进琉球王宫,将国王尚泰及其王室成员押解到东京软禁起来。然后他们便在琉球大搞日本化,规定凡是要求渡海到中国的琉球人必须持日本护照,并强制琉球使用日本年号,同时还派警察到琉球实施日本管制。

1878年,琉球国王尚泰派人送信要求清廷解救琉球。同年7月,清廷任命何如璋为驻日公使处理此事。临行前李鸿章授意何如璋按照"能发能收"的策略与日谈判。可想而知,这种外交策略岂能抵制日本吞并琉球王国的野心。何如璋到了日本后与维新政府的外交官进行了多次交涉,日本不仅强词夺理还极力地拖延时间。当明治维新政府了解了清廷的底线后,便采取了更加武断的措施夺取琉球。

1879年4月4日,为了使琉球王国完全脱离与中国的藩属关系,彻底改变琉球王国的属性,明治维新政府单方面宣布将琉球改称"冲绳",变成日本的一个县的编制,并任命锅岛直彬为县令。不仅如此,日本还在琉球大搞种族歧视,

琉球国王尚泰

尤其是迫害占琉球居民多数的中国福建移民。同时禁止琉球人使用汉字，并销毁了琉球与清廷往来的所有诏书、公文和账册，极力掩盖琉球是中国附属国的历史事实。

在多方交涉无果的情况下，清廷总理各国事务衙门的李鸿章，又以"以夷制夷"的所谓外交策略，期盼外国干涉调停。恰巧美国前总统格兰特访问远东来到中国，此时美国国会也发表声明表示，如果中国邀请美国调停，他们将会帮助中国解决琉球问题。可是格兰特到了日本后形势却发生了逆转，格兰特不仅接受了日本的盛情款待，还收受了日本人的厚重礼物。于是，一反常态地改变了美国政府的立场，站在日本的立场上替维新政府说话。当然，这也是格兰特将腐败无能的清廷与日本明治维新政府做了政治、经济、军事上的充分比较后，认为日本吞并了琉球已是清王朝和美国不可逆转的事实，才做出了改变美国立场的决定。

美国人改变了态度，致使明治维新政府更加嚣张。于是日本提出了解决琉球的新方案，即分割琉球群岛，获得在中国自由通商的贸易权利。也就是说，如果清廷允许日本在中国境内像西方列强那样自由通商，维新政府就会将琉球群岛西南部的宫古岛、八重山岛划给中国管辖。这种以退为进的方案，不仅给足了调停人格兰特的面子，还要挟清廷达到在中国获取更大利益的目的。此时清廷已意识到，中国的道义不仅没有达到目的，反而还陷进了日本设下的圈套中，成为与日本一样的强盗分赃琉球。这是清廷绝对不能答应的，尤其不能答应日本像西方列强那样，与中国签订不平等条约获得通商的自由。

经过一番讨论，掌握清廷外交大权的李鸿章认为，此时不能因为琉球王国影响了新疆中俄伊犁问题、西南中法越南问题的处理。于是，便同意了日本分割琉球的主张，但是要找到琉球国王的子嗣，扶持他们在所分的宫古岛和八重山岛重新立国，以便实现中国所主张的正义。这种中国式的道义，暴露了李鸿章不敢抗争，借此机会下台阶的无奈心理。

当清廷的外交官何如璋在找到琉球国王尚泰的子嗣后，这些子嗣们竟然异口同声地拒绝立国称王。理由是宫古岛和八重山岛土地贫瘠，物产稀少，不仅难以立国，即使是立国也逃脱不掉日本人的魔爪。可想而知，由于清廷起初没有对日本采取强硬措施，从而造成的被动是无法挽回的。清廷不再谈琉球立国之事，反而惧怕因此事促使日俄结盟夹击中国。于是清廷在万般无奈的情况下，只好按照日本提出的"分割琉球群岛的方案"，修改《中日修好条规》。

1880年10月，清廷总理各国事务衙门经过谈判，与日本特使户玑议定了分割琉球条约。即琉球列岛西南的宫古岛和八重山岛归中国管辖，在修改《中日修好条规》中增加了最惠国待遇的条款。该方案未来得及签订，便引起了当时在中国境内的琉球人不满，清廷内部也有大臣上书反对这个条款。李鸿章在权衡利弊后认为："今则俄事方殷，中国之力暂难兼顾。且日人多所要求，允之则大受其损，拒之则多树一敌，唯有用延宕之一法最为相宜。……俟俄事既结，再理球案，则力专而势自强。"[①] 最终清廷以能拖便拖的策略，将日本吞并琉球事宜不了了之。

此事给后人留下两个思考，如果签订了分割琉球的条约，日本就像西方列强一样，在中国享受霸权式的贸易协定，但是宫古岛和八重山岛在法理上就属于中国，台湾的东北就具有了重要的屏障。另外，既然日中没有签订分割琉球群岛的条约，那么恢复琉球王国的历史地位仍然具有法理依据。

需要说明的是，日本吞并琉球群岛后，日本文部省编纂的《琉球说略》中将琉球各岛都注明了名称，其中没有钓鱼岛。由此说明日本虽然吞并了琉球群岛，但是仍然把钓鱼列岛视为中国的固有领土。

1884年，日本商人兼政客贺辰四郎宣称"发现了钓鱼岛"，并向日本内务省呈交了租用开发钓鱼岛的申请。由此日本对此大作文章，开始借题发挥，觊觎窃取钓鱼岛。

日本吞并了琉球后，明治维新政府便对东南太平洋上的伊豆诸岛和小笠原诸岛施行实质性的占领。他们在遣使向英国和美国宣布收回小笠原群岛的基础上，还将伊豆诸岛和小笠原诸岛一起纳入东京府管辖，即所谓的归国家所有。

---

① 纪连海. 琉球之谜[M]. 北京：北京大学出版社，2011：107.

三十八 "西化"治国与强权政治

在德川幕府末期,日本就开始向西方列强学习。不过,当时的学习因受封建意识和封建制度的约束完全是被动的,其学习的内容也不过是一知半解而已。日本全面"西化",是从岩仓具视率使团从西方考察回国后实施的。"西化"从企业改革、兴办公司贸易、邮政通信、海陆运输、城市建设以及意识形态等领域全面展开。在政府的倡导下,"西化"不仅进展顺利,而且在短短的十几年中,便取得了令人瞩目的成就。

立足国营 发展私企

经过考察学习,明治维新政府深深地体悟到,不发展生产搞活经济,就会陷入危机失去民心。大久保利通曾感慨地说,国之强弱,表现在民之贫富。民众富裕了,国家才能够强大。维新政府的精英们本着民富国强的理念,强化西方式的改革,促使国民经济迅猛地发展。不过,他们所说的国强虽然不可否认,但是"民富"却只有少数人获得。

面对收归国有的幕府和幕藩企业,明治维新政府依照企业的规模,大力引进先进的机械设备,加强管理,培养技术骨干,有效地促进了国有企业的发展。他们聘请法国技师,在大阪和鹿儿岛开办机械制丝所,把培养的技术工人派往各地,有效地推进了机械制丝业的发展。为了大力发展纺织业,维新政府在发展国营企业的同时,还积极鼓励民营企业发展,并收到了可喜的效果。有的工厂不仅能够生产采矿和纺织机械,而且还能够生产锅炉和蒸汽机。在西方工业和技术人员的影响指导下，那些关系到民生企业的水泥厂、玻璃厂、啤酒厂、西药制造厂、肥皂制造厂，以及具有西方技术的造纸厂等等，如雨后春笋般地建立了起来。

这期间，日本明治政府推行的殖产兴业政策收到了显著的成就。到19世纪80年代，已建成一大批以军事工业为主的国营企业，为今后以轻工业为主的产业革命奠定了基础。他们以最小的失误和浪费建成他们迫切需要的企业。但由于当时只重视移植近代资本主义产业，没有考虑到日本处于半殖民地的经济条件，结果国营企业不仅不能带动民办产业，反而因为缺乏财力和经验而连年亏损。为扭转这种局面，维新政府及时改变政策。于1880年起，压缩财政支出，将国营企业带动和示范方针改为"处理"国营企业和直接扶植私人资本主义的政策。同年11月颁布处理国营企业条例，将大部分国营企业廉价处理给资本家，也就是政商团体，这些政商团体后来形成财阀。不过，那些重工业、军工业和影响国家经济命脉的企业仍然为国家所有，并接受政府的财政补贴和资助。为了战争的需要，维新政府大力发展军工企业，他们不仅扩建了幕府及幕藩时期的兵工厂，还新建了军舰、大炮、步枪等军工企业以及军需工厂。在研究工业技术时以军用为目的，聘请外国工程师指导，建造适应日本人使用的武器装备。当时建立的造船厂，不仅为日本建造了军舰，还建造了民用货轮。

1872年9月，日本东京至横滨的第一条铁路正式通车，明治天皇亲自参加通车典礼，并与外国使节一起登上装饰豪华的车厢，同维新政府的精英们一起做了首次旅行。为此，东京湾的舰队还鸣放了21响礼炮。五年后的东京与大阪及京都之间的铁路，也都通上了公私合营的火车。虽然当时铁路的总长度仅有64公里，但却已标明日本进入了工业化的跃进时代。由此，维新政府在西南战争中能够快速地输送部队赢得战争的胜利，铁路起到了重要的作用。

不仅如此，他们还大力扶持军工性质的民营企业。侵略台湾前，维新政府向西方列强购买了13艘轮船，免费提供给土佐藩岩崎弥太郎，支持他创建了镶有"三颗钻石"标志的三菱公司，扶持他垄断军工运输业。战后，维新政府仍然以各种名义和理由支持岩崎弥太郎，扶持三菱公司成为世界著名的大企业。

起初，维新政府建立的漕运公司是半官半民的，由于经营不景气，又创办了蒸汽邮船公司。在经营了一段时间后，因为不够理想，维新政府便将此项业务转交给三菱公司。随后，三菱公司将其更名为三菱邮船公司。在产业重组的思路引导下，日本的海运业得到了顺利发展，三菱邮船公司也就成为日本最大的轮船公司。不仅如此，后来三菱邮船公司的业务超过了美国太平洋邮船公司和英国的邮船公司。在此基础上，岩崎弥太郎还扩大产业，创建了东京海上保险会社、三菱银行、高岛煤矿、长崎造船厂、房地产开发等企业，并由此组建了三菱股份有限公司。

岩崎弥太郎

为了在贸易方面能够与外国竞争，维新政府相应地建立起各种通商会社，并将这些私营公司的会社纳于政府通商司监管，以便有效地管理，达到正常发展的目的。为了普及经贸方面的知识，维新政府还出版了《会社辩》《立会略则》等有关书籍，从而促进了市场经济的发展。维新政府所创立的三井物产会社以及各种形式的公司，突破了外国商馆垄断的行为，并改变了日本贸易公司所处的被动局面。在此基础上，为了让私营公司自由经营创新发展，维新政府还制订了相关的政策，防止政府人员插手和干涉商贸经营活动。

靠卖鲜花起家的安田善次郎，在明治维新早期通过汇兑积累了资金，开办了私人银行。后来拥有19家银行，3条铁路，3个保险公司及一个电气公司的安田善次郎，已是当时日本有名的财阀，但是他仍然像创业初期那样的节俭。天刚亮便出门，坐东京打折的电车，而且中午自带午餐。他那种为了国家促进社会进步的勤俭精神，折射出当时日本人刻苦奋斗的精神品质。

1881年10月，松方正义任大藏卿后，大力地支持私营企业，整顿通货秩序，创设中央银行，建立金本位制度，并促进铁路得到了较快发展。当时50多个铁路会社，其中有七家排列在日本10大股份公司中。到19世纪末，私人会社铺设的铁路已纵横日本列岛，铁路的发展已成为日本走向工业化强国的命脉。

日本著名的住友公司，其创始人住友政友在德川幕府时期，就是幕府指定的采矿和制铜的供应商。后来在明治维新时期，公司聘请外国工程师引进西方技术和设备，致使铜矿的产量和效益翻倍地增长。在此资本积累的基础上，不断地扩大经营范围，成立了大阪商船会社。以此开办了银行、仓库、金属加工等50余家大小不同的公司，较好地推动了日本企业的发展。

在此期间，民族手工业也迅速地发展起来。当时著名的金泽金银箔业已拥有1500余名的产业工人，制造的产品取代了德国的制造商，其箔片市场占据世界市场份额的90%。西宫市的一位女企业家，将家族的白鹿酿造厂建成日本最大的清酒帝国。为了扩大销路创办了轮船公司，开展了火险和海上保险业务，同时还经营房地产及粮油和木材等商品批发，致使该公司成为民营企业发展的典范。日本当时在化妆品、火柴、眼镜、陶瓷、时钟、餐具、玩具、自行车等中小企业的带动下，实现了农业经济向制造业的转变。

明治维新初期，日本只有一家纺织厂，后来发展到三家，而且都是国营企业。19世纪末，私人纺织厂得到了迅猛发展。当时著名的企业家涩泽荣一曾在大隈重信手下任职，为维新政府组建了制造、保险、交通等500余家企业。此后便辞去了官职，专门从事私人企业建设。他在大阪靠西方先进的设备建立起纺织公司，并在工厂内安装了电灯，致使企业工人能够24小时的轮番工作。经过一段时间的竞争，他的公司逐渐兼并了其他的纺织厂包括国营的纺织企业，成为领先世界的"东洋纺织公司"。当时日本的棉纱和棉布的产值已占据制造业的25%，成为日本制造业的主要动力。

涩泽荣一不仅是日本纺织业的寡头，而且还是近代日本资本主义之父。即使是这样，涩泽荣一在企业的发展中曾抱怨，他们要经常地到政府机关行贿送礼，而且还要请某些官吏吃喝嫖赌、风花雪月。不然他的企业也很难发展起来。

人们在羡慕日本的企业能够和西方国

涩泽荣一

家齐头并进时，却忘记了那些被欺压盘剥惨死在日本工业革命祭坛上的工人，尤其是像涩泽荣一这样典型的民营企业，工人每天二班轮换超长工作12个小时，男工才能赚取1角9分钱，女工只能赚取1角2分钱。一年下来，有的工人因伙食费和罚款不仅得不到一分钱，而且还倒欠公司的钱。这种超时的工作低廉的工资，只是当时英国纺织工业最低工资的10%。然而，他们所创造的产值却是英国的六倍。当时缫丝厂和纺织厂的工人是日本产业工人60%，其中女工占80%以上，可见当时日本产业工人惨遭剥削和压迫的程度。

不仅如此，工人所遭受的虐待令人发指，夏天他们在闷热高温的环境下工作，经常出现虚脱死亡，尤其是女工在弥漫着细丝和棉花绒毛的空气中做工，很多人患上了支气管炎、肺炎、颗粒性结膜炎及肺结核。这些病不仅不能够得到有效的治疗，而且还会被赶出工厂回家等死。平时工厂里的男监工像狱警一样管制工人，有的工人因连续疲惫工作稍微缓慢，便会遭到监工用竹棍敲打，慌忙中快一点却被机械绞断手指，造成终生残疾被踢出厂外。有些漂亮女孩被好色的监工强奸后，只能忍气吞声无处控告。有的不堪忍受恶劣环境的摧残和监工们的毒打，不顾合同的约束逃离工厂，被追回后还会遭到更加残暴的虐待。

工厂发生事故是经常的，工人的死活无人问津。1892年，大阪纺织公司的一场大火烧死了95名工人，而且多数都是纺织女工。她们的死没有唤起资本家的良知和维新政府的同情。然而那些私营的企业主，以涩泽荣一为代表的企业寡头，却冠冕堂皇地说他们以全部精力推动了"集体福利"，"丝毫没有想过个人的名利"并"忠诚而无私地报效了国家"。这些花言巧语与当时的产业工人悲惨的现实相对比，是如此的虚伪和滑稽。集体福利是什么？国家又是什么？国家的主体如果离开了民众，还能称其为国家吗？资本寡头们为了获得更多的利润，穷凶极恶地欺诈工人，能说是为了国家吗？

另一位与涩泽荣一齐名的著名企业家古河市兵卫，从豆腐商起家到出口生丝赚了一笔大钱，然后建立了缫丝厂。为了捞取更多的资本，他开办了足尾铜矿。通过西方设备和先进技术的开采，成为亚洲最大的铜矿与冶炼界联合企业家。古河市兵卫的铜矿和其他的矿山一样，是以污染环境资源为代价而捞取资本的，为了支撑坑道连接电气化轨道及烧制木炭，他们将周围的山林砍光伐尽，造成的水土流失损坏了周围的自然环境。采矿和冶炼产生的废水排到河里致使鱼虾漂浮而死，附近3000多户以捕鱼为生的家庭不得不背井离乡谋取生计。不仅如此，古河市兵卫对工人的管理如同惨无人道的法西斯。他们抓住逃跑的工人，经常以割耳朵和削鼻子进行惩罚，有的工人在逃跑中拒捕，便被他们毫不留情地开枪打死。

私营企业如此，国营企业对工人的管理更是惨无人道。国有资产的三池煤矿，他们的工人也和其他企业的工人一样，来自于失去土地的农民。

1883年，该矿的大浦矿井发生了瓦斯爆炸，政府明知井下还有46名工人没有抢救出来，便下令关闭了所有的坑道口，致使井下的工人被活活烧死。第二年，三菱的高岛煤矿发生了霍乱传染病，矿长竟然指使他人连续不断地将1500余名患者放在铁板上烧死。"苍天有眼，民间有泪"，明治维新政府在"西化"的过程中，创造了所谓的繁荣辉煌的历史，是以榨取工人的血汗和牺牲他们的生命为代价的。

1873年，在维也纳的万国博览会上，日本所展出的产品虽然没有获得奖牌，但是已走在亚洲的最前列。值得人们深思的是，这些成果大都是维新政府主办的国营企业创造的。后来在国营和私企的齐头并进中，日本的企业得到了突飞猛进地发展，为日本的繁荣富强提供了雄厚的经济基础，这是日本走向世界发动侵略战争的重要因素。换言之，国有化经济和私有的模式化产业并驾齐驱地相向发展，并结合客观因素主观努力及时地相互重组，值得当今某些国家在深入改革中认真地探讨和研究。

邮政通信与城市建设

维新政府帮助私人建立起来的投递公文业务的邮政（定飞脚问屋），即后来的"国内通运公司"垄断了幕府时期的陆运业务。截至19世纪末，日本已拥有5000多个邮局。维新政府还与美国缔结了邮政条约，开通了对外国的邮政联系，使日本成为万国邮政联盟的一员。打开日本国门的美国海军准将佩里，曾经送给日本一架电报机。明治维新的第二年，他们便从英国购买了电报机，聘请了英国的专业技术人员，架设了东京至横滨的线路并对社会开放业务。不到20年的时间，日本已拥有200多个电报局，4500多个用户安装了电话，通信设施已遍及日本。这对加强中央集权制，平定西南暴乱起到了决定性的作用。

明治维新初期建立的国家铸币厂，是聘请英国工程师设计的。虽然此建筑物是模仿希腊的建筑风格，但是已成为当时的地标，彰显了维新政府雄厚的财力。此时建立的学校大都是两层的建筑物，但奇特的圆顶和精致的门廊

鹿鸣馆

以及华丽大方的大门都体现了西化的特征，甚至此时在东京火烧地（银座炼瓦街）建造的1000多座西式建筑物及街道安装的煤气照明灯，已成为日本向西方学习文明开化的示范区，尤其是在那群建筑物的中心精工钟表店的塔楼已成为标志性的建筑物，离此建筑群不远的"鹿鸣馆"，是按照意大利风格建成的两层砖楼，馆内设有阅读、音乐、台球、舞厅等厅室，是当时东京上流社会交际的场所。每当周末夜晚，许多日本和外国的达官贵人，都陶醉在"鹿鸣馆"中。

意味深长的是，该馆的馆名"鹿鸣"二字，取自于中国古代诗经中的"呦呦鹿鸣，食野之苹"。然而具有讽刺意味的是，含有中国浓厚情结的"鹿鸣馆"已成为日本"西化"的代名词。这只是日本"西化"过程中新式建筑群的冰山一角，日本的城市建设已从此蔓延全国。仅仅几年的时间，西方的饮食、服饰、发型、风俗、法律等等都纷沓而至，强烈地冲击着日本以儒教为传统的社会，尤其是剃发和穿西服，已经成为明治维新文明开化的象征。对于大多数日本人来说，文明开化使他们充满了活力，并奠定了西方列强式的经济基础。

意识形态与国民信仰

提起明治维新前期的"西化"影响，人们会异口同声称赞福泽谕吉。福泽谕吉是当时日本伟大的思想家和教育家，被荣称为日本近代教育之父。福泽谕吉出生于大阪一个低级武士家庭，幼年丧父，备尝了家计贫寒的困苦，自幼养成了刚正倔强的性格。青年时期，福泽谕吉曾在长崎和大阪学习荷兰语及西方科学，当他完成了学业到达东京后才惊讶地发现，国际通用语言是英语而不是荷兰语，于是福泽谕吉不畏艰难，又重新学习英语。经过一番刻苦的努力，成为日本赴美使团的首位翻译，后来他还曾作为翻译，与其他德川幕府的使团前往过西欧和俄罗斯。受西方社会的影响，福泽谕吉认为日本之所以落后，是受传统文化的束缚而导致的结果。于是他开始传播西方文明，在东京创办了庆应义塾和"明六社"并创刊《明六杂志》，以此讲解西方文化，传播西方文明。在他的影响下，维新政府初期便创立了《横滨新闻》《东京日日新闻》《读卖新闻》等报刊。福泽谕吉一生不为官但著述颇丰，其中最有影响力的《劝学篇》《西洋事情》《文明论概述》等著作，在当时已成为国民学习的教科书，仅他的《西洋事情》出版了20多万册，为日本的全盘"西化"起到了启蒙催化作用。

这一时期，西方一些学者关于自然科学、个人名利、自由主义，以及人权、价值观、道德观念、意识形态领域的著述，都深刻地影响着日本的文明与进步，其中英国的道德学家和社会改革家塞缪尔·斯迈尔斯的著述，对当时日本社会具有很强的影响力。他的《自助论》被中村正直翻译成《西国立志篇》，受到了日本民众的喜爱，销售了100多万册。该书在翻译时贯穿了中村正直的观点和论述，极有号召力，促使日本人自强自立。当时日本民众在《西国立志篇》的影响下关心政治，渴望变革，追求社会进步已成为历史不可逆转的潮流。

为了普及西式教育，维新政府设立的文部省，按照法国的教育模式，将全国设立了8个学区，每个学区设立1所大学32所中学，每个中学区设置120所小学，这种宝塔型的教育方式遍布日本全国各地。随着教育的不断发展，维新政府还设立了师范、医学、法学及外国语学校。在普遍西化教育的基础上，主要是参照美国的教育内容，立意高远，着眼点深刻，从而达到了事半功倍的效果。尤其令人瞩目的是，维新政府的教育意识超前，凡是外语课都由聘用的外国人执教。这不仅仅是为了更好地教授学生，更重要的是文明开放的政治理念得到了普遍推广。在此期间，日本创立的第一所东京综合性大学（东京大学），便昭示着"西化"教育已在日本全面展开。

不过据史料记载，当时东京教育界日本的传统教育只占汉学教育的10%，汉学与西方洋学各占比50%。由此可见，在中华文明熏陶下的日本，即使是明治维新全面"西化"时期，也摆脱不了华夏文化的历史影响。

同其他东方大国一样，日本的文明开化不是一蹴而就的。所谓的开化首先表现在发型和服饰上，维新政府的军队则一步到位走在了前列。其次则是青年学生，有的学生将传统服饰和西式服装混穿则是一大奇观；有的发型和服饰完全"西化"式地招摇过市，就是当时一道靓丽的风景线。为此，有些旧藩主便上书陈述，反对西洋服装维护传统文化。不过，这种脆弱的声音，已挡不住维新政府全面"西化"的步伐。经过一番的否定与认可，人们既完全接受了西方文明的影响，又保留了传统文化的特点。当今，日本的和服仍然是节假日和家庭休闲首选的服装。

明治维新之初，人们不认可将农历昼夜十二个时辰改成二十四小时。不过久而久之，使用公历的人越来越多，或者说延用"双轨制"的人们，并没有影响他们对文明开化的认可，毕竟一些西方文明的模式更便于生活。

德川幕府时代，天皇被弃之一边，社会倡导的是重佛教轻神道。明治维新主张"王政复古"，天皇便成了维新政府的执政之基，大和民族的神道教也就成了他们统治民众的精神支柱。明治元年，维新政府宣布神道和佛教分离，其目的就是抬高神道教的社会地位，实现祭祀和政治相统一的古制度。他们不仅恢复了神祇官将神道定为国教，还把神祇官列为太政官之上设立了神祇省，并将所有的神祇人员和宗教纳入神祇官管辖，并要求神社中的僧侣蓄发，不准以佛像作为神体。这种强制分离千百年来神佛相混的做法，致使佛教被人轻视，佛像遭到破坏，经卷被损毁，寺院被撤销合并，不仅使神社和寺院的僧侣惶恐不安，而且给民众的思想也造成了混乱，有的地方甚至发生了暴乱。

面对意识形态方面的混乱和社会动荡，维新政府在初期便将神祇省改成教部省，并将宗教也纳入教部省管辖，并统一妥善地管理宗教徒。不仅以此平息了宗教界的混乱，还较好地平息了武士阶层和民众的反政府情绪。不过，维新政府建立以神道为主佛教为辅的宗教体系后，将神道和天皇及国家融为一体的信仰，始终贯穿于人们的意识形态中。崇拜神道便是崇拜天皇，崇拜天皇便是崇拜民族与国家。这种信仰不仅是制定国策的依据，也是促使大和民族团结与统一的法宝。应该说，维新政府的精英们将神道教与武士道精神完美地结合，成为人们崇拜天皇为天皇而战为天皇而死的精神食粮。这种信仰的倡导与形成，主要是靠维新政府精英们的示范带头作用，况且维新政府的精英们大部分都是武士出身的杰出者，他们的言行不仅对民众起到了洗脑的作用，而且也成为了促使形成大和民族凝聚力的典范。

维新的精英们之所以推行改革开放并获成功，那就是基于确立了传统文化宗教式的政治信仰。如果维新的精英们放弃了这种至关重要的民族信仰，完全追求西方列强金钱至上的意识形态，那么改革便会违背初衷而失去民心，造成国民意识形态领域的混乱，导致改革失败。

明治维新初期，政府采取的是禁止基督教的政策，逮捕了肥前藩3000多人的基督教徒，并分别送往各地加以监禁。此次事件虽然引起了外国公使的抗议，但是维新政府并没有改变对基督教的迫害和限制。

当岩仓具视率团访美和西欧时，在受到了西方列强的谴责后，便改变了对基督教的看法。经维新政府的统一认识，奏请天皇正式颁诏，取消了对基督教的禁令，并释放了被关押的基督教徒。从此，基督教在日本拥有了合法的地位。不过，也许是传统的神道教和佛教根深蒂固的缘故，基督教徒在日本并没有发展起来。

失败的自由民权运动

自从明治维新以来，伴随着改革开放，民众对维新政府的不满此起彼伏。

据有关资料记载，因民众反对维新政府的强权政治，举行了百余次的抗议游行。虽然引发的暴乱都被维新政府轻易地平息了，但是留给维新政府的思考却意味深长。

西南战争结束后，武士阶层的不满已转入地下的秘密会社，有些人加入了党派，已成为政府不可忽视的反对力量。此时日本民众要求自由与民权的呼声日益高涨，越来越多的普通群众也加入到各种政治团体中。他们受西方自由民权的影响，聚会演说抨击社会弊病，讨论宪政要求成立国会。这些地方团体不仅观点一致地要求保证人民享有自由、幸福、公正的权力，而且还极力反对维新政府侵犯人民自由与权力的行为。当有人在东京一家报纸尖锐地批评政府推迟宪政时，便引发了几十万民众的游行请愿，呼吁维新政府尽快成立国会。因"征韩论"而下野的板垣退助回到老家土佐后，重操旧业复兴了"爱国社"，并将爱国社办成了自由民权运动的核心，从而掀起了民权与自由化运动的浪潮。

1880年3月，在爱国社召开的大会上，来自20多个县114名代表中，携带了10万多民众签名的要求成立国会的请愿书。为此，爱国社建立了"国会促成同盟"，要求维新政府成立国会。同年11月，爱国社又召集了国会促成同盟大会。在此次大会上，有25万人签名要求成立国会，而且还采取了更激进的方法，认为民众在自己的国家设立国会无须向政府请愿，并准备起草民众自己的宪法草案。这种企图代替政府的政治诉求，引起了维新政府的高度重视。

这期间，维新政府中萨摩和长州藩出身的主流派决定建设开发北海道，计划连续投资10年，耗资1400万日元购买设备，然后再以38万日元的价格出售给萨摩地域的商人五代友厚。这种假公济私有意将国有资产流失私有化的行为，隐藏着个人重大私人利益的买卖，是坑害国家和民众利益的犯罪行为。这件维新政府内部的黑幕交易，被时任大藏卿的大隈重信透露出去，从而引发了一场民众反政府的浪

板垣退助

潮。倡导民权自由的群众纷纷走向街头，要求维新政府革除弊政，惩处那些将国有资产私有化的政府官吏，并同时呼吁维新政府，要求尽快成立国会还公权于民众。肥前藩出身的大隈重信之所以借助民心，企图搞垮萨摩和长州藩出身的政府主流派，其目的就是为了达到掌控政府的权力，然后再顺应民心，建立起国会制定宪法。

1881年10月12日，为了平息将要引发的动乱，维新政府召开了紧急御前会议。占政府主导地位的萨摩和长州藩出身的精英们操纵了会议，经过讨论，决定终止北海道开拓使财产出售事宜，免去泄露政府机密的大隈重信及其同僚矢野文雄、牛场卓造、犬养毅等人的职务。同时为顺应民心，向社会宣布筹备成立国会，并许诺十年后实行宪政。至此，这场维新政府的肮脏交易造成的内讧风波，竟然以政府主流派获胜而平静下来。

同年10月18日，板垣退助趁此时机将他的爱国社改为"自由党"，他本人任主席，中岛信行为副主席。他们以法国的雅各布·卢梭的《社会契约论》为理论依据，起草了以扩大民众自由，保障民众权力，建立民主社会为宗旨的党章法案。总之，自由党主张建立法国式的民主政治，试图反对维新政府取而代之。不久在自由党的鼓噪下，日本社会各界名流和民权运动的倡导者们，以及武士阶层和贫苦大众纷纷加入自由党。

被罢免下野的大隈重信在东京开办了早稻田大学，为组建政党实行宪政培养网络人才。1882年3月，大隈重信组建了"立宪改进党"并自任主席，同他一起下野的官僚们成为他的有力助手。该党的主要成员以城市产业家、乡村地主、知识分子为主。大隈重信的改进党极力主张以循序渐进的方式改良社会，追求的宗旨是君主和人民共享主权的民主政治。换言之，改进党崇拜的是英国的君主立宪，实行英国式的民主政治，试图以英国式的君主立宪取代维新政府。

自由党和改进党的主张虽然各有不同，但是他们反对维新政府挟天子令诸侯的专制统治是一致的。恰恰在这一点上，维新政府主流派的岩仓具视和伊藤博文，害怕自由党和改进党联合组成统一战线，威胁到他们的权利。为了达到分化改进党和自由党的目的，维新政府极力倡导日本万世不变的天皇制，实现君主立宪以保国泰民安。同时，他们还以实现君主立宪制为由，拉拢改进党，孤立自由党。

为了对抗党派，彰显时代特征，维新政府以伊藤博文和井上馨为核心的主流派成立了"立宪帝政党"。他们的政治主张不仅与自由党的宗旨有着本质的区别，还有别于改进党的君主和民众共享主权的主张。他们的目的就是要维护政府执政的权力，循序渐进地实现君主立宪，在天皇的羽翼下统治日本。虽然支持拥护帝政党的只是那些神官、僧侣、汉学家、国学者及保守派人士，但他们是执政者站在了社会的巅峰，左右着日本社会局势的变化。

这期间，名目繁多的日本政党如雨后春笋般地冒了出来。如大阪成立的"立宪政党"；九州成立的"九州改进党"，以及东京成立的"车会党"，等等。虽然这些政党的宗旨和目的各有所不同，但是他们都没有离开自由党、改进党、帝政党的主张范围。不过，当时建立的东洋社会党却与其他政党有着本质的区别。他们倡导社会平等，以民众利益为宗旨的主张虽然深得民心，但却被维新政府以妨碍社会治安为由取缔了。这种具有共产党性质的政党，难以在封建社会等级制度的日本站立，不仅维新政府会取缔它，其他的政党也会扼杀他。

1882年6月，面对林立的政党和自由民权运动的威胁，维新政府颁布了集会条令，凡是集会结社必须事先提出申请并呈报政府，不然便会强行取缔。同时禁止社会各党派团体设立分社机构，禁止议论政治宣传其宗旨，禁止发刊文件诱导民众，禁止党派团体之间互相联系。接着还修改了新闻条例，加强了新闻工作的管理。

在打压各党派团体的同时，维新政府还通过选择自由民权运动的骨干成员到政府任职，并许诺高官厚禄安排领导人出国旅游等收买拉拢的手段，达到分化瓦解各党派团体的目的。为了切断党派团体的经济来源，凡是为自由民权运动提供资金的公司和企业，便采取卑劣的手段迫使其破产。

1882年夏天，自由党的领袖人物板垣退助和后藤象二郎不顾党内的劝阻，在自由民权运动的关键时刻，竟然接受政府指使的企业富商提供的资金，踏上了所谓考察欧洲的旅途。板垣退助的一意孤行，不仅造成了党内一些中坚分子退党，而且还分裂了《自由新闻》杂志与自由党的关系。

维新政府屡试屡爽的两面派手法，致使改进党谩骂板垣退助接受政府资金出国。反之，他们又向自由党人士提供证据，让自由党揭露改进党与富商勾结的行为，从而达到分化瓦解自由党和改进党的目的，以便消除民权运动对维新政府的威胁。

1882年秋，面对维新政府软硬兼施的策略，有些党派的中坚力量和骨干分子发动了武装起义。石阳社的创始人、自由党福岛支部的负责人河野广中组织民众反对县令三岛通庸的专制统治，他们冲击政府遭到了三岛通庸的镇压，河野广中及6名领导人被捕入狱，长期监禁。

1884年5月，群马县自由党的党员组织农民3000余人捣毁了高利贷公司，占领了松井田的警察分署，在进攻高崎兵营的途中被警察围攻，许多党员和骨干分子被逮捕入狱。

同年9月，茨城县的富松正安和福岛县的河野广体，计划暗杀枥木县罪大恶极的知事三岛通庸及所属官僚。结果事情败露，富松正安只好率同党16人固守茨城县的加波山。由于缺乏食物和水源，三天后便被警察捕获。富松正安等7人被判处死刑，其他人被判处无期或有期徒刑。

同年10月，自由党主席板垣退助面对维新政府的残酷镇压吓破了胆，为了活命宣布解散自由党。党魁板垣退助虽然解散了自由党，但是民众的自由民权运动仍然在继续。

同年11月，秩父地区的民众万余人在自由党精英的率领下，发动了要求维新政府修改征兵令，减轻杂税和村费，分年偿还借贷，停止征收地租为目的武装起义。声势浩大的起义民众捣毁了大地主的住宅，焚烧了借贷字据和地契，占领了警察署，法院以及郡府办事处。然而，因为没有完整的组织机构和策略，武装起义很快被政府军镇压下去，3000多农民被捕，5名起义首领被处死。

同年12月，改进党主席大隈重信在维新政府的淫威逼迫下，竟然率领主要成员脱党，致使改进党名存实亡。不久，维新政府颁布了《保安条例》。条例对民权运动要求的言论、聚会、新闻出版等自由做了严格的限制和规定。

在条例颁布的十几天中，警察将居住在皇宫三公里内所谓的危害社会治安的居民，即自由民权运动的民众及著名的领导人570余人驱离东京。由此，轰轰烈烈的自由民权运动就这样被维新政府镇压了。换言之，由门阀资产阶级领导的这场自由民权运动,不仅不会实现民众的要求,而且注定了会被扼杀的失败命运,他们的血只能白流。

德国式的君主立宪

所谓的君主立宪,就是资本主义国家限制君主权利的一种方式,是资产阶级同封建势力妥协的产物。木户孝允是维新政府主张宪政的第一人,他曾在修订由利公正起草的《五条誓文》中,把"广兴会议"列入了第一条,这便是明治维新政府宪政的胚胎。后来,木户孝允在出国考察西方列强时,把宪政当做主要考察内容加以学习研究。这是他主张宪政的本源,也是他为实现宪政的基础。木户孝允认为,西方政治制度的活力在于民众参政议政,政府能够体现民愿,达到政策与民众意愿统一结合的目的。木户孝允曾明确地主张,政府要以天皇为权力中心,以天皇的名义行使政策法令,建立两院制的国会,实行君主立宪。不过,这种宪政只是英国和德国政体的翻版。

1875年2月,维新政府在大阪的会议上决定设立元老院讨论宪政问题,并规定要定期召开地方官员会议,讨论管理和税法问题。1876年,在天皇的旨令下,元老院的议长有栖川宫组织议员柳原前光、中岛信行、福羽美静等人起草宪法草案。1878年,《日本国宪法》草案定稿。该草案按照欧洲立宪政体的模式,保留了天皇制。不过,某些提案主张将大权授予议会的条款,没有得到政府首脑岩仓具视及其同僚的同意,致使草案成了修正案。岩仓具视表面上同意制宪,但实质上却反对实行没有专制的宪政,其目的就是限制民权,维护维新政府的专制统治。

在日益高涨的自由民权运动的影响下,岩仓具视及其官僚们意识到,不实行宪政建立国民大会制度,民众就会不信赖政府,不服从政令,甚至会举行声势浩大的反政府运动。至此维新政府才真正地认识到,实行宪政建立国民大会的重要性。经过一番讨论,岩仓具视及其幕僚们一致认为,英国式的君主立宪是议会制度下的君主立宪,君主不直接支配国家权力,内阁掌握的行政权力只是对议会负责。此种君主立宪不适应日本国情，不予采纳效仿。那么哪种君主立宪更适应日本呢？维新政府的精英们在作了一番比较后，认为德国式的君主立宪是二元制的君主立宪，议会有立法权，君主有否决权。君主任命对他负责的内阁，罢免对君主不负责的内阁成员。这种君主立宪不仅适应日本的国情，还适应维新政府的专制统治。于是，维新政府便仿效德国的宪政，决定实行君主立宪制。换言之，德国式的君主立宪更有利于维新政府实施对外扩张与侵略。

1882年3月，维新政府在确定了宪政的基本方针后，便派伊藤博文、平田东助、伊东巳代治前往欧洲研究君主立宪法案。按照计划，伊藤博文先到了德国柏林，然后又到维也纳、巴黎、伦敦等地，每到一处便请教有关专家商谈宪政事宜。这是一次日本从骨子里完全西化的旅程，也是日本迈向军国主义理念的里程碑。

1883年8月，伊藤博文率团回国后，并没有立即着手起草宪法草案，而是将508名华族，也就是明治维新以来所谓的贵族、功臣以及高层的官僚军人分别授予世袭的公、侯、伯、子、男五个爵位，其目的就是在实行君主立宪制时，确保他们的利益不受侵犯。也就是说，为了维新专制政府能够继续存在做了组织上的准备。

这些为了少数人利益的做法，充分地说明了维新政府的精英们与初期所倡导的"四民平等"之精神背道而驰，同时也与民众呼吁的自由与民权的主张相对抗。事实上经过一番强权政治，出身于下级武士阶层的维新精英们，已经完全违背了他们的初衷，成为封建官僚和资产阶级利益集团的新贵族。具有讽刺意味的是，那些为反对政府专制统治而下野，主张实施自由民权的民主派坂垣退助、大隈重信、后藤象二郎等人，也根据其以往的功勋被授予了爵位。这似乎是维新政府的一种包容，或者是一种怀柔策略上的让步。起初，主张自由民权运动的领袖坂垣退助拒绝接受爵位，但是经过一番谦让，最终还是接受了爵位，成为了一名骑在民众头上的贵族。

1885年12月，维新政府废除了太政官制，建立起西方式的内阁制。此时岩仓具视已去世，伊藤博文任内阁总理兼宫内大臣，井上馨为外务大臣、山县有朋为内务大臣、松方正义为大藏卿、大山岩为陆军大臣、西乡从道为海军大臣、山田显义为司法大臣、森有礼为文部大臣、谷干城为农商务大臣、榎本武扬为递信大臣。

1886年，在做了必要的组织准备后，伊藤博文率井上毅、伊东巳代治、金子坚太郎等人组成的宪法起草小组，并邀请德国人赫曼·罗埃斯勒和毛瑟直接参加，开始起草宪法草案。起初宪法起草小组设在东京伊藤博文的官邸内，后来又转移到东京南面一个近海的别墅里，经过三年的精心努力，制定出了一部明治维新政府需要的宪法。

1888年4月30日，根据伊藤博文的建议，在宪法草案通过前，成立了12名所谓的内阁顾问官，参加天皇亲临咨询的枢密院审查宪法草案。并同时规定宪法颁布后，枢密院将会作为解释宪法和处理国事，向天皇提供建议的机构继续保留下去。于是，伊藤博文将内阁总理大臣的职务辞给黑田清隆，然后自任命为枢密院议长。

1889年2月，经过枢密院将近一年时间对宪法草案的审查，宪法草案得到了正式通过。2月11日纪元节，即传说中的第一位神武天皇即位的日子，也就是日本的建国日颁布了《大日本帝国宪法》。该宪法以大和民族神圣不可质疑的天皇为基础，以维护明治维新政府专制统治为依据，以自由民权思想为外衣，将专制统治理论化、系统化、规范化。

宪法第一条规定"大日本帝国由万世一系的天皇进行统治"，"天皇为国家元首，总揽统治权"。天皇任命的总理大臣和国务大臣组成的内阁，在法律上只对天皇负责。宪法表明天皇的统治权是从大和民族的祖先神位继承下来的，天皇是神圣不可侵犯的。宪法还规定，天皇是陆海军的最高统帅，具有宣战、讲和及缔结条约的决策大权。

其实这些冠冕堂皇的权力不是在天皇的手里，而是在负责军队的参谋本部，也就是说天皇只是精神领袖，是政府内阁不可缺少的一枚橡皮公章而已。所有的军事部署和军事行动，都是由参谋本部制定后实施。换言之，日本在君主立宪制的遮掩下，变成了一个毫无约束的军国主义的专制国家。事实证明，维新政府在学习西方壮大自己的同时，便不断地对外侵略扩张，而且要比西方列强走得更远，最终与宪法一致的德国结成了轴心国，成为第二次世界大战的策源地。

议会立宪的结构成分，是由那些皇亲国戚的议员、被授予华族爵位的议员、天皇敕选的议员，以及能够缴纳规定国税数额的富翁组成的议会。议员的选举要经过枢密院的审议才能够通过，议会对任免大臣及文武官员不仅不能干预，对经费预算、各种提案、立法草案等等也只有审议权，没有裁决权，只有在内阁同意后天皇敕令才算最后通过。天皇可以不经议会制定法律，还可以用"敕令"代替法律，而且还具有宣布召开、休会、闭会和解散众议院的权力。

尽管如此，在日本无论是天皇还是内阁，他们毕竟是由专制的封建制度转变成了宪法政治，民众参政毕竟是得到了认可，也算是自由与民权的进步，因而也具有了一定的历史和现实意义。另外，宪法保证了个人财产不受侵犯，住宅不能非法入侵和搜查，民众享有言论、著作、集会、结社以及宗教信仰的自由。虽然民权和自由还有一定的限制，甚至在紧急状态时会取消民众的自由和权益，但是该宪法毕竟为资本主义发展奠定了基础，促进了日本社会的进步与繁荣。

随着宪政的实施，地方自治制度和各种法律也相应地制定出来。1890年5月，地方政府机构经过几次撤销与合并，最终确定府县、郡、市町村三级自治体制。其目的是一旦中央政局出现了变动，既不影响地方政府实施行政管辖，还能够相应地行使职权收取租税、征集士兵、办理义务教育等等。

宪法颁布后，便公布了《法院组织法》，共设立四个级别的法院，即区法院、地方法院、高级法院和大审院，从而建立起完善的司法制度。1890年，在德国人的帮助下，维新政府起草了商法，然而经过了十年的修改才得以实施。同年，维新政府还公布了《民事诉讼法》。随后，在民事法典的基础上，又公布了新的《民法》。不过，因为此项法律类似于法国的民事法，不适应日本的家族制度，经过三年的修改才勉强得以实行。在实施的过程中，政府为了强化户主管理家庭的能力，长子继承家族遗产的传统，从维护封建家族制度为基础重新起草了新的《民法》。1898年，通过不断完善，才经议会审查通过并付诸实施。

三十九　发动战争侵犯中国

虽然日本谋求登陆半岛进而侵占大陆的野心由来已久，但是自从丰臣秀吉对朝鲜半岛的战争失败后，日本上层的战争狂想似乎有所收敛，但其骨子里的侵略扩张遗传基因仍然在伺机发酵。明治维新的日本，不仅成为西方文明的拥戴和追随者，而且还移花接木将西方列强殖民扩张的强权思想也嫁接到日本的国体和意识形态中。羽翼丰满的日本，为了侵占东亚、东南亚，他们便把侵犯中国占领朝鲜，作为侵略扩张的首选目标。

全国动员　准备战争

朝鲜"甲申政变"后，维新政府已经意识到，日本不足以战胜清王朝夺取台湾和朝鲜半岛，于是便开始了以中国为假想敌的扩军备战。他们在君主立宪的同时废除了镇台制，按照德国军队的师团建制改编了部队。为了加强海上力量扩充了海军，并将海军划分为五个战区。甲午海战前，为了适应战争需要，又取消了海军五个战区，重新将海军整编，归属横须贺、吴、佐世保三个镇守府，分成警备和常备两大舰队，另外还组建了联合舰队。

此时的明治维新政府，将国家财政收入的40%用于军队建设。他们不仅大幅度地减少宫廷内的费用开支，还从文武百官的俸禄中抽出10%用于军队扩编。不仅如此，甲午战争的前一年，明治天皇还决定，从宫廷的经费中拨出30万元加强海军力量。然而，此时的清王朝不仅连续6年未增加海军军费，反而为了慈禧太后60大寿奢侈挥霍，挪用军费3000万两修建了紫禁城和颐和园。

1888年，清廷组建了北洋水师，经过不断发展成为亚洲第一，名列世界第四的强大海军。而日本海军在清廷北洋水师发展的前期，其实力排名世界十六位。然而在甲午战争的前六年，日本已拥有24万人的常备军，其中七个野战师团和一个精锐近卫师团。海军的发展已远远超过了北洋水师，拥有30多艘战舰，70余艘鱼雷艇，总排水量7.2万吨，其中8艘新型主力铁甲舰装备了71门速射火炮，其他舰艇也装备了小型速射炮154门。仅"吉野"一艘战舰的马力，就超过了北洋水师最大战舰"定远"号的两倍。虽然清廷拥有"定远""镇远"等铁甲战舰，但多数舰艇老化、航行迟缓。不仅量少质弱，舰炮的射速慢，而且部队编制落后，纪律松弛，走私敛财，战斗力低下。

维新政府在扩军的同时加强部队训练，还多次举行军事演习，有的演习不仅天皇和文武百官督阵，还邀请中国、朝鲜以及西方国家的公使观看。这期间，维新政府还颁布了《军人敕谕》，要求军人崇尚武士道精神以死效忠天皇，并要求士兵像效忠天皇一样服从上级的命令。同时反复修改《征兵令》，取消了残疾人及病患者免除服兵役的规定，增强国民的参战意识并严惩逃兵役者。不仅如此，为了保障征兵任务的完成，日本各县市成立了征兵慰劳会，从富农和商人中捐款奖励应征入伍者，以此达到扩军备战的目的。

备战自然少不了间谍情报活动，维新政府在以往向中国派遣间谍搜集情报的基础上，加大了对中国的政治、军事、经济、人文地理，以及海洋概况、矿产资源等情报的搜集。日本的谍报机关以中国沿海军港为重点，以会馆、商店、学堂等场所作掩护，设立了广泛的谍报机构，从中获取对华战争的多方面情报。日本间谍根津一躲在汉口的情报点"乐善堂"里，将收集的情报分门别类地整理编纂成2000多页、三大册的百科全书，从而使日本维新政府更加深入地了解了中国。

陆军少佐桂太郎在直接负责对华情报工作时，曾潜入天津、北京、华南、华北等地实施谍报工作，从中获取了大量的政治、经济、军事信息，为发动甲午战争作了充分准备。当时日本著名的间谍宗方小太郎剃发易装，学习中文成为中国通，曾两次潜入威海，了解北洋舰队的数量和活动规律，为发动侵略战争提供了详细的军事情报。战后，宗方小太郎因情报出色立功受奖，并得到了天皇的召见，称赞其"他密行威海卫军港，详细侦察敌情，对君国做出极大贡献"。

日本陆军部的高参神尾光臣是著名的"中国通",甲午战争前曾担任日本驻北京使馆武官,专门负责监视李鸿章的一切行动,通过贿赂清廷高官获取李鸿章与北洋水师往来的重要信息。战前天津是李鸿章的驻地,也是军事指挥中心,日本间谍在此活动格外活跃。电报局、军械所以及外交等重要部门都混进了日本间谍,致使北洋水师在丰岛和黄海大战中陷入被动挨打的境地。

在整肃扩充军备后,维新政府通过对中国间谍情报的认真分析,制定了打破东亚政治格局,占领台湾和朝鲜半岛,以便达到肢解分割中国为目的的战略部署。时任日本参谋本部二局局长的小川又次在撰写制定的《清国征讨策案》中,拟定用8个师团进攻中国,其中6个师团从山海关、滦河之间登陆直取北京。另外用2个师团进攻长江要冲之地,阻止江南的清军北上。从而达到将山海关以西、长城以南、黄河以北、山东全省以及江苏和浙江等地纳入日本版图,并将清廷撵出北京成立隶属于日本的满洲国,然后再唆使西藏、青海、新疆、内蒙古、甘肃独立。

与此同时,日本海军制定的对清廷作战计划更切合实际。一是用三个舰队击败清廷北洋舰队,取得制海权,配合陆军占领旅顺口、大连湾以及威海卫,并以此为立足点攻取北京。二是如果海战胜负未决,就直接占领朝鲜半岛,控制朝鲜海峡。三是若海战失败,则退守日本列岛西海岸。事实证明,中日甲午战争,日本就是按照海军的作战计划与清廷展开大战的。

有人说,中日甲午战争是日本政客发动的一场"国运相赌"的战争。其实不然,在军事上胜算60%的战争就是一种勇气,何况当时日本社会的斗志和国力已经比较强大,岂能说是"国运相赌"?综观日本对朝鲜半岛和中国大陆的千年觊觎,维新政府发动甲午战争是历史发展的必然。

然而此时的清廷,海军不仅没有完整的作战方案,而且防御理念也只是单纯地以威海和旅顺口为重点沿海的消极防御。在李鸿章"以夷制夷"的外交政策影响下,避免与日本直接开战,从而造成了被动挨打的局面。

为了打败中国,日本在颁发《军人敕语》的同时,又颁布了"教育敕诏"。教育敕诏的对象不仅仅是教师和学生,而且是针对全体国民,实行全民皆兵。明治维新政府要求民众敬仰效忠天皇,把效忠天皇作为国体的精华。将所谓的天皇敕诏纳入中小学生的必修课，每所学校必须将教育敕诏的主要内容和明治天皇的标准像悬挂在一起，要求学生每日早课时要大声地朗读背诵，神话天皇、崇拜天皇达到了令人难以置信的程度。有的人在宣读天皇的敕谕时偶然地读错，便深感犯了弥天大罪，便以剖腹自杀谢罪；有的人因一时疏忽，将孩子起名为"裕仁"，当他知道犯了与天皇重名大忌时，便先杀死他的孩子，然后再自杀。

为了鼓动日本民众，获取民众的支持，维新政府将吞并朝鲜针对中国的侵略战争，说成是为"朝鲜独立"而战的"正义战争"。而与中国的直接交战说成是"文野之战"，冠冕堂皇地称日本为"文明国度"，谩骂清廷为"野蛮国家"，甚至说中国并非"雄狮"而是"笨猪"。此时的日本政府已忘记了中国秦汉文化对他们的影响，唐宋文明对他们的滋养，完全像一只忘恩负义贪婪的白眼狼。如果没有中华文明引领他们走出蛮荒的原始社会，岂不知日本还要落后中国几千年。

在日本所谓"正义之战"的宣传教育下，日本全国掀起了"义捐"活动。从城市到乡村，从厂矿企业至家庭手工业，都相应地成立了各种组织、发布广告、捐款捐物、筹措资金支持战争。以涩泽荣一、岩崎久弥、福泽谕吉为首的财团资本家成立了"报国会"，极力支持维新政府发动侵华战争掠夺海外资源。福泽谕吉曾呼吁"日本国民应无官民朝野之别，同心协力，服务国事"。涩泽荣一也曾叫嚣："只有以勤俭济军费，方可保全我大日本帝国之权利。"

在中日甲午战争宣战之时，日本已有60余家大企业积极筹措资金捐款支持战争。同时，总理大臣伊藤博文还同涩泽荣一商定，号召日本各大银行发行5000万元的军费公债为战争所用。

在日本磨刀霍霍咄咄逼人的战争面前，清王朝则腐朽奢靡、派争党伐、明争暗斗、互相掣肘。北洋水师提督丁汝昌曾要求配置速射火炮，需增加军费白银60万两，却遭到了清廷的无理拒绝。

此时，在清廷统治下的国民已成为"东亚病夫"，对战争毫无所闻，既没有民族的危机感，也没有抵制外辱的正义呼声。腐败无能的清王朝，也不可能鼓舞组织民众，抵制外侮。

甲午战争的导火索

做好了战争准备的日本,急不可耐,伺机寻衅,准备发动一场打败中国占领朝鲜的侵略战争。1894年6月,朝鲜半岛爆发了推翻王朝政权的东学党起义。6月3日,朝鲜王国向中国乞求派兵援助。6月5日,日本根据朝鲜半岛的混乱局势,成立了由参谋总长、海陆军大臣组成的战时大本营,做好了对华战争的准备,并在当日的下午由驻朝公使大鸟圭介,率400名海军陆战队乘"八重山"号巡洋舰返回朝鲜。6月6日,清廷直隶提督叶志超和总兵聂士成奉命率清军1500人乘轮船前往朝鲜,随后进驻离汉城70多公里的牙山。6月7日,清廷根据中日《天津条约》照会日本,阐明应朝鲜王国的请求按照条约惯例派兵,并承诺一旦局势稳定便迅速撤回。6月12日,当清军在朝鲜西海岸牙山湾登陆将兵力布置在汉城和公州后,日军7000余人的混成旅团已在朝鲜仁川港登上了半岛。此时,朝鲜东学党起义已被平定,清廷提出中日应按照条约同时撤军,日本则提出与清廷共同改革朝鲜内政。这种以缓兵之计为借口的图谋,遭到了清廷的断然拒绝。随后,李鸿章便寄希望于西方列强调停,西方列强不仅未能调停中日之间的矛盾,反而为了从中渔利而助长了日本的嚣张气焰。为了保卫朝鲜维护宗主国的地位,清廷再次增兵2000名,准备从海上运至半岛的牙山港增援叶志超移防驻守平壤。

为了避免日本偷袭直接开战,李鸿章还特意租用英国的"高升""爱仁""飞鲸"三艘商船载运人员和物资,并令北洋水师提督丁汝昌派"济远""威远""广乙"三艘舰艇护航。7月22日,舰队在"济远"号管带方伯谦的指挥下护送"爱仁"和"飞鲸"驶离天津大沽港前往朝鲜牙山。7月23日,"高升"号运兵船载着1000余名清兵及物资,在"操江"号护卫舰的护送下,随后驶离了天津大沽港。

清军的军事行动,早已被天津军械总局刘棻泄露给了日本间谍石川武一。日本联合舰队司令中将伊东佑亨得知情报后,迅速命令海军少将第一游击先遣队指挥官坪井航三率"吉野""秋津州""浪速"三艘战舰驶入朝鲜半岛的西海袭击清廷的运兵船。另外,命令第一游击先遣队的10艘战舰和2艘护卫舰随后增援。

护航舰队出发不久,丁汝昌已得知日本10余艘战舰开赴黄海海域,并急电请示李鸿章要求亲率舰队跟进护航,然而这一正确的建议却遭到了李鸿章的拒绝。历史就是这样留下了如此的遗憾,人有时难以超越思维的羁绊,你所放心的往往是适得其反。李鸿章因循守旧被动的防御战,致使他错误地认为日本不敢违反国际法公约攻击租用的英国商船。更令人可笑的是,李鸿章竟然怕直接与日本开战,影响慈禧太后过一个愉快的60大寿。

丁汝昌

7月23日,护航舰队和"爱仁"及"飞鲸"两艘商船先后抵达牙山港。

24日下午,方伯谦得知日本舰队将驶往牙山港,于是令破旧的木制兵舰"威远"号先返航,避免与日军交战拖后腿。25日凌晨,方伯谦看到"爱仁"和"飞鲸"两艘商船卸完物资后,便立即命令护航舰队的"济远"和"广乙"两艘军舰返航。

丰岛海战　清军惨败

方伯谦率领"济远"和"广乙"两艘军舰离开牙山港三个多小时,也就是25日清晨7点30分,便在牙山湾附近的丰岛西海与伊东佑亨联合舰队的先遣队相遇。日舰"吉野"拦住了"济远"号和"广乙"号不宣而战,"秋津州"和"浪速"也随后向"济远"和"广乙"猛烈开火。方伯谦迫不得已下令回击日舰,"济远"号的一发炮弹击中了"吉野"的右舷,并穿透铁甲钻入了机器间。遗憾的是这发炮弹竟然没有爆炸,幸运的日军只是有惊无险吓了一跳。战后日军拆卸了这发炮弹,发现清廷兵工厂制造的这发炮弹竟然没有装炸药。然而此时日舰的炮弹却接连地击中了"济远"舰的瞭望台,指挥作战的帮带大副沈寿昌，二副柯建章，见习官黄承勋先后阵亡殉国。

此时，清廷的护卫舰"操江"号和雇佣的运兵船"高升"号也驶入了该海域。日舰总指挥坪井航三见后，立即命令"浪速"舰长东乡平八郎和"秋津州"号舰长上村彦之丞，火速袭击后续的护卫舰和运兵船。

在此关键的刹那间，"济远"号在方伯谦的指挥下离开战场。"吉野"舰长河原要一命令舰艇迅速调头，追击比它舰龄老化10年的"济远"号并开炮射击。处于被动挨打的"济远"号士兵被激怒了，二等水手王国成迅速填装炮弹对准"吉野"开炮。"吉野"的舰首和舵楼，前舷及舰身均被炸裂起火，坪井航三见状不妙急令回撤。此时，得以逃生的"济远"号驶回威海。

"济远"逃离战场后，丰岛海面上的炮火仍然继续着。清廷的"广乙"号护卫舰和随后驶来的"操江"号护卫舰，以及租用的英国商船"高升"号已陷入日舰的炮火中。日舰"秋津州"紧追猛打"广乙"舰，"广乙"舰上的清廷官兵伤亡惨重，舰艇在十八家岛搁浅，管带林国祥下令凿毁锅炉率残部登岸。

日舰"秋津州"见"广乙"号报废，便回头追击"操江"号护卫舰。在日舰的追击中，"操江"号管带王永发竟然在丹麦人弥伦斯的诱导下，悬挂白旗向日舰投降，舰上80名官兵和满载的枪械及20万两白银，被日舰押送到佐世保海军基地。收监前，清军官兵被迫高举双手游街示众，受尽了屈辱和折磨，令人感到生不如死。

此时"浪速"号舰长东乡平八郎，强迫"高升"号运兵船停下投降。然而"高升"号的军营处帮办高善继在生死抉择的关键时刻，拒绝英籍船长高惠悌的劝降，并同舰上的1000余名官兵呼喊誓死不降。恼羞成怒的东乡平八郎令"浪速"开炮，"高升"号上的清军毫不畏惧，用手中的步枪不停地向敌舰还击。可想而知，步枪怎能抵挡住炮舰。顷刻间"高升"号被击沉，落水的清军官兵仍然誓死不屈。残忍的东乡平八郎，不仅命令日军用快炮射击落水的清军，还命令日军水兵驾着小艇在海上扑杀毫无抵抗能力的清军官兵。惨烈的屠杀场面，使人难以想象日本军国主义分子会如此嗜杀成性，鲜血染红了海面，仇恨沉入海底……"高升"号上的1000多名清军只有200余人获救，800多人遇难。

在丰岛海战打响的当天，日本陆军开始进攻牙山港东北的清军防线，叶志超和聂士成率部在孤立无援的情况下失守牙山，退守平壤。

"高升"号沉没后，李鸿章指望英国会制裁日本。然而强食弱肉的英国为了获得更大利益，不顾国际法公约，站在日本一边指责清廷，竟然让"高升"号船主向清廷索赔。

兵败平壤　日军占领半岛

　　1894年8月1日，派往朝鲜卫汝贵的盛字军、马玉昆的毅字军、左宝贵的奉军，以及叶志超所率的牙山淮军约1.3万人已在平壤集结。清廷认为四路大军由叶志超担任总指挥，既能率部守住平壤，又能够驱逐倭寇解除汉城之围。于是，光绪皇帝便宣布对日开战，随后日本也正式向中国宣战。不过，日本自从向中国宣战以来却按兵不动，黄海海面好像战争已结束，平静得让人不安。其实不然，日本是内紧外松，天皇对中国宣战后便将指挥部迁往广岛亲自统帅军务。日本仍然采取的是"避其锐气击其惰归"的战术，其目的是继续增兵朝鲜，形成陆军和海军互为犄角的军事部署，以便战胜清廷，夺取朝鲜半岛。

　　8月2日，李鸿章认为已赴朝的陆军未必能够击退日军，但能够在平壤形成防线阻止日军的进攻。于是，命令北洋水师提督丁汝昌率6艘舰艇游弋朝鲜大同江口附近的海面，企图威慑日本舰队。在中日战争即将全面爆发之际，李鸿章不是考虑北洋舰队应与陆军协同作战，主动出击歼灭日本舰队，而是搞什么恫吓威慑战术吓退日军，如此愚蠢至极，岂有不败之理。

　　8月9日，丁汝昌再次率主力战舰游弋黄海。8月10日，丁汝昌所率的舰队在朝鲜大同江口附近游弋时，日本海军联合舰队司令伊东佑亨派出21艘主力战舰偷袭刘公岛，并对刘公岛上的防御体系展开了炮击。丁汝昌得知日军炮击刘公岛后，慌忙率舰队返回威海。不等北洋舰队撤回威海，日本舰队便撤出了战斗。此次日舰偷袭的目的就是为了试探威海沿岸的防御体系，并声东击西地夺取制海权。当丁汝昌的舰队回救威海时，日本舰队便达到了牵制北洋水师，增兵朝鲜半岛的目的。事实正是如此，丁汝昌所率的舰队多次往返于威海、旅顺、大同江口，不仅没有掌握制海权，反而成了日本联合舰队攻击的活靶子。

此时，日本联合舰队的第二游击舰队已掩护新增加的陆军从仁川登陆。主力舰队和第一游击舰队则滞留大同江口为预备队，第三游击舰队驶入大同江后便逆流而上配合陆军进攻平壤。陆军第五师团和第三师团共约1.6万人，在陆军大将山县有朋的指挥下，从汉城和元山分四路进攻平壤。

9月15日凌晨，日军从平壤城南、城北和西南向市内发起了总攻。清军因火力不足，平壤的制高点牡丹台失守，平壤城危在旦夕。此时在宣武门指挥作战的清军将领左宝贵拒绝部下的劝阻，亲自点燃大炮轰击日军，身上多处负伤仍然浴血奋战，直至以身殉国。激战到傍晚时，宣武门的清军还在抵抗，平壤城西南和大同江一线的清军在卫汝贵的指挥下仍然坚守。然而，作为总指挥的叶志超却贪生怕死，企图率部趁夜间从七星门弃城逃跑，结果遭到日军的伏击，死伤2000多人，500多人被俘，大量的军用物资被日军掠获。逃出来的叶志超，率残部一路溃败不止，直至鸭绿江北岸。此战，日军仅以700余人的伤亡便攻克了平壤，并随后占领了朝鲜半岛。

黄海大战

平壤大战前，叶志超就不断地向李鸿章发电告急，请求再增兵朝鲜。李鸿章感到形势危急，便决定再派4000清军增援平壤。为了快速安全，李鸿章决定先由北洋水师护送运兵船沿着海岸前往中朝边界大东沟增援平壤的清军。9月15日，平壤的清军与李鸿章联系中断，清军溃败时李鸿章竟然一无所知，仍然按原计划派兵支援平壤。9月16日清晨，丁汝昌率领舰艇从大连起航护送着5艘运兵船前往大东沟。当日下午增援的清军登陆后，丁汝昌的舰队准备第二天返回威海。整个护航行动已被日本情报机关获取，于是联合舰队司令官伊东佑亨率部直接奔袭北洋舰队。

伊东佑亨

1894年9月17日，中日黄海大战即将来临，丁汝昌率领的北洋水师竟然毫无所知。当天上午，各舰艇的士兵仍然按照惯例保养舰艇正常训练。10时许，丁汝昌下令午餐后返航。11点55分，各舰队官兵正准备午餐，瞭望哨兵突然发现大批日舰涌来。丁汝昌闻报后立即下令各舰艇做好战斗准备，并令各舰按作战方案两艘为一战斗序列，10艘舰艇组成5个战斗序列编队，以夹缝鱼贯阵容迅速迎战日舰。此时伊东佑亨所率领的12艘舰艇，按照攻击序列以8节的航速扑向北洋舰队。丁汝昌迅速命令舰队排列成V字形阵容，针锋相对地直接冲向日舰群。

12点50分，两舰队相距5300米时，"定远"舰在丁汝昌的命令下开炮，但没有击中日舰，随后各舰相继开火。此时，日本联合舰队的旗舰"松岛"在距北洋舰队3500米时开始炮击。"吉野""严岛"等舰也相继对北洋舰队开炮。交战中，一发炮弹击中了"定远"舰上的桅杆，转轮式5管机关炮随同炸断的巨大桅杆及7名清军沉入大海。旗舰"定远"号失去了桅杆便失去了指挥舰队的能力，致使北洋舰队陷入各自为战的混乱中。站在甲板上指挥的丁汝昌身负重伤，不顾总兵刘步蟾的劝阻仍然坐在甲板上继续指挥战斗。日本联合舰队的旗舰"松岛"号的炮位被击中，炮管和炮盾连同炮手沉入大海。

此时，北洋舰队"超勇"和"扬威"两艘军舰，在"吉野""浪速""高千穗"及"秋津州"4艘日舰的围攻下中弹无数，官兵伤亡惨重，舰体摇摇欲坠，但是"超勇"舰的管带黄建勋，"扬威"舰的管带林履中仍然率部英勇奋战炮击敌舰。日舰"高千穗"号右舷被炮弹炸裂数人受伤，"秋津州"号也多处中弹5名日军被炸死，9人被炸伤。"浪速"号主炮塔下的水线处被炮弹击穿海水灌入船体。

炮火打得十分激烈，老损破旧木质的"超勇"号内舱爆炸引起了大火，舰体倾斜海水漫过甲板沉入大海，管带黄建勋和全舰官兵相继落水沉入大海。此时"扬威"号也中弹起火，损伤严重丧失了战斗能力，搁浅在大鹿岛北边。

管带林履中落水后拒绝鱼雷艇救助,与50余名官兵以身殉国。

此时北洋舰队的"致远"号在管带邓世昌的指挥下,呼啸的炮弹飞向日舰,将联合舰队的旗舰"松岛"号和其他日舰分割,致使日舰首尾难以配合。邓世昌抓住战机急令其坐舰冲向日舰"比睿",数发炮弹将"比睿"号击中,后部甲板炸毁起火,致使日军死伤无数。

"比睿"舰长樱井规矩之左右急令士兵打出了"本舰火灾退出战列"的信号转舵南逃。"比睿"逃离后,日本海军军令部长桦山资纪的坐舰"西京丸"和"赤诚"两舰,已完全暴露在北洋舰队的"致远"和"来远"及"广甲"舰的炮火之下。一发炮弹将"赤诚"舰桥右侧炮盾击中,飞散的弹片将躲在舰桥内指挥的舰长板元八郎太的头部击穿,脑浆四溅顿时毙命。接着数发炮弹将"赤诚"舰击中,代理舰长佐藤铁太郎被炸伤,三名水兵被炸死。混战中,北洋舰队的"来远"号伤痕累累,大火和浓烟将其覆盖,日舰"赤诚"号趁机逃脱。

桦山资纪

此时中将桦山资纪的坐舰"西京丸"号便成了"定远""致远""镇远"炮击的目标,"西京丸"号的后右舷被击中海水灌进舱内。赶来参战的北洋舰队的"福龙"号鱼雷艇,向"西京丸"发射了鱼雷。第一颗鱼雷没有击中,第二颗鱼雷因为离得太近沉在水中穿过船底翻浪而过,幸运的桦山资纪和他的坐舰死里逃生。激战中北洋水师略占上风,突然一发炮弹击中了"定远"号无装甲部位,舱内发生大火军舰的前部浓烟滚滚。日舰"秋津州""吉野""高千穗"看到"定远"号失去了攻击能力,便迅速围攻上来。形势危急,邓世昌令其坐舰"致远"号开足马力驶在"定远"之前,向日舰"高千穗"猛烈炮击。此时"吉野"已随后炮击"致远",数名官兵伤亡,邓世昌头部负伤经简单包扎后继续指挥。此时"镇远"号已冲上来相助,旗舰"定远"转危为安。

伤痕累累的"致远"号弹药已尽,管带邓世昌大义凛然,以死相斗,发令开足马力直撞"吉野"。"吉野"舰长河原要一开始时没有看出"致远"的意图,

邓世昌

也没有想到北洋水师会如此英勇。当浓烟滚滚的"致远"号直奔而来时,"吉野"上的官兵惊恐万状,慌乱不堪,急忙转舵,避险逃离。相比之下,邓世昌则站立舰桥之上英勇无畏,怒视前方,与全舰人员视死如归。15时20分,当"致远"舰像利剑即将冲向"吉野"时,舰舷轰然爆炸,继而引发锅炉爆炸,船底撕裂沉入海底。

落水的邓世昌拒绝他人救生,当爱犬咬住他的发辫使其不沉时,邓世昌则悲愤地回头抱着爱犬沉入波涛中。"致远"号全舰官兵除7人获救外,其他245人壮烈殉国。

经过一番惨烈的激战,北洋水师10艘军舰中的"超勇""致远""扬威"三艘战舰相继沉入大海,"济远"和"广甲"脱离了战场,临时参战的"平远"号和"广丙"号也因重创撤离了主战场,剩下的"定远""镇远""靖远""经远""来远"五艘战舰仍与日舰拼杀。而日军此时仍有九艘战舰具有战斗力,联合舰队司令官伊东祐亨命令日舰采取各个击破的战术,集中火力围攻清舰。"经远"号被猛烈的炮火击中,管带林永生被炸身亡。舰体被水雷击中下沉,全舰官兵仅16人生还,其他270人壮烈殉国。

伊东祐亨看到"经远"号沉没后,认为消灭北洋舰队的时机已到。于是,命令九艘战舰分成四个战斗小组,分别围攻"定远""镇远""来远""靖远"四艘清舰,以便在天黑前结束战斗。此时"定远"号的官兵伤亡惨重,剩余的官兵仍然顽强地与日舰作战。丁汝昌和舰艇虽然失去了指挥能力,但是总兵刘步蟾代替指挥时仍然机智灵活地炮击敌舰。

当"定远"舰与日舰"松岛"号相距两千米时,"定远"首先开火,击中了"松岛"号的弹药仓,连续不断的爆炸致使日军80余人伤亡。惊恐不已的伊东祐亨马上改变战术,发出了各舰各自为战的信号。

围攻"来远"和"靖远"的日舰疯狂地发起了进攻,"来远"管带邱宝仁和"靖远"管带叶祖珪毫不畏惧,在战舰起火多处毁坏的情况下,仍然率领官兵顽强作战。"靖远"舰帮带刘冠雄感到旗舰"定远"桅杆炸断无法指挥，便提议悬挂队旗代替联络指挥，他的提议得到了管带叶祖珪的允许。于是，"定远""镇远""来远"不仅得到了统一指挥，而且临时参战的"平远"和"广丙"及鱼雷艇"福龙"和"左一号"也靠拢过来。此时北洋舰队的"镇南""镇中"两艘战舰及"左二"号和"左三"号两艘鱼雷艇已离港前来助战。狡猾的伊东祐亨见局势不利无心恋战，甚至不等第一游击舰队汇合，便发出了停止战斗的号令率舰队撤离战场。至此，历时4个多小时的黄海大战落下帷幕。

9月18日，也就是黄海大战第二天的清晨，丁汝昌率领舰队返回了旅顺。他一面命令"济远"号去三山岛将搁浅的"广甲"舰拖回，一面将海战情况上报李鸿章。9月23日，为了整肃军纪，方伯谦被清廷判处死刑，斩首于旅顺黄金山大坞西刑场。随后，丁汝昌为自己订做了一口棺材，并且亲自躺进去试了大小，誓言与日军决一死战。

陆地溃败　日军长驱直入

黄海大战中，熟知海军战术的伊东祐亨，率领他的联合舰队趁夜色降临前撤出了战场，其目的是为了调整战术，以便发起更大的进攻。

10月24日，日本按照既定的作战方案，陆军大将山县有朋令陆军第　军3万余人抵达鸭绿江防线。10月25日，越过鸭绿江与清军的马金叙部激战，清军伤亡惨重，阵地失守。随后，日军相继攻占了安东（丹东）、九连城、凤凰城、岫岩、海城等地。此时，第二军2.5万人乘坐10艘运输舰，在联合舰队的掩

山县有朋

护下从辽东半岛的花园口登陆，占领了复州、金州。11月7日，占领了大连。当清军接连失败告急时，丁汝昌到天津觐见李鸿章，请求派遣北洋舰队支援旅顺，李鸿章却为了保存他的北洋水师家底，严令丁汝昌在威海"保舰避战"。

11月22日，日军占领了旅顺。镇守旅顺的龚照玙，这位李鸿章的心腹竟然提前两天逃走，将固若金汤的旅顺防线拱手让给日军。惨无人道的日军杀害了手无寸铁的平民百姓2万余人，制造了震惊中外的旅顺惨案。

12月16日，日军按照作战计划准备夹击威海，消灭北洋舰队。此时，威海湾的北洋舰队虽然在黄海大战中遭到了重创，但是还拥有31艘舰船，其中13艘鱼雷艇，6艘战舰经过修复仍然能够投入战斗。不仅如此，威海卫的"炮雷联防"体系完全可以阻挡日军联合舰队的进攻。所谓"炮雷联防"，指的是由南北帮、刘公岛、日岛及黄岛组成的海岸及岛屿的炮火防御群，该防御群的炮火可覆盖威海湾。另外，威海湾南北两个海口都布置了漂浮固定的水雷拦坝，并且可以随意关闭或开启。根据威海的布防情况及日军联合舰队的进攻态势，丁汝昌和刘步蟾等人拟定了新的作战方案，即，如日舰进犯，北洋水师战舰可出湾迎击；如联合舰队全数进攻，北洋水师战舰便分别把守海湾东西两口，与"炮雷联防"合力抵御日舰。此方案虽然可行，但是必须确保威海卫陆地的后路安全。这是丁汝昌所担心的，而恰恰是他无能为力的。

陆地防守威海卫的清军近万人分别镇守着刘公岛、威海湾的北帮和南帮及后路。不过这支万人的守备部队，在临战前抽调了近半数防守天津、北京和辽东。山东半岛其他海岸的防御体系，也因点多线长显得兵力不足，况且防守山东的巡抚李秉衡，未能判断日军的登陆地点也就没有留下预备队，在日军攻破薄弱环节时束手无策任其溃败。更为严重的是，指挥陆地的李秉衡和指挥海上的李鸿章不能够协调一致、统一指挥，而是各自为战保存实力，致使日军登陆得逞。

1895年1月18日，日本联合舰队司令官伊东祐亨采取声东击西的战术，令"吉野""浪速""秋津州"三艘战舰佯攻登州，令"高千穗"驶往威海湾侦察北洋水师的行动。

1月19日，日军联合舰队的25艘战舰16艘鱼雷艇从大连湾出发，分成三个梯队护送50艘运兵船直奔山东半岛东部的荣城湾。面对强大的联合舰队，丁汝昌建议出威海袭击日本舰队，然而李鸿章却让北洋水师"有违令出战者，虽胜亦罪"，致使日军得以海上运兵至荣城无任何阻拦，造成威海腹背受敌的危险局面。由此，北洋水师也完全放弃了黄海的制海权。

1月20日拂晓，联合舰队的先遣队八重山、摩耶、爱宕三艘战舰抵达荣城湾。50名日军敢死队乘小驳船从龙须岛登陆，被守岛的300名清军击退，于是，日舰向岸上猛烈的开火。守岛的清军指挥官戴金镕看见海面上密密麻麻的军舰吓破了胆，没有再继续抵抗便率部弃岛撤退。日军对海岸空旷的清军阵地，炮击了2个多小时后才小心翼翼地登岸。当天下午日军占领了荣城县城，随后控制了成山头，第一游击舰队也从登州赶往威海和荣城湾海域。1月25日，在陆海畅通无阻的情况下，日军3.4万人和3800匹战马以及其他辎重分三批耗时5天顺利登陆。

围攻威海　北洋水师覆亡

1月26日，日军兵分两路向威海逼近。陆军中将佐九间左马太率领第二师团，从桥头、温泉汤、虎山等地，企图绕至威海南帮炮台切断清军的后路。第六师团在陆军中将黑木为桢的指挥下经北港西、暴家屯、固山等地直取威海南帮炮台。此时的清军在山东巡抚李秉衡的指挥下，只派了少量部队在白马河阻击日军，在获得小胜后便撤离战场逃向内地。

1月30日，日军向威海的南帮炮台进攻。虽然南帮炮台的清军殊死奋战，但终因寡不敌众，炮台失守全部战死。不过日军以惨重的伤亡和司令官大寺安纯战死的代价，占领了南帮制高点的摩天岭和杨枫岭以及相关的海岸炮台。此时李鸿章致电南洋海军支援威海，却遭到了张之洞的拒绝。不仅如此，威海危在旦夕之时，烟台一带却有1.5万名清军按兵不动。这就是善于权术的慈禧太后在臣与臣之间造成的各自为政、勾心斗角的恶果。

2月2日，威海卫沦陷，日本陆军的两路大军在威海会师然后进攻北帮炮台。北帮炮台位于威海城的东北与刘公岛隔海相望，地势险峻，易守难攻。

然而守卫此处的清军不堪一击，便被日军占领。

2月3日，日本陆军和联合舰队开始进攻刘公岛和北洋舰队。原本防御日本舰队的南帮和北帮炮台陷落后，成为日军从背后攻击北洋海军的重要阵地。遭受了南北夹击的北洋舰队和刘公岛上的清军以舰炮和岛上的大炮顽强抵抗，阻止了日军攻入威海湾。

2月5日，伊东祐亨派出10艘鱼雷艇，利用夜间偷袭的战术击中了"定远"号战舰，致使"定远"搁浅成为固定的炮舰。

2月6日，联合舰队的鱼雷艇再次夜间袭击北洋舰队，北洋水师的"来远""威远"和"宝筏"号布雷船被日军鱼雷击中沉入海底。虽然北洋水师损失了三艘舰船，但仍然顽强地阻止了日军陆海两路的进攻。

2月7日，面对日军鱼雷艇的袭击，丁汝昌令北洋水师的鱼雷艇管带王平率部袭击日军的联合舰队。多日畏战的王平则趁机率领"飞霆"和"利顺"两艘汽船及13艘鱼雷艇出逃，出逃的鱼雷艇和舰船多数被日舰俘获，少数被击沉，民族败类王平竟然躲过了炮火的袭击逃到了烟台。鱼雷艇的出逃，不仅使北洋水师减少了战斗力，更重要的是动摇了军心，使清军内部变得混乱不堪。在日军前后夹击的炮火中，日岛和南口大坝失去了防御能力，刘公岛上的清军及北洋舰队伤亡惨重。虽然此时北洋水师还有十几艘战舰具有战斗力，但是官兵却失去了英勇无畏的斗志。

2月9日，北洋水师在内乱和无外援的情况下，为了避免军舰被日军俘获，丁汝昌绝望地下令将搁浅的"定远"和"靖远"炸毁。第二天，刘步蟾在"苟丧舰，将自裁"的誓言下自杀殉国。

2月11日，部分清军哗变，拒绝命令炸毁舰艇。当日深夜，丁汝昌吩咐牛昶昞把提督大印毁坏，然后坐在帅椅上吞噬鸦片自杀殉国。早就与西方洋人谋

刘步蟾

划投降的牛昶昞，封锁了丁汝昌自杀身亡的消息，并唆使"镇远"舰管带杨用霖率众投降。杨用霖当场拒绝了牛昶昞的可耻行为，一面吟诵文天祥"人生自

古谁无死，留取丹心照汗青"诗句，一面拔枪饮弹殉国。护军统领总兵张文宣得知后也悲愤自杀身亡。此时的牛昶昞不仅没有毁坏提督大印，反而与聘用的外国海员浩威密谋，利用丁汝昌的大印伪造了投降书向日军投降。

2月12日，"广丙"舰管带程璧光乘坐挂白旗的"镇北"号向日军旗舰"松岛"号投降。当联合舰队司令伊东祐亨接过投降书时，竟然激动地双手颤抖。是的，这是日本几百年来觊觎半岛，打败中国的意外胜利。这个胜利，使日本军政狂妄不已！

1895年3月14日，李鸿章赴日本马关议和。3月15日，伊东祐亨率联合舰队驶离佐世保港向台湾进发。3月23日，向澎湖岛进攻。3月26日，占领了澎湖诸岛，从而造成即将占领台湾的事实，以便为谈判割取台湾增加筹码。

1895年4月17日，在日本强权的威逼下，万般无奈的李鸿章只得与日本首相伊藤博文签订了《马关条约》（日本人称《春帆楼和约》）。该条约废除中国对朝鲜的宗主权；割让辽东半岛、台湾及附属岛屿给日本；赔偿日本军费白银2亿两（约3亿日元），并向日本增加了通商口岸。

中日甲午战争后，日本通过《马关条约》达到了窃取中国固有领土钓鱼岛的目的。五年后，日本将钓鱼岛更名为"尖阁列岛"。

四十　崛起的日本

历史上凡是国家崛起，大都是由赢得战争的胜利而决定的。日本的崛起也正是如此，虽然日本与中国仅仅是一次局部的战争，但它已经改变了东亚甚至东南亚古老的政治格局。正如曾担任过首相的山县有朋所说，甲午战争后，日本捍卫了他们的固有领土包括对马岛在内的"主权线"，同时又获得了朝鲜半岛及台湾所谓的"利益线"。不仅如此，在甲午战争的刺激下，又打败了沙皇俄国，从此在西方列强的眼中，日本已成为崛起的强国。

日本的狂躁与冷静

战胜庞大的清帝国，这是日本梦寐以求的，但是没有想到会来得如此容易。为此，日本军政更加狂妄，整个日本掀起了一股扩张主义的热潮，歌颂英雄的报道连篇累牍席卷日本列岛，联合舰队司令伊东祐亨成为万民敬仰的人物。他不但被授予子爵世袭的爵位，还升为海军军令部长并任海军元帅。然而北洋舰队的提督丁汝昌，则因牛昶昞伪造投降书的牵连蒙受了奇耻大辱。朝廷不仅没有给予任何抚恤，还将他的棺木加了三道铜条捆绑，责令不准下葬以示惩罚。后来袁世凯当政，根据民意才平反昭雪恢复丁汝昌的名誉，将他与其夫人合葬于安徽无为县梅山村小鸡山顶。

战争的狂躁，使日本的右翼分子专以侮辱中国人为能事。他们把中国人描绘成鼻翼宽大、颧骨突出、口眼歪斜，穿着花里胡哨，拖着一条尾巴辫子极其愚蠢的笨猪形象。相比之下，矮小短粗的日本兵则高大英俊，精心修饰的头发和优雅的胡子，加上一身西欧的服装，完全是一副欧洲人的高大形象。甲午战争后，日本人彻底抛弃了几千年来尊崇中国人的观念。一时间，侮辱中国人的作品铺天盖地，成为日本军国主义分子自我意淫的时尚。

日本军国主义的狂热不仅仅在民间躁动，有的政治家在《马关条约》签订前就认为割占了辽东半岛，退可以守住朝鲜半岛，进可以取得北京之咽喉，占领台湾则可以遏制中国的东海。有的还进一步提出割占中国的东三省，有的更狂妄地叫嚣占领中国的长江流域。获胜的日本政治家们，将主宰世界的"丛林法则"，深深地镶嵌在心中，甚至商人福泽谕吉也感慨地认为"仁慈公正"只是人类的外衣，"弱肉强食"才是世界的本质。

日本海军将俘获北洋水师的舰艇，包括能够修复的都编入了日本联合舰队中。为了羞辱中国人，他们沿用了北洋舰队所命名的中文名字，直至这些舰艇参加日俄战争后老化退役，日本军国主义分子仍然将某些部件在公共场所展出，达到炫耀武力和羞辱中国人的目的。其中"镇远"号的铁锚放在东京上野公园内供人观赏。北洋舰队的旗舰"定远"号虽然未被俘获，但他们将打捞出的部分残骸放在他们修建的"定远"展览馆内展出，可见日本军国主义分子羞辱中国人也要竭尽其所能。

沙皇俄国因日本捷足先登十分恼火，认为他们准备吃掉的肥肉朝鲜和辽东半岛，竟然被日本吞掉了。换言之，日本侵占了朝鲜及辽东半岛，影响了他们在远东的利益，俄国岂能善罢甘休。《马关条约》签订后的第六天，俄国和盟友法国鼓动德国一起干预《马关条约》，让日本将辽东半岛归还给中国。没有三分利谁起五更早？法国和德国之所以能够与俄国人联手，那是因为他们想通过直接干预获得在华的最大利益。当然，德国还从欧洲的战略着想，将俄国人的威胁引向东北亚会减轻欧洲的压力。

在三国的干预下，日本希望能够得到美国和英国的帮助，结果英美为了他们的在华利益而劝阻日本不要对抗沙俄。为了能够保住朝鲜半岛这块刚刚得来的殖民地，日本人权衡利弊，感到没有能力连续发动战争对抗沙俄，维新政府的精英们只好忍气吞声，宣布将辽东半岛归还中国。不过，清王朝在日本的逼迫下需要再付白银3000万两"赎回"辽东半岛。

日本如此的无理敲诈，加上前期甲午战争赔款的白银2亿两，共计2.3亿两的巨额赔款，使清王朝不得不向俄法英德四国借贷，这样清廷连本带利共计白银6亿两的欠款，像大山一样压在大清帝国孱弱的脊背上，使其再也难以阻止西方列强对中国的瓜分。

如果说，在甲午战争前十年的中法战争，清王朝在占据战场优势的情况下与法国缔结了不平等合约，迟滞了西方列强蚕食中国的步伐。那么中日甲午战争由于清王朝的失败，西方列强便加快了肢解吞噬中国的步伐。三国干预使日本归还了辽东半岛，清王朝为此付出了更惨重的代价。首先沙俄逼迫清王朝允许他们修筑横穿东北，即满洲里直达海参崴的中东铁路，显然这条铁路就是为了切割侵占中国东北而修建的。不仅如此，贪婪的沙俄又强行租借旅顺口海军基地25年，同时又修了一条哈尔滨至旅顺的铁路支线。随后，德国借口传教士在山东被杀害为由占领了胶州湾，并获取了99年的租借权和在山东修筑铁路以及采矿的权力；法国也趁火打劫，威逼清王朝租借广州湾99年；英国也趁机勒索逼迫清王朝租借威海卫99年。

此时的日本，会做何感想呢？本来已经吃到嘴的肥肉，却被西方的老大们硬抠出去分块蚕食，甚至没有丝毫谦让的意思，这是根本没把日本国放在眼里啊！于是嫉妒、后悔、无奈、愤怒都融入日本人的大脑皮层中，日本上层像一个结伙抢劫的小混混，把在老大那里蒙受的屈辱和悲愤发泄到被打劫者的身上，从而变成更加贪婪残暴的匪徒。对于清廷而言，西方列强的行为不仅使中国饱受了狗的撕咬，还遭到了狼的吞噬。

三国干涉归还辽东半岛后，日本由狂热变成了沮丧，继而由沮丧变为冷静。日本狂热的军国主义记者德富苏峰在《马关条约》签订后，便有意踏上辽东半岛，一副占领者的狂热嘴脸记述于他的日记中"想到这是我们的新领土，我感到无比的激动和满足"。仅仅几天辽东半岛便归还给中国，他便沮丧地在旅顺捡了几块鹅卵石乘船回日本去了。德富苏峰的日记恰好写出了日本人复杂的感受和心态，在亚洲人的眼里日本强大了，但是在西方列强的意识中绝对不能让日本强大崛起。日本人的聪明与冷静也正是如此，今天的忍气吞声，是为了明日的"扬眉吐气"。

日本通过甲午战争确定了东方大国的地位，并得到了国际社会的默认，日本开始修订以前与英国、美国、意大利等12个国家签下的不平等条约。日本不仅废除了与这些国家的治外法权，还得到了最惠国待遇。日本忽然间"福从天降"，开始用清廷的赔款 2.3 亿两白银（折合 3.5 亿日元）进行产业变革。日元也由此变成"金本位"与各国的贸易额迅速增长，并打开了引进外资的渠道，致使轻工业特别是纺织业实现了机械化，大量的纺织工业产品能够倾销于东亚和东南亚市场。日本的企业由战前的不景气到战后的繁荣昌盛，都是中国的战争赔款给注入的活力。

甲午战争前，日本的军费是 2400 万日元。甲午战争后，日本的军费便升至 7300 万日元。仅战后的三年中，日本的军费则飙升至 1.1 亿日元。此时的日本军工产业得到了空前的发展，陆军和海军的规模都增加了一倍，一举变成几乎同西方列强一样的军事强国。

殖民统治与日俄战争

1895 年 5 月 10 日，也就是《马关条约》签订的第 23 天，日本与清廷准备在台湾基隆举行交接仪式。由于台湾民众的强烈反抗，时任台湾总督兼军务长官的桦山资纪和清廷全权委员李经方，只好在基隆港口外的日舰上签订了交接议定书。日军占领台湾省后实行总督军管制，将台湾省划分三个县一个厅实行殖民统治。

日本占领朝鲜半岛并得到台湾及其附属岛屿，其面积相当于日本列岛总面积的三分之二。这个史无前例的胜利，日本人为之欢呼，为之陶醉。为了镇压被侵占地域的民众反抗并保住殖民地，日本的政治家们寝食难安。于是，杀戮的武士道精神便成了明治维新政府的首选。日本在占领台湾实行殖民统治期间，屠杀了成千上万的反抗民众和起义军，仅在占领的前五年就有 1.2 万的起义民众和有识之士被杀害。起义军的首领姜绍祖、杨载云、吴汤兴、詹振以及黑旗军的将领吴彭年相继阵亡殉国。虽然各路起义军及联军与日军作战失败，但台湾人民的反抗斗争延续不断，直至 1945 年日本投降。

1895 年 10 月 8 日清晨，日本驻朝鲜公使三浦梧楼指使 100 多名军人和武士向朝鲜王宫卫队发起袭击，他们逢人便砍杀，直至刺杀了掌握宫廷实权的亲俄派闵妃为止，并将闵妃的尸体拖到花园中浇上汽油焚烧。随后，日本搞所谓的革新发布了"断发令"，强迫朝鲜民众改变习俗，易服断发。对此，具有两千多年传统儒教文化的朝鲜十分反感。为了执行所谓的断发令，日本驻朝公使令日军包围了王宫，逼迫国王高宗下达断发令，并蛮横地宣称留发不留头。高宗李熙这位曾经拥有一个主权国家的国王，在日本人强势逼迫下，竟然像奴仆一样任人摆布。

1897年10月，李氏朝鲜根据所谓的民意，将王国改为"大韩帝国"，高宗李熙由国王改称为皇帝。表面上似乎是为了摆脱中国的影响，然而国家和皇帝的更名并没有改变朝鲜半岛被占领的现状，相反日本的残酷暴行，致使"大韩帝国"逐渐地走向亡国灭种，变成了殖民地。

1900年6月，八国联军借口义和团杀害了他们的公使馆人员及传教士为由，向中国发动了侵略战争。在这次侵略战争中，日军的数量占据了八国联军总数的一半，可见日本不仅仅是西方列强的一员，而且已成为侵略中国的急先锋。换言之，日本的崛起开始给亚洲带来更大的灾难。

日本为了进一步与沙俄争夺在中国东北的利益，不惜同沙俄决一死战。战前，日本与英国结盟并得到美国的认可对抗沙皇俄国，而此时的俄国，仍然与法国结盟并得到德国的支持，企图侵占中国东北。当时沙俄已占据了沈阳并控制了中国东北，日本则依托朝鲜半岛和对马岛，伺机向俄军发动海陆进攻，企图夺取对中国东北的控制权，以此洗刷三国干涉还辽的耻辱。

1904年2月8日午夜，日本联合舰队在司令官东乡平八郎的指挥下，向驻守旅顺口的沙俄舰队外港的舰艇发动了突然袭击，三艘俄国舰艇被日舰发射的鱼雷击中，至此拉开了日俄战争的序幕。而此时旅顺口的俄国舰队的军官们正在城里举行宴会，骄横傲慢的俄国人对日战争虽然有所准备，但是从上至下普遍存在着轻敌思想。面对日本人的宣战，俄国太平洋分舰队司令官马克洛夫才恍然大悟，紧急下令在辽东半岛沿海布雷，以防日军登陆，从后面包抄旅顺口的海军基地。同时加紧修复损坏的舰艇，派遣舰队加强巡逻，以便掌控海权。

2月24日，东乡平八郎的联合舰队企图用装有石头的汽船沉入旅顺港的出口，阻止俄军舰队出港结果没有成功。此时俄国陆军东满支队的 2 万余人，已进入鸭绿江北岸阵地防守日本陆军的进攻；南满支队 2.2 万人配属在营口、大石桥、海城一带防止日本舰队登陆；关东支队 3 万余人则部署在旅顺口各军事要地死守旅顺；海参崴和乌苏里江以南也部署了 3 万余人。另外，俄军主力 3 万余人作为预备队集结于辽阳和沈阳一带。

3 月 21 日，日本陆军第一军在黑木为桢大将的指挥下，于朝鲜南浦登陆挺进鸭绿江南岸。4 月 13 日，俄太平洋分舰队司令马克洛夫乘旗舰在返回旅顺口的途中触雷毙命，新接任的司令威特赫夫特不再采取以攻为守的战术，放弃了旅顺口以外的制海权。4 月 30 日，日本陆军第一军向鸭绿江北岸发动了进攻，守卫鸭绿江北岸的俄军东满支队伤亡惨重。5 月 1 日，俄军中将扎苏利奇率东满支队向辽阳撤退，日本陆军第一军由此打开了进攻东北的大门。此时日陆军第二军在大将奥保巩的指挥下，从辽东半岛貔子窝登陆，五月底被俄军阻击于金州南山。不过，此时登陆的日军成立了满洲军司令部，大山岩任总司令，各路日军得到了统一指挥。

为了夺取旅顺，日本又整编了第三军，任命乃木希典为军长准备攻取旅顺。为了保住旅顺，沙俄又增派了西伯利亚第一军南下支援旅顺。6 月 14 日，南下的沙俄第一军与北上的日本第二军在瓦房店一带展开了遭遇战，结果俄军一触即溃，狼狈逃窜。

8 月 7 日，日军第三军向旅顺前沿制高点大孤山和小孤山发动了进攻。四天后，日军占领了大孤山和小孤山两处制高点。8 月 10 日，旅顺口的俄国舰队为了突破日军的封锁企图开往海参崴，结果被日舰击溃缩回基地。8 月 12 日，海参崴的俄军舰队在蔚山海战中，被日军上村彦之丞的第二舰队击败。由此，俄军的太平洋分舰队处于守势，基本丧失了制海权。8 月 19 日，日军对旅顺要塞发动强攻。经过五天的激战，日军虽然夺取了俄军的前沿阵地，但仍然难以攻取旅顺要塞。此时日军已损失了 2 万余人，俄军也伤亡 3500 余人。

8 月 24 日，日军向辽阳的俄军发动了进攻。9 月 3 日，经过 10 天的阵地争夺战，退守辽阳的俄军在司令官库罗帕特金的率领下，撤出辽阳退守奉天（沈阳）。9 月 4 日，日军在统帅大山岩的指挥下占领了辽阳。在整个辽阳会战中，日军损失了 2.4 万人。

辽阳会战后，日俄双方的陆军处于对峙状态。经过一段休整，沙皇指令库罗帕特金大反攻，以便解除旅顺之围。于是俄军按照制定的作战计划开始反攻，不料作战计划被日本间谍获取，日军统帅大山岩将计就计，以攻为守地牵制俄军。10月10日，日军不仅阻止住了俄军兵团的进攻，还对俄军进行了大反攻。10月12日，被动的俄军不得不转攻为守。这种日俄双方同时使用的攻守战术，致使两军不断地遭遇白刃战，惨烈地战斗杀得难分难解，两军一时处于交织的状态中。

为了解除陆战的困境，南线的日军解除了乃木希典的指挥权，任命熟悉炮兵战术的儿玉源太郎指挥日军强攻旅顺。12月15日，在日军的强烈攻击下，守卫旅顺的俄军伤亡惨重，司令官康得拉钦科战死。在内困无外援的情况下，守卫旅顺口的3万俄军向日军投降。至此，在整个旅顺口的争夺战中，日军伤亡6万余人，俄军伤亡4.4万人。俄军丧失了旅顺口，就等于完全丧失了制海权，日军也就获得了陆战的主动权。

1905年1月，日军集结了五个军27万人，1000余门火炮，200余挺机枪，企图消灭驻守沈阳的俄军。此时俄军也集结了三个集团军33万人，1200余门大炮，56挺机枪阻止日军进攻。在整个奉天的会战中历时两个多月，日军以10万人的伤亡占领了奉天，俄军以12万人的损失撤退至四平。此时的日军伤亡惨重，而且军需物资供应不足难以维持战争。俄军虽然惨败，但是沙皇又调集了几个师团投入远东，并且将库罗帕特金撤职，任命李涅维奇为远东陆军司令官，准备与日军再次决战。此时的日俄两军的陆战处于战略的对峙阶段，谁胜谁败难以断定。

日俄战争打响后，沙皇从波罗的海舰队和黑海舰队抽调了各种战舰58艘，组建了太平洋第二舰队，由中将罗日杰斯·特温斯基指挥开往远东增援。该舰队原准备在日俄战争打响的初期前往远东，结果因种种原因推迟到10月份才出发。他们从波罗的海经过非洲南端的好望角进入印度洋，然后再由新加坡到达海参崴。途中曾误伤英国的渔船引发了国际纠纷，在英国的干涉阻扰下，不能够及时靠岸补充燃料及食品，行动缓慢耽误了航程。

1905年5月9日，该舰队在越南的金兰湾与涅博加托夫率领的太平洋第三分舰队会合组成联合舰队，仍然由罗日杰斯·特温斯基任总指挥。5月27

日下午，舰队进入对马海峡。此时在对马海峡等候数月的日军已养精蓄锐，守株待兔式地向俄舰发动了袭击。可想而知，疲惫航行了220余天的俄军舰队，不仅对日军没有充分的了解，而且非战斗减员严重地影响了战斗力。激烈的海战不到一个小时，罗日杰斯·特温斯基便身负重伤，他的旗舰也因丧失战斗力被迫退出战斗，其他数艘战舰相继被击沉，整个舰队因失去指挥而陷入混乱。5月28日上午，涅博加托夫率领的残兵败将在逃往海参崴的途中，又一次遭到日舰的伏击。至此，俄舰完全失去了战斗力，只得悬挂白旗向日军投降。此次海战，俄军仅三艘战舰逃到了海参崴，其他不是被击沉就是投降被俘获。据战后统计，俄军共阵亡4800人，5900余人被俘。日军仅损失了3艘鱼雷艇，阵亡117人，587人受伤。

虽然日本在海战中取得了全面胜利，但却无能力在陆地与沙俄争夺。

1905年9月5日，在美国的调停下，日俄签订了《朴茨茅斯条约》。该条约规定，沙俄承认日本在"大韩帝国"享有指导、保护、监管的特权，俄国不得阻碍干涉。沙俄将租借的中国旅大租界地和其附属权益，包括长春至旅顺的中东铁路支线以及附属地的采矿权转让给日本。沙俄还将北纬50度以南的库页岛及其附属岛屿交给日本管辖。

日俄战争是远东历史乃至世界历史的一个重要转折点，西方列强将重新思考新崛起的国家对世界历史的影响。此时的日本不仅是亚洲的大国，而且还是打败欧洲沙俄的强国。如果说中日甲午战争日本开始强大，那么通过日俄战争，日本得以崛起并成为了东亚的霸主。

吞并朝鲜　疯狂的日本军国主义

1905年11月，伊藤博文作为特使住进了汉城，他强迫"大韩帝国"签订了《日韩协约》。该协约使日本名正言顺地在"大韩帝国"建立了统监府，伊藤博文被任命为首任统监府长官，"大韩帝国"的军政大权及外交权都由统监府管辖。于是，"大韩帝国"也就变成了日本原材料的策源地，轻工业产品的倾销地，"大韩帝国"的货币、税收、通信设施以及铁路交通完全日本化，"大韩帝国"也就完全变成了日本的殖民地。

1907年6月，"大韩帝国"的高宗皇帝李熙派人参加荷兰海牙万国和平会议。会上"大韩帝国"的代表陈述了日军的暴行及"大韩帝国"的悲惨处境，此事引起了驻"大韩帝国"统监府长官伊藤博文的勃然大怒。7月22日，"大韩帝国"的皇宫在日军机枪和大炮的包围下，皇帝李熙在庆云宫举行了禅让仪式，将皇位交给了太子李坧。随后，伊藤博文宣布解散"大韩帝国"的军队。一年后，日本仍然不放心，便将软禁的高宗李熙毒杀。随后，日本残酷镇压屠杀了1.8万名起义反抗的朝鲜人。

日本在"大韩帝国"实行殖民统治最重要的手段就是移民，他们将农民、教师、工匠、搬运工及僧侣等大批日本人移居到朝鲜。在占领朝鲜半岛的十几年里，日本殖民政府便向"大韩帝国"移居了12.5万人。在去朝鲜化实行日本化的过程中，日本殖民政府可谓绞尽脑汁，他们不仅大力地培养朝奸走狗，还从儿童抓起，凡是进入学堂的儿童都必须学日语。在他们看来，只要通过两三代人的日本化教育，"大韩帝国"就会成为日本不可分割的一部分。

1909年10月26日，在旷日持久的反日运动中，"大韩帝国"的民族英雄安重根在哈尔滨火车站枪杀了伊藤博文。暗杀引起日本更残酷的统治，日本陆军大臣寺内正毅接任统监府后成立了2.2万人的宪兵队，将"大韩帝国"置于残暴的军警控制下。

1910年8月，日本逼迫"大韩帝国"的皇帝李坧签署了《日韩合并条约》，该条约正式宣布"大韩帝国"解体并入日本。事后日本仍然不放心，为了彻底断绝"大韩帝国"的"龙脉"，从根本上奴化朝鲜，他们烧毁了李氏王朝时期的昌德宫，拆除了景福宫。

日本的确崛起了，英国与日本在伦敦第二次签订了日英同盟协议。英国不仅承认日本在东北亚的权益，还将协约扩大到南亚以便维护英国在印度的利益。法国为了保护在中国的利益，主动与日本缔结了友好条约。美国与日本也交换了备忘录，以便共同维护在中国及太平洋地区各自的利益。这期间，日本资本主义经济得到了迅猛的发展，重工业和化学工业以及军事工业都走在了强国之列。

1912年6月30日，明治天皇去世。9月13日，日本为天皇举行国葬的那天早晨，陆军大将乃木希典一身戎装在皇宫向天皇做了最后一次告别仪式，回到家中于傍晚时分，与妻子坐在明治天皇的遗像前共同剖腹自杀。乃木希典夫妇的殉葬，是日本武士道精神效忠天皇的最高典范，成为日本军国主义扩张侵略杀身成仁的精神力量。

崛起后的日本在东亚，在东南亚，在太平洋，像洪水猛兽一样连续发动了惨绝人寰的战争。

乃木希典

1931年9月18日，日本向中国东北发动了侵略战争，并将东北变成日本的殖民地。

1937年7月7日，日本对华发动了全面战争，企图吞并中国。12月13日，日军攻取南京屠杀了30万中国人。中华民族在抗日战争中伤亡了3500万人。

1940年9月，日本占领越南，随后占领了老挝和柬埔寨。

1941年12月7日，日本偷袭珍珠港，发动了太平洋战争。

1942年1月，日本占领了马尼拉，屠杀了12.5万菲律宾人。

1942年1月，日本占领了缅甸。

1942年3月，日本先后占领了马来亚、印度尼西亚等太平洋岛国。

参考书目

[1]（日）井上清．日本历史 [M]．天津市历史研究所译校，天津：天津人民出版社 1974．

[2] 杨考臣．中日关系史纲 [M]．上海：上海外语教育出版社 1987．

[3] 蒋百里．日本人 [M]．哈尔滨：北方文艺出版社 2015．

[4] 戴季陶．日本论 [M]．哈尔滨：北方文艺出版社 2015．

[5] 刘文典．日本纵论 [M]．哈尔滨：北方文艺出版社 2015．

[6] 中国朝鲜史研究会，延边大学朝鲜·韩国历史研究所．朝鲜·韩国历史研究（第十二辑）[M]．延边：延边大学出版社 2012．

[7] 田余庆，吴树平．三国志全译 [M]．郑州：中州古籍出版社 1991．

[8]（日）坂本太郎．日本史 [M]．汪向荣，武寅，韩铁英译，北京：中国社会科学出版社 2008．

[9] 李培浩．中国古代史纲 [M]．北京：北京大学出版社 1985．

[10] 韩铁英．列国志——日本 [M]．北京：社会科学文献出版社 2011．

[11] 鸿鸣著．于文江主编．甲午海战 [M]．北京：中国文史出版社 2007．

[12] 刘声东，张铁柱主编．刘亚洲等撰文．甲午殇思 [M]．上海：上海远东出版社 2014．

[13] 杨昭全．韩国学丛书（朝鲜民族革命党与朝鲜义勇队）[M]．长春：吉林省社会科学院 1994．

[14]（日）金文学．丑陋的日本人 [M]．汪培伦译，北京：中国出版集团现代出版社 2014．

[15]（日）竹内理三等编．日本历史辞典 [M]．沈仁安，马斌等译，天津：天津人民出版社 1988．

[16]（美）约翰·惠特尼·霍尔．日本史 [M]．邓懿，周一良译，中国出版集团商务印书馆 2013．

[17]（美）詹姆斯·L. 麦克莱恩．日本史（1600—2000）[M]．王翔，朱慧颖译，海南出版社 2009．

[18]（清）黄遵宪著．吴振清，徐勇，王家祥整理．日本国志 [M]．天津：天津人民出版社 2005．

[19]（美）鲁思·本尼迪克特．菊与刀 [M]．田伟华译，北京：中国画报出版社 2014．

[20] 日本地图册 [M]．北京：中国地图出版社 2008．

[21] 中国社会科学院历史研究所课题组．李铁映监制．中国历史年表 [M]．北京：中华书局 2014．

结束语

  我之拙作《说周边历史 话疆域变迁》交付出版社审查时，便感到了该作品的不足。我虽然将中国与周边陆地国家的历史及疆域变迁做了较详尽的陈述，但是中国与日本的历史渊源没有阐明，这是一个缺憾。为了弥补那部书的不足，于是《东洋之邻》便成了单列的话题。从主观上讲，作为一名有着40余年军龄的伤残军人，如果没有一种历史情结和责任感，我不可能写出这本书。从客观上讲，作为一个生活完全不能自理，甚至连翻身都要靠他人帮助的高位截瘫病人，如果没有我妻子范春梅的鼓励和精心照顾，尤其是没有士官杨贺龙、杨继伟帮我打字和全日护理，我不可能完成这本书的写作。同时，还要感谢天津师范大学历史文化学院王鹏飞讲师对该书的精心修改，感谢吉林省作家协会会员、省知名作家孙维恒，老战友巢希斌的悉心校对。

孙挺进
2020 年 9 月

  编者注：作者孙挺进先生在本书出版期间于 2022 年 6 月 3 日在长春病逝。